江苏省高校优势学科建设工程资助项目

城市规划视野下的城市经济学

Urban Economics
In the Context of Urban Planning

张倩 著

东南大学出版社·南京

前言

目前,全世界的人口已经有半数以上集聚在城市中,作为研究城市的专业人员,城市规划从业者学习城市经济学的重要性日益提升。在持续集聚的城市中,空间发展的规律很大程度上体现了个体、厂商和政府选择的结果,而不是一个理想主义者的指挥棒能任意驱动的,因而需要科学地讨论这些人们的选择,以便看见整体的空间发展蓝图,经济学正是一门研究选择的学问。城市规划作为地方政府的公共政策,在应对外部性、提供公共物品、降低交易成本和制定发展政策等问题上能够起到重要的作用,在快速发展的时期尤为如此,经济学中的这些概念和思考有助于学生拨开眼前的迷雾,看清肩上的责任,并初步了解应对之策,学习这些知识的必要性是不言而喻的。

传统上,城市规划专业学生学习城市经济学是有一些难处的,学生们没有先修过经济学原理,对经济学的框架一无所知;同时,课时量也太少,一般为32学时,很多重要的基础性内容不得不忍痛割爱。市面上优秀的城市经济学教科书有很多,不过对本专业学子来说,大部分的教课书都属于中级经济学的程度,如果择其内容,强行灌输给对经济学一无所知的学生,他们就会只知其然,不知其所以然,很难理解经济学的思路,更无法灵活使用这些方法和工具去思考城市中的现象。这是笔者萌发撰写一本专门为城市规划专业本科生讲授城市经济学的教科书的原因。

本书的特色在于,将基本的经济学原理和必要的经济学工具糅合进稍微复杂一些的专题讲解中,使得学生在相对短的学习时间里初步懂得"经济学"的思路，学会用"经济学"的方法去观察世界。因此，不妨把它当作一本经济学的入门读物来读，建立起对经济学的兴趣。另一方面，书中的案例特意选用了很多城市规划中的案例，本专业人士读起来会感到分外亲切，容易理解和应用。

　　本书的内容框架也和城市规划专业高度相关。现代城市经济学涉猎甚广，除了集聚经济、土地利用、住宅经济、城市经济增长等被广泛关注的话题外，还有城市人口和就业、城市环境、城市犯罪等内容，其内涵和外延在持续扩大，是城市科学、经济学、经济管理等各专业普遍关注的一门课程。本书中，则选择了和本专业最密切的10个专题，分别是：经济学的基本原理；市场和政府，政府的作用；城市财政；城市经济增长；城市的产生和发展；城市产业结构和主导产业判断；城市土地市场；城市土地制度；城市住宅经济；城市基础设施经济。这种编排结构和讲解方法与其他城市经济学教科书有很大不同，经过十数年的教学实践，深受同学们欢迎。期待本书能为广大城市规划专业学子答疑解惑，拓展思考。希望你们读完此书，能够爱上经济学。

东南大学建筑学院城市规划系

张　倩

2018年12月30日

目 录

1 经济学的基本原理 1
  1.1 经济学和城市经济学 1
  1.2 经济学的基本假设 1
    1.2.1 人是自私的 1
  资料:公共食堂的灾难 2
    1.2.2 人在做选择的时候是有局限条件的 5
    1.2.3 重要的局限条件:资源是稀缺的 6
    1.2.4 竞争的准则是必须的 7
  1.3 经济学的十大原理 7
    1.3.1 人们会对激励做出反应 8
  资料:儿童空中安全的成本 8
    1.3.2 人们面临约束下的权衡取舍 9
    1.3.3 某种东西的成本是为了得到它所放弃的东西 10
    1.3.4 边际量有时更重要 12
  资料:开发商偏爱容积率调整 13
    1.3.5 贸易能使每个人的状况更好 13
    1.3.6 市场通常是组织经济活动的一种好方法 15
  资料:从计划经济到市场经济 17
    1.3.7 通货膨胀和三大宏观经济问题 18
  1.4 实证经济学和规范经济学 22
  1.5 城市经济学的产生和发展 22
    1.5.1 吸取城市地理学的研究成果 22
    1.5.2 经济学的进化和发展,开始关注中观经济学 23
  课堂讨论 24
    讨论题目一(1):城市交通问题如何解决? 24
    讨论题目一(2):城市中的住房如何分配? 24
    讨论题目一(3):如何看待城市中"人是自私的"? 24
  参考文献 24

2 市场和政府，政府的作用 ... 25

市场很行，为什么还需要政府？ ... 25

2.1 市场失灵和政府失灵 ... 25

2.1.1 帕累托改进和帕累托效率 ... 25

资料：纽约市的租金控制 ... 26

2.1.2 收入再分配，效率与公平 ... 27

资料：中国——从"效率"到"公平" ... 29

2.1.3 真正的市场失灵 ... 29

2.1.4 如果出现市场失灵，政府出面调控的方法 ... 31

2.1.5 从市场失灵到政府失灵 ... 32

资料：西方国家的城市更新运动 ... 33

2.2 外部性和公共物品 ... 35

2.2.1 外部性 ... 35

拓展：外部性不是市场失灵而是产权不清晰吗？ ... 36

资料：租值的相关概念 ... 36

2.2.2 公共物品 ... 37

拓展：地铁可能是私人物品吗？地铁必须由政府提供吗？地铁收费越低越好吗？ ... 38

2.2.3 科斯定理和公地悲剧 ... 39

资料：再造公地——广州地铁免费案例 ... 42

2.3 政府对经济的促进作用 ... 42

资料：城市竞争和政府的作用 ... 44

2.4 城市规划的作用 ... 45

2.4.1 城市规划应对外部性和公共物品的方法 ... 45

2.4.2 城市规划减少了快速发展的交易费用 ... 47

课堂讨论 ... 48

讨论题目二(1)：城市规划提供了哪些公共物品？节约了哪些交易费用？ ... 48

讨论题目二(2)：政府和市场，效率和公平。 ... 48

参考文献 ... 48

3 城市财政 ... 49

政府的钱从哪儿来，用到哪儿去？ ... 49

3.1 地方政府的运行 ... 49

3.1.1 政府的职能 ... 49

3.1.2 地方政府 ... 50

3.2 城市财政的收入和支出 ... 52

   3.2.1　城市财政收入 ·· 52
资料：地方财政预算外收入：SPV　54
拓展：地铁的建设费用和收费问题　55
   3.2.2　城市财政支出 ·· 56
资料：江苏省的财政支出途径　57
资料：发展中国家的公共投资　58
   3.2.3　美国的税收 ·· 59
   3.2.4　城市融资 ·· 61
资料：上海轨道交通的投融资回顾　63
 3.3　我国的财政制度改革 ··· 65
   3.3.1　我国财政制度的改革历程 ······························ 65
   3.3.2　分税制 ·· 66
资料：一些常见税种　67
 3.4　福利经济学 ·· 67
课堂讨论 ·· 69
  讨论题目三：城市中什么公共设施多（闲置）？什么公共设施少（不足）？为什么？
    （从提供者的角度） ·· 69
参考文献 ·· 69

4 城市经济增长

GDP 是什么？城市经济增长的原因是什么？ ······················ 70
 4.1　城市经济增长的测度 ··· 70
   4.1.1　GDP 和它的主要计算方法 ···························· 70
   4.1.2　GDP 概念详解 ··· 71
   4.1.3　中国的 GDP 增长 ····································· 73
   4.1.4　GDP 不能衡量什么 ··································· 75
资料：美国的 GDP 增长　78
   4.1.5　工业总产值及其他指标 ································ 78
资料：其他的主要经济指标　79
 4.2　城市经济增长理论 ··· 80
   4.2.1　人力资本增长、资本深化、技术进步和经济结构变化　80
   4.2.2　经济基础模型 ··· 82
   4.2.3　乘数原理和挤出效应 ··································· 84
资料：乘数和创造工作岗位　85
参考文献 ·· 87

5 城市的产生和发展 ... 88
5.1 城市是如何产生的 ... 88
5.1.1 城市为什么会存在 ... 89
5.1.2 市场城市的出现——比较优势 ... 89
5.1.3 工业城市的出现——规模经济 ... 90
5.1.4 综合大城市的出现——集聚经济 ... 91
课堂讨论 ... 95
讨论题目四:互联网对城市空间发展的影响(以数据和案例说明)。 ... 95
5.2 城市的发展实例和城市规划的发展 ... 96
5.2.1 工业革命期间——快速聚集的城镇化 ... 96
5.2.2 20世纪初的城镇化——工业城市从兴旺到转型 ... 99
5.2.3 美国1960—1990年的城镇化——波动的城镇化 ... 101
5.2.4 郊区化 ... 102
5.3 城市发展的理论模型 ... 103
5.3.1 效用与城市规模 ... 103
5.3.2 城市形态与大而完整的劳动力市场 ... 107
5.3.3 等级-规模法则 ... 109
5.3.4 雷利法则 ... 111
课堂讨论 ... 111
讨论题目五:比较"摊大饼"、带状城市、指状城市的经济效用。 ... 111
参考文献 ... 111

6 城市产业结构和主导产业判断 ... 113
6.1 城市经济结构 ... 113
6.2 三次产业结构和产业理论 ... 113
6.2.1 三次产业划分的起源 ... 113
6.2.2 我国三次产业划分的标准 ... 115
6.2.3 产业结构-经济成长阶段论 ... 119
6.2.4 H-O理论和产业的国际分工 ... 122
6.3 城市主导产业 ... 126
6.3.1 城市主导产业的集聚 ... 126
资料:阜阳市的主导产业集聚和城市空间发展 ... 127
6.3.2 城市主导产业的判断 ... 128
6.3.3 大城市和小城镇——主导产业选择的思路 ... 132
课堂讨论 ... 133

讨论题目六:对一个城市来说,第二产业的发展阶段是不可逾越的吗?请结合案例说明。……………………………………………………………………… 133
参考文献 …………………………………………………………………………… 134

7 城市土地市场 …………………………………………………………………… 135
7.1 土地的特性 ………………………………………………………………… 135
7.1.1 土地的自然特性 ……………………………………………………… 135
7.1.2 土地的人文特性 ……………………………………………………… 135
7.1.3 地租和级差地租 ……………………………………………………… 137
拓展:马克思主义经济学 …………………………………………………… 138
7.2 市场结构和土地市场 ……………………………………………………… 139
7.2.1 四种市场结构 ………………………………………………………… 139
7.2.2 垄断和寻租 …………………………………………………………… 142
资料:对乙醇的补贴 ………………………………………………………… 144
7.2.3 三种市场 ……………………………………………………………… 144
7.2.4 土地市场的特征 ……………………………………………………… 145
7.3 城市土地供给与需求 ……………………………………………………… 147
7.3.1 一般供需理论 ………………………………………………………… 147
7.3.2 土地的供给和需求 …………………………………………………… 151
资料:2007年度南京市市区经营性用地公开出让计划 ………………… 152
7.4 土地利用模型 ……………………………………………………………… 153
7.4.1 范·杜能模型 ………………………………………………………… 153
7.4.2 单一中心城市的土地竞租模型 ……………………………………… 156
7.4.3 有城市绿带的土地地租模型 ………………………………………… 157
课堂讨论 ……………………………………………………………………… 159
讨论题目七:中国城市的土地市场是什么市场?地方政府是什么卖家? …… 159
参考文献 ……………………………………………………………………… 159

8 城市土地制度 …………………………………………………………………… 160
8.1 土地的公有制和私有制 …………………………………………………… 160
8.1.1 土地公有 ……………………………………………………………… 160
8.1.2 土地私有 ……………………………………………………………… 160
8.1.3 土地批租 ……………………………………………………………… 161
8.2 我国城市土地使用制度改革的进程 ……………………………………… 162
8.2.1 土地使用制度改革的背景和意义 …………………………………… 162

- 8.2.2 第一阶段——对中外合营企业征收土地使用费 ········· 162
- 8.2.3 第二阶段——土地使用权有偿出让试点和宪法修订 ········· 163
- 8.2.4 第三阶段——制定全国性的土地使用权出让和转让条例 ········· 164
- 8.2.5 第四阶段——土地储备机构的建立 ········· 165
- 8.3 我国城市土地使用制度的特征 ········· 166
  - 8.3.1 招拍挂出让和协议出让 ········· 166
  - 8.3.2 划拨出让及其他 ········· 168
  - 8.3.3 土地的获取 ········· 169
  - 8.3.4 城市规划和城市空间发展 ········· 169
- 资料:《中华人民共和国土地管理法》节选 ········· 170
- 课堂讨论 ········· 171
  - 讨论题目八:如果农村集体土地可以市场交易,将会怎么样? ········· 171
- 参考文献 ········· 172

9 城市住宅经济 ········· 173

- 9.1 住宅的特性 ········· 173
  - 9.1.1 住宅的异质性和价格特征 ········· 173
  - 9.1.2 住宅的耐久性和质量退化 ········· 174
  - 9.1.3 搬迁成本的考量 ········· 175
- 9.2 城市住宅的供给和需求 ········· 176
  - 9.2.1 城市住宅的需求及其决定因素 ········· 176
  - 9.2.2 城市住宅的供给及其决定因素 ········· 178
- 资料:南京市政府主导的住宅供给及其变化 ········· 180
- 9.3 我国城市住房制度改革 ········· 181
  - 9.3.1 第一阶段(1980—1992):房地产市场产生,土地需求出现 ········· 181
  - 9.3.2 第二阶段(1992—1999):房地产市场粗具规模,土地需求大增 ········· 182
  - 9.3.3 第三阶段(2000—2008):房地产市场不断完善,土地市场分化 ········· 183
- 9.4 美国的住房政策与评价 ········· 183
- 资料:美国住房概况 ········· 184
  - 9.4.1 建造公房供低收入者居住的政策(1930年代) ········· 184
  - 9.4.2 直接补贴低收入者的政策(1970年代) ········· 185
- 课堂讨论 ········· 186
  - 讨论题目九(1):当住宅用地使用权到期,上面的住宅该怎么办?请根据《中华人民共和国物权法》和《中华人民共和国土地管理法》的政策做出预测和设计。 ········· 186

讨论题目九(2)：如何帮助穷人？ ……………………………………………… 186
　参考文献 …………………………………………………………………………… 186

10 城市基础设施经济 …………………………………………………………… 187
　10.1 城市基础设施和交通设施投入的经济分析 …………………………… 187
　　　10.1.1 供应学派政策及其微观经济影响 ……………………………… 187
　　　10.1.2 投资基础设施的福利效应 ……………………………………… 188
　资料：高铁争夺战 ………………………………………………………………… 190
　10.2 城市基础设施供给的方式 ………………………………………………… 191
　　　10.2.1 城市基础设施的特征 …………………………………………… 191
　　　10.2.2 城市基础设施供给的方式 ……………………………………… 192
　　　10.2.3 发展城市基础设施的时序 ……………………………………… 194
　资料：上海江湾机场到江湾新城 ………………………………………………… 194
　10.3 城市交通的供需调节 ……………………………………………………… 195
　　　10.3.1 未能如愿的预备队伍 …………………………………………… 195
　　　10.3.2 交通拥挤税的调节作用 ………………………………………… 196
　　　10.3.3 交通拥挤税和其他方式的比较 ………………………………… 200
　课堂讨论 …………………………………………………………………………… 202
　　　讨论题目十：比较各种各样解决交通问题的方法的优缺点，从道路网的供给和
　　　　结构的改变到经济的方法。 ………………………………………… 202
　参考文献 …………………………………………………………………………… 202

术语索引 …………………………………………………………………………… 203

1 经济学的基本原理

1.1 经济学和城市经济学

经济学是什么？诺贝尔经济学奖获得者、美国经济学家斯蒂格利茨说："经济学研究我们社会中的个人、厂商、政府和其他组织如何进行选择，以及这些选择如何决定社会资源的使用方式。"再简化一点说，就是"人如何选择"。选择为什么这么重要？因为世界上的资源总是稀缺的。人们想知道，为什么城市的空间这么紧俏？为什么人们不能随心所欲地想住在哪里就住在哪里，想住多大面积就住多大面积？为什么城市的建设会有抉择？一块土地，到底是建设工业区，还是居住区，或是商业区？是保证充足的城市建设，还是保护自然空间和农田？稀缺是人们需要做出选择的根本原因，而经济学就是研究在稀缺的条件下，个人如何选择、厂商如何选择、政府如何选择的规律。

城市经济学是什么？人们对城市经济学有两种认识：一种认为是研究城市经济-学，即研究城市经济的学问，例如周伟林、严冀等在著作《城市经济学》中的定义：城市经济学是一门研究城市范围内的各种经济现象的学科；另一种认为是城市-经济学，即用经济学来研究城市的学问，例如阿瑟·奥沙利文的《城市经济学》，他开宗明义道：本书是研究城市和城市问题的经济学著作。考虑到城市经济学是一门非常年轻的学问，它创立的标志是1965年美国汤普森的《城市经济学导论》[①]的出版，仅有50多年的历史，对比物理学几千年的历史、经济学不到300年的历史(尚被称为是一门年轻的学问)，对它的外延和内涵有各种看法就不足为奇了。本书主要使用的是第二种定义，即用经济学来研究城市和城市问题。因此，在本书的编写上，会先介绍经济学的基本知识；但也不排除第一种定义，会介绍一些城市的空间和经济模型，以供同学们选用。

1.2 经济学的基本假设

1.2.1 人是自私的

人是自私的

在经济学的世界里，最重要的基本假设是"人是自私的"。人是自私的，等同于人是理性的，也就是所谓的"经济人"。经济学的词典里"自私"并不是对人的道德或者心理状态的一个描述，因此可能和其他学科及生活中人们说的"自私"不太一样。它是在经济学里描述人做选择时的状态，是指"人会做出对自己利益最大化的选择"。再进一步阐释，它说明了人会选择成

---

① THOMPSON W R. A Preface to Urban Economics[M]. [s. l.]: Johns Hopkins Press, 1965

本最小的或者收益最大的,会选择价格最低的或者收入最高的,也就是说,人们对每种可能性的成本和收益都做出权衡。这也叫作理性选择(rational choice)假设。理性选择假设中描述的人的行为是连贯、一致的,也就是说在任何情况下,人们恒定会对选择集里的对象进行排序和比较,然后选择收益最大的。

如何理解经济学中的"自私"

谈到"人是自私的",人们可能自然会反应:不是所有人都是自私的吧?或者,自私不就是损人利己吗?由于"自私"这个词汇包含了多种含义,有这样的疑惑也是正常的。在经济学里,人是自私的就代表"人会做出对自己利益最大化的选择",如果你同意"人会做出对自己利益最大化的选择",那么你就接受了经济学的基本假设"人是自私的"。反过来说,如果给"人会做出对自己利益最大化的选择"选一个合适的名词的话,还有什么词能够替代"自私"一词呢?理性?经济?都有一点相符,但都没有那么确切。

人在追求自己利益最大化的时候,并不代表就会损人,很多时候利己和利他是同时存在的:面包师傅努力工作,一方面为自己赢得更多顾客,创造更多财富,另一方面给顾客提供了更好吃的面包。在经济学鼻祖亚当·斯密(Adam Smith, 1723—1790)的阐述里,人们追求私利而给社会做出的贡献是巨大的,人在利己的时候,能够极大地利他。斯密和其后的研究者用大量的案例证明了这一点。

由于经济学很多时候用来为一些决策做支持,这样的基础假设就变得特别重要。也许生活中的确有些人、在有些事件上看起来是不理性的(其实,这时候我们分析他的局限条件,往往会发现在他的局限条件下他的作为还是理性的,例如他得到的信息不足,或者某样东西的效用对他来说特别大,等等),甚至一些人专门做出与常理不符的事情来。但是,真正不理性的人是非常小概率的,而不是社会常态。如果以小概率的事件来指导行为或者政策的话,小而言之会使预期落空,大而言之会造成灾难。例如,一般的政策都是以"人是自私的"假设作为基础的,因此,在登记廉租房、发放低保金的时候都会有严格的门槛限制,以防有人不恰当地挤占这些资源,如果按照"人不是自私的"去设计这个政策,靠人们的自觉去分配廉租房或者低保金,可以想象会带来什么样的混乱。而回顾我国历史,人民公社制度隐含的基本假设就是"人是不自私的",生产资料公有,实行供给制,人们在生产队里吃大锅饭,造成的灾难也是巨大的。

资料:公共食堂的灾难

1958年,人民公社在全国普遍建立,随之而来的是供给制和公共食堂。建立公社食堂的初衷是为了节省时间,促进农业生产协调。粮食不再像原来那样分发到各家各户,而是全部集中在公社食堂。在公社食堂里,吃饭不要钱,农民可以随心所欲地进餐,没有时间数量限制。可想而知,如此一来,每个人都像明天不再到来,只争朝夕,尽情用餐①。

---

① [英]罗纳德·哈里·科斯,王宁. 变革中国——市场经济的中国之路[M]. 北京:中信出版社,2013:23

供给制造成了粮食的巨大浪费。实行粮食供给制与大办公共食堂是同步进行的,在人民公社普遍实行各式各样的供给制的同时,全国至1958年底办起了360多万个公共食堂。90%以上的农民在食堂吃饭。因为在食堂吃大锅饭,吃饭不但不要钱,而且还大张旗鼓地宣传敞开肚皮吃饭。当时,农民的觉悟并非一些人主观想象得那样高,在吃少了自己吃亏的心理驱使下,死吃活撑的现象也就发生了,公共食堂粮食浪费非常严重①。

很快公社食堂的问题暴露出来,加之"大跃进"的浮夸风恶果初显和自然灾害的发生,部分地方出现粮荒,农民的生活变得无比艰难。

1961年,毛泽东离开北京亲自进行调查研究。中共江苏省委第一书记江渭清在汇报中说:食堂耗粮特别大,而且不分老少,不管轻活重活,都在一个大锅里吃,一年吃了两年的粮,全年口粮几个月就吃光了。江渭清认为,食堂浪费很大,干部和他们的亲属借机搞特殊化,多吃多占,严重影响干群关系,不能继续办下去了。在毛泽东调研之后,高层领导纷纷深入农村调研,发现了公共食堂更多的问题。1961年中共中央制定了《农村人民公社工作条例(修正草案)》,其36条规定:生产队办不办公共食堂,完全由社员讨论决定。凡是要办食堂的都办社员的合伙食堂,实行自愿参加、自由结合、自己管理、自负开销和自由退出的原则。由此,大部分公共食堂都在社员的意愿下自动解散了②。

经济学是社会科学,假设可以被验证

经济学是一门社会科学,社会科学运用科学的观点去研究社会问题。正像自然科学那样,科学的假设是可以通过验证的。例如,因为地球引力的存在,当树上一个苹果脱离枝头,它只能下落,树上有100个苹果也是如此。牛顿定律使得物体的运动轨迹可以预测。经济学是一门社会科学,它的假设也是经得起实验验证的。张五常教授举过一个案例:将100元钱放在闹市街头,半小时之后,看看它会不会被人捡走——如果真的进行这个实验,100次的结果都会是钱不翼而飞。这说明了,自私的人比较了自己可以获得的利益(100元)和付出的成本(基本可以忽略不计)之后,必然会做出这样的选择。作为一门科学,它的前提假设是人的选择是有规律的,这种规律是可以认知和预测的。

有一种观点认为,经济学是所有社会科学的基础,因为它有经得起检验的理论体系,并且深刻地洞察了人的所有选择行为,因此研究各种社会科学回避不了对经济学知识的掌握。另一种观点认为,经济学是一门在漫长历程中只有少量知识的学科,其中的许多重要内容可以在比较短的时间内掌握(但运用得好与不好却颇费功力)。这些观点对我们学习经济学的必要性和可能性提供了参照。

城市是人们自我选择的结果

城市是诸多的个人和厂商自我选择的结果,正是因为他们都进行了"自私"的选择,才使得

---

① 罗汉平.人民公社供给制探析[J].当代中国史研究,2000(03):38-46
② 罗汉平.农村公共食堂的解散[J].文史精华,2001(03):35-42

很多现象可以被解释和预测。例如,风景优美的环境中的住宅,一定会更受青睐,因为它会带来更多的让人心情愉快的收益,而因为竞争激烈,其价格一定会更高。同样,大城市里的住宅价格高,小城市里的住宅价格低,这显示出大城市是更受人们欢迎的选择。城市开发区会用三年免税或者低地价的条件去吸引厂商,看起来似乎是一种浪费,不甚合理,但其实许多的城市开发区在参与吸引厂商的竞争,因为他们知道厂商会考虑成本最小的选择,这样做可以吸引来厂商的投资。在每一个城市现象的背后,都有个人、厂商和政府官员做出了他们的选择,当我们在审视世事的时候,深入地想一想,人们是怎样做出"自私"的选择的。

当我们说"人是自私的"的时候,指的是全部的人群,在城市里,我们一般将其分为政府官员、厂商和个人。在报纸杂志的描述里,对不同的人群时而会有固化的表达,例如,老百姓是"无辜的",政府官员是"明智的"或者"贪婪的",厂商则货真价实是"自私的""唯利是图"的,等等。但在经济学的世界里,所有的人在做决策的时候都是"自私"的。

美国经济学家曼昆是这样评价政府官员的:"人们假设政府官员是追求整个社会的福利的,他们的目标是效率与平等的最优结合,这也许是最好的,但并不现实,利己也是政府官员的强大动机,政治家也是人。"①在"自私"的指引下,政府官员有的时候考虑的是城市利益,有的时候考虑的是个人利益,有的时候两者混合。同样,老百姓的选择是为了维护自己的利益,而并不是一个抽象的"社会公平",无论是在争取日照权的时候,还是在面对拆迁的时候,人们都倾向于争取对自己来说最高的收益。

另外,人们在谈到某种组织的时候,通常把它们视为一个整体。例如政府、公司,就好像他们是一个个体那样做的决策。但是,各种组织都是由很多个个体组成的,这些个体可能还形成了不同的利益集团,他们彼此之间的利益、小集团的利益和整个组织的利益都不尽相同。认识到这一点,对我们认识某个组织的决策有很大帮助,我们会看到有时个体在做着和组织一致的决策,有时某个个体在做着对自己有利、但对组织不一定有利的决策,有时某些利益集团在决策中胜出,做出了对部分人有利的决策,而伤害了其他人的利益。所有的决策都是活生生的人做出的,而不是那些抽象的"大公无私"的人做出的,了解这些有助于我们更加了解人们的选择决策。

对"人是自私的"的四种解释

人是自私的这个概念是经济学研究里的基石,因为这个概念如此重要,而又如此令人难以接受,所以很多的经济学家对此概念进行了阐述。张五常总结了对于"人是自私的"的四种看法②。

看法一:斯密认为,这是被逼出来的。

人都想得到各种东西,但只依靠别人的仁慈之心来获得的话必定失望。所以激起别人的利己之心,然后用有的去交易没有的,这样得到的比仁慈之心给的多多了。对一个社会来说,

---

① 曼昆.经济学原理[M].3版.梁小民,译.北京:机械工业出版社,2003:85
② 张五常.经济解释:卷一·科学说需求[M].北京:中信出版社,2010:79

一个人为求私利而无心对社会做出的贡献,远比有"无私"的意图做出来的要大！正是因为人人都想要,都想要很多,所以必须(鼓励)(他人)自私。从斯密的理论看,自私不一定会损人,反而可以极大地利他。

看法二：阿尔钦同意自私是一个基础假设,但他认为白痴乱来也有同样的效果。

假设一群人要建加油站,可供选择的地点有公路、深山、荒漠这三个地方。经济学家推断他们会把加油站建在公路旁边,因为这样可以获得最大收益。但其实,这群人根本是白痴,他们随便选择一个地点建设,有的建在公路旁边,有的建在深山,有的建在荒漠。结果呢？只有建在公路旁边的生意兴隆,存活下来,其他的加油站都倒闭了。也许有人会说,经济学家错了,这些人根本不是理性的,他们是白痴,但这不要紧,结果是：只有公路旁边的加油站存活,经济学家根据人是自私的假设预测对了[①]。从阿尔钦的理论来看,我们不需要考虑做决策的人的内在因素,只考虑选择结果。

看法三：道金斯认为自私是遗传的。

生物学家道金斯在《自私的基因》(The Selfish Gene)里解释了自私是与生俱来的,并发展出了"生物经济学"学科。道金斯认为,生物"为了基因的利益"做出了很多选择,目的是最大化其基因长期生存的概率。为了增加某种基因遗传的概率,有的时候自私表现为在竞争中争取一切机会活下去,好让自己的基因续存；有的时候(过了临界点之后)则表现为利他,通过让自己的父母或兄弟姐妹活下去,而让自己的基因能够遗传。他的观点得到经济学家赫舒拉发的支持。

看法四：张五常认为自私就是一个基础假设。

基础假设是不容争议的,是经济学建立的基石,如果人不自私,或者有时自私、有时不自私,就可以另立一门学派了。但是在经济学里就是这样认为的。正如数学里的基础假设是一加一等于二,一和二之间没别的整数。如果你假设一和二之间另有整数,就不是我们大家都认同的"数学"了。

给同学们的建议：可以在学习之初暂且先接受自私这个基础假设,就像学习数学先接受"一加一等于二"一样。在日后的学习中不断验证、判断,再得出自己的结论。

1.2.2 人在做选择的时候是有局限条件的

有了"人是自私的"这个假设作为基础,还不能直接判断人的选择,因为在同一件事情上,不同的人也许会做出相反的选择,他们都是自私的,所不同的只是他们处在不同的条件下,所以我们还要看每个案例中的局限条件是什么。例如在 100 块钱放在街头的案例中,局限条件是"闹市街头"和"半个小时",有了这样的局限条件,才会有钱会不翼而飞的结果。但如果我们观察这时经过的每一个人,也许有人会捡,有人不会捡,捡与不捡的人都是自私的,唯有看到他们做决定时的条件,才可以判断为什么有的人捡而有的人不捡。因此,我们需要知道,人们做出选择的条件是什么,这种条件就是局限条件(或称约束条件,constraint conditions)。

[①] 李俊慧. 经济学讲义：上卷[M]. 北京：中信出版社,2012：27

例如,在上述例子里,我们给出的局限条件是闹市街头、半个小时,这将保证有足够的人看到这 100 块钱,有很大概率它被捡走。分析那些没有捡钱的人,有的人因为人来人往,没有看见(信息不全);有的人因为好面子,没有去捡(付出的成本即丢掉的面子大于 100 元钱)等等。

在开发区的例子中,政府以极低的价格供地,那么,开发区政府岂不是以对自己很不利的条件将土地出让?开发区政府是不是做了违反"自私"准则的事情?这不一定,在地方政府之间激烈的竞争中,开发区政府只有采用这种方式才能够招商引资,带来后续的税收和更多的工作岗位,这是开发区在城市竞争的局限条件下做出的选择。当然,也可能是政府官员本人在某种有利于个人的局限条件下做出的选择。使用自私假设在推断人的选择的时候,需要加上局限条件,才可以具体判断在每一种条件下人们是如何选择的。对于局限条件观察、判断的准确与否,决定了我们分析的准确性。

常见的局限条件可能有稀缺(物品的数量有限)、时间有限、预算有限、信息局限(无知或者信息费用太高)、交易费用太高(太麻烦)等等。

1.2.3 重要的局限条件:资源是稀缺的

在现实的世界中,最重要的一个局限条件就是稀缺性(scarcity)。

曼昆说:"稀缺性是指社会拥有的资源是有限的,因此不能生产人们希望拥有的所有物品与劳务。正如一个家庭不能给每个成员想要的每一件东西一样,一个社会也不能给每个人以他们向往的最高水平的生活。"斯蒂格利茨对稀缺是这样描述的:"不存在免费午餐。若想多得一些这种东西,就必须放弃其他什么东西。稀缺性乃是生活的基本事实。"经济学家们也许对很多概念争论不休,但对稀缺的看法却出奇肯定而一致。稀缺并不只是因为物品的绝对量少而存在的——现代社会物品生产的总量是越来越多的,而是因为人们的欲望无穷,因为比起人们的欲望来说,物品无论多少都会显得不足够。

稀缺还有一个重要原因是物品的质量有差别。李俊慧举过一个教室选座的例子:在教室中,常常会有空着的座位,既然学生人数少于教室的座位数,是不是说明座位就不稀缺了?仔细观察发现,这个教室可能前排坐得比较满、后排比较空,这说明,因为座位的质量不同,前排的好座位还是稀缺的。最好的座位只有一个,次好的也只有一个,依此类推。

推广到城市中,我们拿商铺来作比较。也许一个城市中不同地段、不同质量的商铺很多,但并不是每一家都有好的市口,甚至每一座商厦内不同位置的商铺,其受欢迎的程度都不同。所以,有的商铺很抢手,有的商铺卖不出去。真正的黄金地段商铺是稀缺的,而每一个位置的商铺,都会因为比其他位置略好而产生稀缺性。

除了物品和服务的质量有差别,人们的需要也是有差别的,这导致无论什么水平的物品和服务都会被人们需要。例如我们喝完一瓶水,空塑料瓶就成了无用之物,大多数人都一扔了之。但是,空塑料瓶在拾荒者那里却成了争抢的对象,在闹市街头,每个垃圾箱隔两分钟就会有拾荒者来翻找,说明他们对空塑料瓶的看重,在拾荒者那里,我们的无用之物对他们是稀缺的。对城市中的一些家庭来说,老旧而质量差的公房可能不是买房的选择,但对另一些家庭来说,能拥有一套哪怕狭窄的旧房子就是他们的最大愿望。甚至在小区里搭建的棚屋、小区楼顶上搭建的棚屋,这些条件很差的非正规住房都可能是一些人的选择,导致这些"住房"都要由市场价付租金才能够获得。一旦出现了付租金的行为就说明其资源一定是稀缺的,为了竞争到使用权,人们不得不付出金钱代价才能得到。

马克思理论中,共产主义社会是一个物品极大丰富的社会,人们按照需要各取所需,似乎是一个没有稀缺的世界。参照前面的分析,即便在物品极大丰富的情况下,物品的质量也是有差别的,而人们的欲望是没有尽头。举例来说,如果一个社会到处都是别墅,每家每户按照绝对数量都可以拥有自己的别墅,那么是不是就没有稀缺,人们是不是就皆大欢喜呢? 首先,这些别墅一定会有位置上的差别,有的临近城市中心,有的临近城市边缘,有的临近绿地,有的临近铁路,其次还会有配套的差别、户型的差别,等等。可以想象,那些更优位置的别墅,一定会受到人们的争抢,而那些没有获得最优别墅的人们,一定会心有不甘。人们假想"如果我有……就足够了",都是在和现状作比较,当真正拥有的时候,却是在和那时的普遍现实作比较。"人会做出对自己利益最大化的选择"这个事实不会改变,即使在物品极大丰富的社会里,仍然会有稀缺,人们仍然会争取在那个社会中对自己利益最大化的选择。

1.2.4 竞争的准则是必须的

正因为稀缺的普遍存在,人们想要获取物品和服务,就需要竞争(competitive)。竞争就会有竞争的规则,在原始社会,"弱肉强食"就是一种规则,而在现代社会,人们发展出来越来越好的竞争规则。例如在教室,先来的人可以占据较好的座位,如果课程吸引人,那么为了占座可以展开非常激烈的竞争,占座时默认的"先到先得"就是竞争的准则。在拾荒者那里,捡空塑料瓶也是靠"先到先得"的方法。同学们在分配工作室的时候,有的时候是按照学号排队分配,有的时候是抽签分配。

我们把这些分配的方法,排队、抽签、票据配给、市场价格等等,都叫作竞争的准则。生活中的小事使用"先到先得""排队""抽签"的分配方法是可以的,因为省时省力。但如果是价值更大的物品,这种方法就不再适用了,设想一下,分配一块城市的土地,能采用"排队""抽签"等方法吗? 这时就要采取另一种更优的准则:市场。竞争的准则因此可以分为两种:市场准则和非市场准则,市场准则是以价格来决定竞争胜负,非市场准则是以价格之外的其他方法来决定胜负。通常来说,以市场准则来决定胜负是最好的分配办法,因为,市场准则鼓励了人们为获得资源付出努力,价高者得,鼓励了那些更加努力工作的人,社会因而可以获得更多的总财富,减少因为人浮于事产生的浪费。而非市场准则如"先到先得""排队",先到者并没有因此增加社会的资源或者财富,早早占位,只是浪费了时间;排队者也没有增加资源和财富,时间也浪费掉了。如果产生了很大的浪费,就不是一种好的分配方法。

1.3 经济学的十大原理

在很受欢迎的美国教科书《经济学原理》(*Principles of Economics*)中,曼昆总结出了经济学的十大原理,是对前面那些基础假设的进一步阐述。我们以曼昆的十大原理为框架,简单介

7

绍经济学的世界里是如何分析事物的。

1.3.1 人们会对激励做出反应

激励是经济学中的核心话题。人们为什么努力工作？厂商为什么努力生产？所有的这一切都有一个理由，如果没有激励，谁会这么努力呢。

人们会对激励做出反应，这是在强调：因为人是自私的，所以局限条件的变化会诱导人们的选择也做出改变。任何政策制定者都不能忘记这一点，否则会带来意想不到的问题。而好的政策起到良好的效果，也是基于这一点。

典型的案例是关于汽车安全带。1960年代后期，拉尔夫·纳德尔(Ralph Nader)的著作《任何速度都不安全》(Unsafe at Any Speed)引起公众对汽车安全的关注。美国国会通过立法，使得安全带成为所有新汽车的标准设备。

安全带原本是减少事故中伤亡的一个发明，从表面上看，强制推行安全带后，一定会减少汽车事故中的人员伤亡，带来良好的社会效益。但这并不是事情的全部，因为"人们会对激励做出反应"。当路况不好时，会激励人们谨慎小心地开车，反之，当安全带带来了"安全"时，会激励人们更快更狂野地开车，这造成了事故率的上升。当然，由于安全带的保护，人们在事故中的伤亡的确降低了，两者相抵，造成司机死亡人数的净变动很少。但这个故事还没完，车祸损伤的不仅仅是司机，还有行人，安全带保护了司机，但对行人毫无保护，因此，行人死亡人数增加了。经济学家萨姆·佩兹曼(Sam Peltzman)在1975年的一项研究中说明了这一点[1]。这使我们了解到，在制定一项政策时，不仅仅要考虑到它引起的直接影响，还有那些因为激励而改变的人的行为带来的间接影响，事情并不一定会按照我们的想象进行，而会按照它本来的方式进行。

政府有时会使用激励的方法达到某种政策目的。例如为了解决交通问题，政府可能对小汽车的相关产品征税，例如对汽油征税，对停车高收费等等。这样做的目的是激励人们考虑是否要少开车，是否要改乘公共交通工具等，激励人们做出有利于交通通畅的选择。2015年，南京发布了新版的《南京市建筑物停车设施设置标准与准则》，和以往在市中心区提出更高的停车配建标准不同的是，这个标准设置在轨道交通站和规划轨道交通站点出入口200米范围内高强度开发的办公类、商业类建筑停车位配建指标将适当降低。显然，这也是一种激励的方法，当一个人去往停车不方便的地方的时候，他可能选择不开车，交通量就被控制了。比较在市中心设置更多停车位和更少停车位两种思路对交通状况的激励，就能体会出正视激励所带来的解决办法。

资料：儿童空中安全的成本

在美国，许多州都要求乘坐汽车的儿童必须坐在特殊设计的安全座位上。因此，为什么不

---

[1] 曼昆.经济学原理[M].3版.梁小民,译.北京:机械工业出版社,2003:7

要求乘坐飞机的儿童也坐在安全座位上呢？1990年夏天，国会就这一问题举行了听证会。至少在几种情况下大家都同意，这种座位可以在飞机失事时保全儿童的性命。不过，考虑到这种规则的潜在后果和副作用，联邦航空管理局对此持反对意见。

从有利的方面讲，联邦航空管理局估计在每10年的飞行事故中，安全座位能保全1名儿童的性命。但是携带小孩的父母要多花185美元购买安全票，并为他们的孩子购买通常的机票。现在，两岁以下的儿童可以坐在其父母的怀里，用不着买票。联邦航空管理局估计，由于有这些额外成本，在现在带小孩旅行的家庭中，可能有20%会放弃旅行或改为开车去旅行。因此增加的汽车会增加高速公路的拥挤，根据联邦航空管理局估计，这会导致车祸死亡增加9人，重伤增加52人，轻伤增加2 300人。

即使那些认为多拯救一个孩子的性命的价值不能降低到用价格（不管是多高）衡量的人士，也必须考虑规制下的市场以外的情况。如考虑到航空市场以外的情况，可以清楚地看出，为儿童设置安全座位以减少儿童的死亡，无疑会导致更多的生命损失①。

1.3.2 人们面临约束下的权衡取舍

人们在很多情况下都面临权衡取舍。在经济学的"自私"假设下，人们会选择最小成本的，或者最大收益的，选择最低价格的，或者最高收入的。人们的选择不是没有条件的，这些约束条件各有不同，常见的有预算约束（budget constraints）、时间约束（time constraints）等等。

个人的权衡取舍

人们时刻都在做出选择，例如，钱是用来买食品还是买书籍，时间是用来学习还是休息。尽管我们有很多愿望，在做选择的时候，面对的却不是无限的选择——买食品、买书籍还是买一架波音飞机？学习、休息还是环游世界？相反，每一次做选择的时候，面对的是有限的机会集合（opportunity set），你会发现，限制你的选择范围的在很多时候主要是两样东西：金钱和时间。金钱和时间都属于约束条件，由金钱给出的机会集合称为预算约束，由时间给出的机会集合称为时间约束。

假设一个人每月的零花钱有200元，要在自己最喜欢的麦当劳食品和书籍之间做一个选择，要么多吃几次麦当劳（假设每次花40元），要么多买几本书（假设每本书20元）。我们可以把这个选择集合画成图形（图1-1）。

在这个图形中，向下倾斜的一条线是预算约束线。由于每样东西有整数

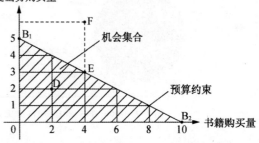

图1-1 200元购买麦当劳和书籍的预算约束线

---

① 斯蒂格利茨.经济学[M].2版.黄险峰,译.北京:中国人民大学出版社,2000:296

价格,所以在预算约束线上,选择表现为一个一个的点,例如,全部选择买麦当劳在 B1 点,全部选择买书在 B2 点,一个适中的选择可能在 E 点。但所有的选择并不止这条线,还包括了线以下的所有点,也就是阴影区部分,它代表了全部机会集合。也许这些选择都不能满足一个人的要求,他希望每月能够多吃几顿麦当劳,还能多买几本书,这个愿望落在了 F 点,但遗憾的是,在 200 元的预算约束下,这是不能实现的。

城市的权衡取舍

城市的财政支出,也处在一种权衡取舍之中。图 1-2 是南京市近年来的地方财政一般预算支出的图表,可以看出,支出的项目很多,以 2015 年为例,其中支出最多的项目是城乡社区事务和教育,支出最少的是环境保护、文化体育与传媒,这显示了一个位于长江三角洲比较富裕地区的省会城市面对现有局限条件下的选择。显然,城市也是有它的预算约束的,再富有的城市,也不可能在它的各项事务上想花多少钱,就花多少钱,如果那样的话,也会像上例一样,出现一个人们期待而并不存在的 F 点。如果人们想要在环境保护上多些投入,那么很可能会做出削减教育投入的选择,一个城市进行这些权衡取舍比一个人的困难度要大得多,做出决策的往往不是一个市长,而是各个部门长期研究及争取的结果。

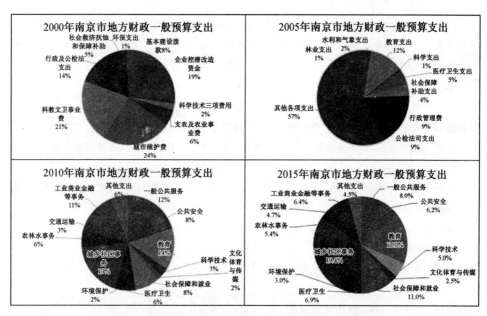

图 1-2　2000、2005、2010、2015 年南京市地方财政一般预算支出

1.3.3　某种东西的成本是为了得到它所放弃的东西

由于人们面对着权衡取舍,在做出考虑的时候,就要选择那个收益最高的或者成本最低的。成本(cost)因而成为首要考虑的因素之一。

成本的概念并不简单，来看一下上大学的例子。我们很容易想到，上大学的成本是几年的学费、食、宿等。但是，细想一下，食、宿的费用，即使不去上大学，一个人也要承担，这并不是单为上大学所付出的成本，而是普通的生活成本，只有学费是特别为上大学准备的。除此之外，还有一样容易被忽视但更加重要的东西：时间。这几年中，其实付出最多的是一个人的时间，这些时间本可以用在其他的地方，也许用来工作，也许用来休闲，也就是说会产生别的收益。因此，上大学的成本粗略地看可以认为是学费和时间。

经济学中的成本指机会成本

经济学家怎么看成本？从上面的预算约束曲线我们看到，可以把一种选择的成本用另一种选择来表示。你想要多吃1次麦当劳吗？那就要少买2本书。一次麦当劳的成本是2本书，一本书的成本是0.5次麦当劳。资源是稀缺的，权衡取舍是必须的，如果你选择了某样东西，就要放弃另一样东西。如果有好几个选择，那么，放弃掉的最高收入就是成本。我们可以把放弃掉的最高收入的那个选择折换成金钱，或者时间，或者两者皆然。用选择来看成本，这就是机会成本的概念。

成本在经济学里都是指机会成本（opportunity cost），它的定义是放弃的最高收入。它和我们日常生活中所说的计算已经花出去的金钱——会计成本或历史成本不一样。以上大学的案例来说，机会成本包括了上大学的学费和时间，学费确实是花出去的金钱，但它表达的是，这些钱本来可以进行其他的用途或者享受，被放弃掉了，因此成为成本；同样，这几年的时间一个人本来可以从事其他的工作，这个机会被放弃掉了，成为成本。在日常生活中，为了其他的工作放弃上大学的可谓凤毛麟角，这是因为高中学历平均收入低，大学学历平均收入高，放弃的最高收入是成本，所以，上大学的机会成本比较小——人们会选择成本低的。但是，也有少数特别具有天赋的人上到一半就放弃了自己的学业，显然，他有了更值得投入的选择，比如比尔·盖茨有开创一个微软王国的天赋，使得上大学的机会成本陡然增加了，这时继续大学学业已经不划算，所以放弃。

我们拿上研究生来对比，可以更清楚地看到其中机会成本的增加。如果说上大学是大家不假思索的选择，那么上研究生一些同学还是要斟酌一下，特别是如果在本科毕业就能拿到很好的工作机会的话，一些人因此就选择了工作。这是因为，拥有本科学位之后已经有了较好的工作机会，这就成为上研究生的主要成本，工作机会越理想，上研究生的成本越大，考虑到就业市场的波动，放弃的工作机会也许两年额外的研究生生涯也换不回来，这时人们就倾向于选择工作。

对于城市来说，也存在着一样的情况。一块市中心价值很高的土地，用来建绿地而不是商业，这时的成本除了建设和维护费用之外，还有它本可以用作商业的巨大价值，由于商业用地和绿地之间的价值差太大了，所以放弃的商业用地收入是城市在市中心建设绿地的最主要的成本。

因此，人们考虑成本的时候，考虑的是全部的成本，即全部的机会成本，而不仅仅是直接的支出。

沉没成本

由于成本——机会成本是在有选择机会的情况下才存在的,当选择已经完成,这时以前的成本就已经成为历史成本,不再是成本了。我们把这种已经付出无法追回的成本叫作"沉没成本"(sunk cost)。沉没成本不是成本,因为已经没有选择了。因此,经济学家考虑那些人们不常计入而又至关重要的,比如机会成本,却不考虑那些人们常常纠结却无法收回的,比如沉没成本。

举例而言,当放弃学业创业时,成本是机会成本,而不是已经付出的学费和时间,只需要考虑创业和继续学业两者之间哪样收益更大,选择机会成本比较小的,而已经付出的学费和时间就无须再考虑了。因为,一个人既无法向学校追讨回学费,也无法逆转时间。

说明沉没成本的好例子是看一场糟糕的电影,你已经付出了35元的电影票价,坐在位子上看了20分钟才发现这是一部很糟的电影,根本就是浪费时间。电影票价收不回来,这已经是沉没成本,这个时候就不要再想"我花了那么多钱,好歹要把它看完",而是果断走出电影院,因为你同时付出的成本还有时间。当看电影的收益很低的时候也就意味着转而去做别的事的机会成本很低,你就可以做出这个选择。别忘了,剩下的1个多小时时间成本还是可以收回的。看看还有没有再度选择的机会,这是一个区分沉没成本和机会成本的好机会。世界上的机会转瞬即逝,既然没有选择,也就无须多想。

1.3.4　边际量有时更重要

边际成本(marginal cost)是指做某件事的额外成本。边际成本是用来与做这件事的(额外)边际收益(marginal revenue)进行比较的。

人们在做事情的时候,很多时候不是为做不做而选择,而是选择多做一些还是少做一些。来到学校,没有人会考虑在这里要不要学习,而是会考虑今天要不要多学习1小时;减肥的时候,没有人会考虑吃还是不吃(毕竟不吃你坚持不了几天),而是考虑要不要减掉晚餐,或者要不要减掉一块甜食。人们考虑的是多做或者少做一个单位的量,会不会带来比这个单位大的收益。

人们有意无意地在做着边际上的选择。在近距离旅行时,人们会安排1~2天的行程,但进行国际旅行时,通常安排的是10天以上的长行程。翻看旅行网站,没有人提供很短期的欧洲旅行行程。这是因为,国际航班的机票已经很贵了,为一次国际旅行所做的准备也要花费大量的时间,而在此基础上多安排几天的游览在边际上成本非常低,收益很明显。你也许不知道什么叫作边际成本,但在做出选择的时候往往本能地考虑了边际量。

飞机票的价钱也是一个边际成本的好例子。飞机票的打折随时间波动,有一个明显的低点是临近起飞的一两天。原因是如果空座很多,而飞机是注定要起飞的,能卖出一张票是一张。多卖出一张票的边际成本接近于零,比起飞机的重量来说,多增加一个人的重量是微乎其微的,多一份飞机餐的成本也很低廉,而边际收益是明显的,使得做出打折措施多卖出几张也是有利的。

同样,在城市规划管理中,开发商最容易违规的一项是提高容积率,很多研究表明,对地块控规指标调整比例最高的是容积率。在和规划局合法或不合法的讨价还价中,只要容积率能从1.5提高到1.6,就会带来巨额的盈利空间,而付出的边际成本相比小得多。开发商考虑的主要是容积率的边际量。

因此,当进行边际决策时,当某项活动的边际收益大于边际成本时,多做境况会变得更好,只要边际收益超过边际成本,你就应该继续这项活动。当你知道了边际量的概念,以后就会更系统地考虑它。

对于一个人来说,理性选择的基本步骤就是:

明确机会集合;

界定取舍关系;

把机会成本、沉没成本和边际成本考虑在内,正确地计算成本①。

资料:开发商偏爱容积率调整

江苏省建设厅张泉(2008)指出,目前在城市规划实施中,普遍有一半左右建设项目程度不等地变更了控制性详细规划规定内容,部分城市发生变更的项目达到80%左右,少数城市变更较少,但也达到20%~30%。变更控制性详细规划的要素比较普遍,几乎涉及《城市规划编制办法》确定的所有强制性内容,变更较多的要素包括用地边界、用地类别、容积率、建筑密度、建筑高度、建筑退让、停车位数量和出入口方位等。造成这些变更的原因,有城市局部利益的影响,有个别利益主体的不合理诉求等②。2007年,南京市国土资源局查处了42幅突破出让条件、擅自提高容积率的地块,补收出让金6.43亿元。

其他城市也有相应的案例。以李浩(2008)对重庆市江北区和渝北区控制性详细规划指标调整的调查为例,2003年7月—2005年11月,审批许可的60个控制性详细规划调整申请项目,扣除15个资料不全的项目不计,其余45个控制性详细规划指标调整项目的平均容积率提高了1.93③(相当于新增15万人口)。

1.3.5 贸易能使每个人的状况更好

前面的几条原理说明了个人的选择,接下来要讨论人们之间和更大范围内的地方之间、国家之间的选择。

在人们之间普遍发生的是分工和贸易。贸易是指对经济中现有的物品进行交换。贸易能使每个人的状况变得更好,这是古典经济学时代就发现的真理,被称为绝对优势理论和相对优势理论,在新古典经济学时代又有所发展,被称为H-O理论,这些理论纷纷从各个方面证明了贸易能给人们带来收益。在现实中人与人之间、地方与地方之间、国与国之间很久以前就自发

---

① 斯蒂格利茨.经济学[M].2版.黄险峰,译.北京:中国人民大学出版社,2000:42
② 张泉.权威从何而来——控制性详细规划制定问题探讨[J].城市规划,2008(02)
③ 李浩.控制性详细规划指标调整工作的问题与对策[J].城市规划,2008(02)

产生了贸易,是因为人们确实享受到了这些好处而做出了这种选择。

贸易为什么会使每个人的状况变好的一般解释

因为人们的需要是不同的,这导致同样的物品在不同的人那里有不同的效用(utility),贸易可以使人们在发挥自己最大价值的同时,把物品交换给获得效用最高的人,以提高所有人获得的享受。

还有,人们擅长做的事情是不同的,在利用同样的资源做同样的事情的时候,有的人效率高,有的人效率低,在这件事情上不擅长的人,却可能在别的地方有比较高的效率。当人们专注生产效率最高的物品,并发生交换,总体上就可以利用同样多的资源和时间获得更多的物品,大家都得到好处。

另外,贸易本身就利用了市场竞争,贸易要通过市场进行,在使用价格准则进行市场竞争的时候,就鼓励了人们更加努力地工作,使社会获得更大的财富而减少浪费。

绝对优势和比较优势

我们可以举一个生活中的例子来说明贸易的好处。假设一个同学非常擅长画图,1天可以画3张图,但1天只能做1个模型;另一个同学非常擅长做模型,1天可以做3个模型,但1天只能画1张图。如果任务书要求最终上交6张图和6个模型,这两位同学各需要8天时间才能完成全部任务。假如课程设计是小组作业,这就意味着绘图和制作模型的工作可以在组内协调,两人共交12张图和12个模型,总的工作量没有变,但可以交换了,这就使得总工作时间缩短到了4天,对两人来说效率都大大提高了。

在上述的案例中,参加交换的双方似乎势均力敌,不难看出交换的好处。但当双方的实力相差悬殊的时候又会如何呢?我们将同学一的能力修改为1天3张图,1天2个模型,同学二的能力修改为1天1张图,1天1.5个模型,这样,同学一(学霸)共需要5天能完成全部任务;同学二(学渣)共需要10天才能完成全部任务。如果他们的工作仍可交换,学霸可以用4天完成12张图,然后用其中的6张换学渣在4天内完成的6个模型,他仅需要4天时间;而学渣换来了6张图,再用剩下的4天时间做完模型,他需要8天时间。通过贸易,两人仍然都赚了。因为学渣做模型的成本是0.67张图,学霸做模型的成本是1.5张图,学霸做模型的成本更高,因而,做模型成了学渣的比较优势(comparative advantage)。虽然,学霸在各类工作上都有着绝对优势(absolute advantage),但贸易仍给两个人都带来了好处(表1-1)。

表1-1 两位同学的画图和模型能力

		画图(张/天)	模型(个/天)
第一次	同学一	3	1
	同学二	1	3
第二次	同学一	3	2
	同学二	1	1.5

当然,在上述的案例中,存在着一种可能,当同学一和同学二的工作能力是某种组合的时

候,交换也不会使情况变得更好。但是,现实的世界是不会只有两个人的,也不会只有两个国家,必须在这两者之间做交易,而是有很多的人、企业、国家,人们总能选择到合适交易的对象,刚好能利用自己的比较优势获得利益。两个人或者两个国家之间的交易叫作双边贸易(bilateral trade),多个人或国家之间的交易叫作多边贸易(multilateral trade)。

绝对优势理论和比较优势理论

在前面的案例中,第一种案例是"绝对优势理论"的简单解释。绝对优势理论是亚当·斯密提出的:如果一个国家在投入同样数量资源的前提下,生产率比别的国家更高,就说它有绝对优势。亚当·斯密认为在某种产品上具有绝对优势的国家应该集中生产这种产品,然后参加国际贸易,换回自己没有绝对优势的产品。这样,两个国家获得同样多物品的成本都减少了,价格也会便宜,人们获得贸易的好处。同时由于价格下降带来需求上升,能够增加物品的生产,给世界带来更大的利益。

第二种案例是对"相对优势理论"的简单解释。相对优势理论是大卫·李嘉图(1772—1823)提出的,他发展了亚当·斯密的观点,指出贸易的发生不需要有绝对优势,只需要有比较优势,各国之内不同产品的相对价格就是不同的,从而提供了国际贸易的基础。结论也是很相似的,在某种产品上具有比较优势的国家应该集中生产这种产品并出口,换回自己没有比较优势的产品,并且通过贸易,各国都能获得整体的好处。

在真实的世界中,某些发达国家在几乎所有商品的生产上都比其他国家的效率更高。不难看出,一些发达国家在很多行业都具备绝对优势,无论是高科技产业,还是制造业,还是农业,各方面的劳动生产率都很高,这就是它们成为发达国家的原因。但这是不是说这些国家自产自销就够了,根本就不需要交易?现实中,世界经济最发达的美国也在广泛地跟世界各国发生着贸易关系,在美国超市里出现的很多产品都产自中国、印度、孟加拉国等地。贸易普遍给各国带来了好处,不管这个国家是富还是穷,都有可能发挥比较优势,然后以其所有,换其所无。国家之间的贸易很多都是多边贸易。

在生活中还可再举一例,一个设计事务所的负责人,他可能在各方面都具有绝对优势,无论是谈项目、组织员工、做方案甚至最基本的 CAD 绘图,都是最快最好的。但是,一个负责人绝不可能把自己的时间用到重复的画图上去,哪怕他比绘图员快几倍也不会如此,因为他做别的事情收益更高,回想一下上节提出的成本的定义——他做出画图选择的成本(机会成本)更大,人不会选择成本大的。换句话说,因为他在组织和负责上的效率明显是最高的,导致他在绘图上具有比较劣势,而绘图员因为在别的项目上不太行,因而在绘图上有比较优势,他们分工合作,是对大家最好的选择。

1.3.6 市场通常是组织经济活动的一种好方法

市场是"看不见的手"

经济学中最重要的一个发现之一是发现了市场(market)的作用。著名的经济学家亚当·斯密在他 1776 年出版的著作《国富论》(*An Znquiry into the Nature and Causes of The Wealth of Nations*)中提出了全部经济学中最有名的观察结果:家庭和企业在市场上相互交易,它们仿佛被一只"看不见的手"所指引,导致了很好的市场结果。

市场回答了四个基本的经济问题

回忆我们之前学到的,所有的资源都是稀缺的,通过市场,人们产生了竞争。在充满竞争的市场经济中,个人深思熟虑,做出反映出自己意愿的选择。厂商必须生产消费者所需要的产品,必须以比别人更低的成本生产,并且尽量地把它们卖出去,获得更多的利益。消费者选择自己最需要的,货比三家,付出一个可支付的代价。每一个厂商和每一个消费者都是在现有的局限中做出自己最好的选择,因为是每一个人自己反复权衡下的选择,这个选择比别人安排的自然要理想得多,因而市场交易使人们获得了最满意的结果。当厂商之间为追求利润而竞争时,消费者即从他们生产的产品获益,也从供给商品的价格中获益。因此,市场经济就回答了四个基本的经济问题——生产什么、如何生产、为谁生产以及如何做出决策。一般而言,市场对这四个问题的回答能够保证经济系统的效率①。

市场决策相较于政府决策的优点

和市场相对的概念是政府。如果说,市场是千千万万个灵敏反映的人和企业的集合的话,政府就是间接了解这些人们和企业的一个机构。生产什么、如何生产、为谁生产以及如何做出决策这些过程,如果不是通过直接参与、利益攸关的人们,肯定会大打折扣。人们隐约地觉得,政府有能力安排好很多大小事务,不懂经济学的人甚至会把社会上出现的很多问题归咎于市场,觉得如果是政府来安排就不会发生这些令人不满的事情。但是,恰恰是在我们国家,计划经济时代已经证明了全部由政府来安排可能会有多失败。计划经济时代关于生产的这四个问题都是由政府来决策的,问题是,政府怎么可能比直接参与市场的人们更了解需要生产什么、生产多少呢?政府又怎么能决策在那么多的地方、那么多的行业里如何生产更有利可图呢?除非出现全知全能的上帝,否则政府的决策普遍会滞后于市场,并且,这些外来的决策也不能鼓励人们生产的积极性。计划经济时代留在人们记忆里的,是挥之不去的物质匮乏。自1978年改革开放开始,计划经济不得不让步于市场经济,市场化的进程才使得一切改变了面貌,经济在这40年中极大地繁荣发展起来。

尽管如今人们对计划经济和市场经济的看法已经比较明确了,但几十年过去,社会上仍然流传着一些似是而非的观点。例如在城市规划领域,人们认为在区域中的各城市应该避免重复建设,一提到"重复建设",很多人就倾向于应该由政府来做决策安排。在大部分的情况中,如果政府真的知道在哪个城市应该发展什么而另一个城市不应该发展它,那不就等同于说政府知道如何更好地安排生产了吗?如果是这样,计划经济早就成功了,也不必等到改革开放和市场经济。从这里,我们可以得到一些启示——使用市场确实会产生浪费,这些"重复建设"的城市、企业中必然有成功者,有失败者,正如一个城市的面包店一定是"重复建设"的一样,有的人大获成功,开起了连锁店,有的人会血本无归,关张倒闭,这就是市场的浪费。尽管如此,在大多数事情上使用市场也比政府决策浪费得更少,如果哪些城市生产、哪些城市不生产某种

---

① 斯蒂格利茨. 经济学[M]. 2版. 黄险峰,译. 北京:中国人民大学出版社,2000:13

物品是政府事先安排的,其失败的可能性远比市场更大,人们的积极性也要低得多。假设是政府在每个城市指定 10 个面包店,其他人都不允许涉足,我们还能有这些多种多样、美味可口的面包吗?

资料:从计划经济到市场经济

  1978 年改革开放时,中国人对市场经济原则的知识几近于零,即使有粗略的了解,也往往差之千里。1980 年米尔顿·弗里德曼访问中国时,给中国的政府高官们上了一周的价格理论课程。在那一周某节课后的午餐时间里,中国赴美考察团的成员、物资分配部门的部长和第一副部长,想询问弗里德曼去美国到底应该去见谁,去考察什么。他们问的第一个问题是:"请告诉我们,在美国,到底由谁负责物资分配?"[①]

  中国从计划经济到市场经济的改革是逐步进行的,一开始的目标是为了"提高生产力"。1978 年的《中国共产党第十一届中央委员会第三次全体会议公报》中指出:"实现四个现代化,要求大幅度地提高生产力,也就必然要求多方面地改变同生产力发展不适应的生产关系和上层建筑,改变一切不适应的管理方式、活动方式和思想方式,因而是一场广泛、深刻的革命。"随着非公有制经济的大幅提升和欣欣向荣,1984 年,中共十二届四中全会制定了《中共中央关于经济体制改革的决定》,明确指出建立公有制基础上的有计划的商品经济,初步将商品经济的概念引入经济制度中[②]。经济体制改革的历程还在继续,中国融入世界经济的脚步正在加快。1992 年之后,"计划经济""商品经济"都慢慢淡出人们的视野。"社会主义市场经济"随着邓小平南行而为人们所熟知。2001 年,中国加入了世贸组织 WTO,这可谓是市场经济较为成熟的标志事件。通过 20 多年时间的实验和解放思想,我国逐渐从计划经济过渡到了市场经济。

  科斯对市场经济和作为计划经济代表的国有经济做了如下的诠释:

  在自由的市场经济环境下,企业无时不受到市场的影响。商品市场告诉企业一些有关它生死存亡的信息,例如企业不能继续生产销售低于生产成本的产品,而要素市场告诉企业不同生产要素的替代成本。虽然市场总是多多少少存在询价的空间,但任何单个企业难以对原材料的市场采购价格造成实质性影响。要提高生存概率,企业必须自我创新,为消费者提供更好的产品,或者以更低的成本生产出与竞争对手相同的产品。因此,市场竞争可以让高效的企业繁荣发展,让低效的企业逐渐消失,或者转产,尝试生产其他产品。

  与此同时,市场经济下的公司可以按照员工的生产效率调节其薪资水平,并解雇效率低下的员工。这种体系让企业有了调动员工积极性的更好方法,因为员工的生产效率与其他生产要素不同,会受到回报率的影响。这种内部压力鼓励工人尽最大努力去工作,并且只有消费者可以评判他们的工作是否令人满意。能否在激烈的市场中生存是评判企业的最终裁判。

  在 1981 年国有企业改革之前,中国国营工业体系中并不存在真正的定价机制或者市场纪

[①] [英]罗纳德·哈里·科斯,王宁. 变革中国——市场经济的中国之路[M]. 北京:中信出版社,2013:49

[②] 1984 年,中共十二届四中全会《中共中央关于经济体制改革的决定》。

律。消费品和资本商品的价格很大程度上由政府决定,无法通过价格来区分商品的质量高低,这意味着企业没有动力来改进产品,更不要说研发新产品了。由于各个国有企业都面临着蜘蛛网一般的监管机制,即使一个国有企业有足够的积极性来改善自身条件,它也会最先把力气花在监管机构身上,与它们搞好关系,而不是致力于提高生产效率或者改进产品质量。此外,由于工人的收入和生产效率并不相关,他们的积极性当然很低落。更糟糕的是,企业没有辞退或者自主招聘的权利。"铁饭碗"和平均主义在国有企业展现得淋漓尽致,导致它们丧失了最基本的激励员工和提高生产质量的管理手段。[1]

市场经济和计划经济

如果把"市场经济"和"计划经济"作为两个相对的概念的话,我们会看到,在近现代的历史中,市场经济为主的国家和地区是占了绝大多数的。曾经的计划经济国家,例如苏联、中国、匈牙利、捷克共和国和波兰等少数几个社会主义国家,都或多或少地发生了转轨,转向了市场经济为主的经济制度。毫无疑问,市场和市场经济(market economy)是人们发明的现行的经济制度中最有优势的一种,它比计划经济浪费少,更有助于人们获得更好的生活。

但这并不意味着市场就没有缺点,没有浪费,应当记住:所有的制度安排都不是完美无缺的,我们只能在现有的制度安排中选择相对不太差的那一种。使用市场一定是有浪费的,有人会在市场竞争中失败,有些投资收不回来。而且使用市场还很贵,制定市场规则、维护市场秩序都需要付出庞大的成本,所有这些帮助市场运行的人——政府、警察、律师、广告商、银行、中间商……都是要领工资的。而且,使用市场到了一定的边界,就会产生大的难以克服的交易成本,这时,世界上才需要政府的出现,也才会有一部分的生产决策和生产条件是由政府负责的。所以,我们说现今大部分国家是混合经济(mixed economy),美国和中国都是混合经济的国家,只是混合的程度有所不同。实际上,在一个经济的公共部门和私人部门之间找到恰当的平衡可不是一件容易的事,这是经济分析的一个核心问题。由于国家条件不同,制度安排不同,混合经济的比例不会是一个确定的量(表1-2)。

表1-2 市场经济和计划经济的比较

	消费者	生产者	成本	政府的作用
市场经济	每个人做出自己满意的选择,效用最大	追逐利益,生产效率高	庞大的交易成本	建立和维持市场秩序,生产市场不能生产的东西
计划经济	没有太多选择,效用小	服从安排,生产效率低	庞大的租值消散	决定生产什么、如何生产、为谁生产以及如何做出决策

1.3.7 通货膨胀和三大宏观经济问题

在曼昆的《经济学原理》中,原理七是:政府有时可以改善市场结果;

---

[1] [英]罗纳德·哈里·科斯,王宁. 变革中国——市场经济的中国之路[M]. 北京:中信出版社,2013:104,105

原理八是：一国的生活水平取决于它的生产物品和劳务的能力；

原理九是：当政府发行了过多货币时，物价上升；

原理十是：社会面临通货膨胀与失业之间的短期权衡取舍。

其中，原理七所述的政府和市场的关系在第2章里详细论述，原理八所述的一国生产的物品和劳务的能力，即GDP，在第4章城市经济增长中详细论述，这些都是我们认识城市的核心问题，需要展开探讨。在本节我们主要讨论原理九和原理十，即通货膨胀和三大宏观经济问题。

通货膨胀

当政府发行了过多货币时，物价上升，我们把这种现象叫作通货膨胀(inflation)。通货膨胀是指经济中物价总水平的上升。

虽然通货膨胀是指物价总水平的上升，但并不是所有的物价上升都是通货膨胀，物价上升是通货膨胀的必要非充分条件。如果一个社会的生产能力和技术能力普遍提高，生产出来的产品质量普遍上升，物价也会随之上涨，这反映了物品价值的上涨，就不能称之为通货膨胀。

要理解通货膨胀，必须先理解"通货"——货币的作用。货币是用来度量物品的价值的，物品的价值是指它的使用价值(效用)。由于世界上有各种各样的物品需要交易，因此需要度量，货币就是统一度量所有物品的一把尺子。如果一个国家有价值100个单位的物品，相应地有100个单位(元)的货币，1元货币对应1个单位物品。但如果政府多印了100个单位的货币，这时，每一单位的物品价值就不是1元，而是2元了，价格上涨2倍，就出现了通货膨胀。如果一个国家生产的物品也增加了，现在有价值200个单位的物品，政府相应地多印100个单位(元)的货币，这时原来每一单位的物品价值还是1元，随着物品数量的增加货币增加的话，就不属于通货膨胀。

第一次世界大战后的德国通常被作为通货膨胀的一个典型例子，为了支付战争赔款，德国政府开始简单地印刷货币，从1922年1月到1923年11月，平均价格水平几乎上升了200亿倍，自然，战后的物品生产不可能有那样大的增长。通货膨胀引起了大规模的财富再分配，人们手里的货币迅速贬值了，成为一场巨大的灾难[1]。

如果一个国家生产的物品增加了，变成200个单位的物品，但货币并不多印，又会怎么样呢？这时，1元可以买原来2个单位的物品，每个物品变成了0.5元，物品的价格下降了，这就出现了通货紧缩(deflation)。物品价格的下降不仅仅是东西看起来便宜那么简单，也许会带来错误的信号，使厂商误以为社会上不需要这么多产品，人为地缩减生产，造成经济波动。

由于货币并没有价值，它度量的是物品的价值，货币的数量最好随着物品的数量变动而变动，这样，物价水平稳定，既没有通胀，又没有通缩。

---

[1] SARGENT T. The End of Four Big Inflations[M]//HALL R. Inflation. Chicago: University of Chicago Press, 1982: 74-75

通货膨胀的损害

当出现了通货膨胀时,公众反对的情绪高涨,人们手中的货币贬值,大多数人都觉得自己利益受损了。但通货膨胀的损害不止于此,由于货币是度量物品价值的尺子,这把尺子忽长忽短,使得参与市场的所有人员都无法估测物品的真实价值,也就很难在市场上做出正确的决策,造成经济不稳定,更有甚者就可能演变成经济危机。例如,通货膨胀时,物品涨价,会给生产者一种货品紧俏的错觉,使他加紧扩大生产,短期内带来物品的增长,但因为没有实际市场的支撑,终究会变成产量过剩,生产者又可能急剧地收缩生产,造成很大损失。物品涨价不好,那么降价呢?假如出现了通缩,物价下降,也同样会给生产者一种错觉,令他收缩生产,造成经济的波动,带来各方的损失。实际上通缩本来就是宏观经济已经生病的结果,通缩会带来高失业率,严重的会造成经济衰退和萧条。因此,维持货币的稳定性非常重要,从这个意义上讲,通胀不好,通缩也不好,没有货币价值的稳定,市场以价格自动调节各经济主体行为的功能就会丧失①。因此,政府有很大的责任稳定货币价值,紧紧追逐实际物品的增长来发放货币。

社会面临通货膨胀与失业之间的短期权衡取舍

既然通货膨胀有很多坏处,为何政府不努力控制通货膨胀呢?

一个原因是,比起通缩,政府更"喜欢"通胀,也就是增加货币的供应量。因为通胀在短期内确实可以刺激经济增长,使得经济表现看起来好,也许有助于实现某种政治目标,虽然这种增长并不持久。例如西方国家在大选的时候因为政治上的压力,中央银行的领导者就可能受政治家的压力而增加一些货币供应量,给经济打一针"兴奋剂"。货币学派的领军人物弗里德曼也认为,政府温和的小通胀是经济的"润滑剂"。

另一个更重要的原因是,人们总是相信政府能解决一切宏观经济的问题,但事实并非如此,政府也有做不到的时候。政府并不总能解决所有的宏观经济问题,当通货膨胀率高时,失业率低;通货膨胀率低时,失业率高,他们需要进行权衡取舍。通货膨胀是一件令人不愉快的事情,但它的代价较为间接;失业就更加糟糕了,会直接影响到一些人的基本生存。说明通货膨胀与失业之间短期权衡取舍的经验曲线被称为"菲利普斯曲线"(Phillips curve),它表明:劳动市场越"紧",劳动价格——也就是工资上升也越快,因为货币工资可以表示通货膨胀率②,这条曲线就表达了失业和通货膨胀之间的关系。失业率高,经济处于萧条的阶段,这时工资水平和物价都比较低;失业率低,经济处于繁荣的阶段,这时的工资和物价都比较高。虽然,经济学家们对菲利普斯曲线也有一些争议,但菲利普斯曲线对理解经济的周期和经济波动还是相当重要的。

三大宏观经济问题:增长、失业和通货膨胀

在宏观经济政策上政府需要面对的三大问题是:经济增长、失业和通货膨胀。

---

① 李俊慧. 经济学讲义:下卷[M]. 北京:中信出版社,2012:124-135
② 菲利普斯曲线提出,通货膨胀是由工资成本推动所引起的,因此就把货币工资增长率同通货膨胀率联系了起来。

最理想的情况当然是经济一直保持增长、失业率低和通货膨胀率低。但是,我们已经知道,在短期内无法同时保持通货膨胀低和失业率低这两个目标。那么,另外两者——经济的增长和失业有没有关系呢？根据奥肯定理(Okun's Law),失业和产出也有一定的关系,失业率每下降1%,产出增加3%。当经济增长时,产出增加的比例大于就业增加;当经济陷入衰退时,产出减少的比例大于就业减少。虽然有一些经济学家对奥肯提出的数字比例进行了修正,例如失业率每增加1%,产出将相应减少2%~2.5%。但无论如何,人们认同这两大经济目标之间的趋势存在着这样的关系,经济增长,则失业率下降,看起来是可以同时满足这两个目标的。只是它们并不是同比例的关系,经济增长的速度比失业降低的速度更快,这是因为,经济衰退时很多工人是部分闲置,当经济增长时他们开足了马力工作,产出上升了,但新工作岗位出现的就没有那么多。

在美国1982年的经济衰退中,失业上升,通货膨胀下降,增长进入停滞。这些联系是合理的。当经济低迷时,企业家毕竟要减少产量,解雇工人,并不再雇佣新工人。此外,在竞争性市场上遇到销售困难的企业家也不大可能提高价格①。

根据以上的分析,通货膨胀和失业之间有反向的关系,经济增长和失业之间也有反向的关系,政府不能够同时解决三大宏观经济问题。那么,当出现严重的通货膨胀、失业或者经济衰退时,政府该如何干预呢？有趣的是,经济学家分成了两个阵营,一派叫"非干预主义者",一派叫"干预主义者"。

非干预主义者根本不赞成政府对任何宏观经济问题进行干预,他们认为市场自会对外生的经济冲击迅速反应,虽然这种自发的调整可能是痛苦的过程。政策不会对经济有什么长期效应,反倒会干扰市场的自发调整,增加人们做出反应的信息费用,而使状况变得更糟。

干预主义者则认为,市场的反应太慢,失业的时间会拖得很长,施加一定的政策影响是有效的,政府能够采取一些好的宏观经济政策。例如,美国1930年代的大萧条时期的凯恩斯主义和后来的新凯恩斯主义都是这样主张的。对于美国1930年代的大萧条及其复苏的原因,对凯恩斯主义和罗斯福新政的作用的分析显示了这两种分歧的不同,引发了很多研究②,有人认为它们确实引导美国走出了经济危机,而另一些人认为这些政策使得经济危机加长了③。不论经济学家如何思考,直到今日大多数政府则都相信,它们应该对经济进行干预以稳定经济。

---

① 斯蒂格利茨.经济学[M].2版.黄险峰,译.北京:中国人民大学出版社,2000:535
② 对于经济危机和大规模失业,经济学家有多种解释,市场失灵只是其中一种广泛流传的解释。弗里德曼的《美国货币史》认为,成因是当时美国的联储局因为缺乏货币政策的知识,在应该增加货币供应量时却急速而大幅地收缩货币供应量,导致严重的通缩爆发,再加上一系列的贸易政策的失误恶化了经济衰退,使世界陷入史无前例的经济大萧条之中。穆德尔则指出是第一次世界大战时欧洲各国都向美国购买物品,大量黄金从欧洲流入美国,造成了美国的货币供应量大增。第一次世界大战结束,欧洲国家的经济回复,相对平稳地发展,导致黄金又大量地从美国回流欧洲,于是货币供应量大减,变成通缩。
③ 关于摆脱大萧条的成因,诺贝尔经济学奖获得者穆德尔认为并不是人们通常认为的凯恩斯主义和罗斯福新政,而是直到1941年珍珠港事件促使美国参与到第二次世界大战之中,这时离1929年大萧条的爆发已长达12年了。

政府有这样的立场毫不奇怪,现实中各国政府也是这样去做的。

1.4 实证经济学和规范经济学

在经济学里有两种研究:实证经济学(positive economics)和规范经济学(normative economics)。斯蒂格利茨认为,当经济学家们对经济进行描述或建立模型预测经济如何变化或不同政策的影响时,是实证经济学研究;当他们对不同政策进行评价,衡量各种成本和收益时,是规范经济学研究。以通俗易懂的语言来描述,实证经济学研究的是"是什么",而规范经济学研究的是"应该是什么"。

举例而言,一位经济学家可能这样表述:"对房租进行最高限价会减少住房数量,降低住房质量",这是实证表述(positive statements);而一位决策者可能这样表述:"为了帮助低收入人士达到居者有其屋的目的,政府应该对房租进行最高价限制",这是规范表述(normative statements)。

根据经济学家的研究,绝大部分的经济学家都同意对房租进行最高限价会带来不尽如人意的后果,例如租户退出市场,房源减少,住宅质量降低,租户的损失远大于租房者的收益等等,这是实证分析的数据、模型的研究结果。但对决策者来说,他们决定对房屋进行最高限价的原因很可能是"政府应该这样做",例如,应该控制租房的价格(或者售房的价格、土地的价格、最低工资等等),以满足居者有其屋的理想,也就是说,规范分析可能是出于一种价值观,并不完全是科学问题。

好的规范经济学分析,应该以实证经济学为基础,例如,既然对房租进行最高限价会带来不理想的后果,那么可以采用对低收入租房者补贴的方法,后者被证实表现好于房租限价。这样,规范分析就可以表述为"为了帮助低收入人士达到居者有其屋的目的,应该对其进行发放补贴"。

反观城市规划的很多理念,有大量的规范表述内容。例如"疏散过分拥挤的城市,使居民返回乡村"(霍华德),"限制大城市,鼓励中小城镇发展"(相关文件)等。规范分析有一定的价值,表达了学者们的愿望和价值取向,但也许并没有科学的基础,因而也就难以实现原有的目标。

1.5 城市经济学的产生和发展

1.5.1 吸取城市地理学的研究成果

城市经济学中特别是早期的理论中有一些和城市地理学是同源的,这是因为,城市地理学中的"土地区位"等理论是城市经济学相关理论开始的基础。例如,城市经济学吸取了城市地理学下列的一些成果:

1) 德国学者罗舍尔(W. Roscher)1868年的"区位"理论;

2) 德国学者韦伯(A. Weber)的区位理论研究；

3) 美国经济学家帕克(R. E. Park)和伯吉斯(E. W. Burgess)1925年的"同心圆式结构体系"；

4) 美国土地学家赫德(R. M. Hurd)1924年的"楔形理论"，霍伊特(H. Hoyt)1936年的"扇形模式"；

5) 德国学者克里斯泰勒(W. Christaller)1933年的中心地学说，另一位德国学者勒施(廖什，A. Iosch)1940年对中心地学说的发展等。

这些内容在城市地理学和其他相关教科书里已有讲述，在此不再赘述。

1.5.2 经济学的进化和发展，开始关注中观经济学

经济学是沿着古典经济学(政治经济学)—新古典经济学—微观经济学—宏观经济学—中观经济学的脉络进行的，城市经济学的诞生比较晚。具有里程碑意义的有下列一些重要的人物和事件。

1776年，亚当·斯密发表《国富论》，一般认为这标志着经济学作为一门学科的诞生。

经济学在起初是古典经济学，又称为政治经济学，其代表人物和著作有亚当·斯密的《国富论》，大卫·李嘉图的《政治经济学及赋税原理》(*On the Principles of Political Economy and Taxation*)，穆勒的《政治经济学原理》(*Principles of Political Economy*)，马克思的《资本论》(*Capital*)等。古典经济学主要分析市场机制如何引导资源使用以进行生产，生产出来的产品销售后得到的收入又如何分配给参与生产的各项资源，推崇自由放任的市场经济。

1890年开始的新古典经济学，代表是马歇尔《经济学原理》(*Principles of Economics*)，提出市场能自发地协调经济活动，引入数学来表述和推导经济理论。

20世纪初以美国经济大萧条为背景，凯恩斯主义—宏观经济学开始兴起，凯恩斯发表《就业、利息和货币通论》(*The General Theory of Employment, Interest, and Money*)。经济大萧条动摇了经济学家对市场的信任，凯恩斯理论的主导和罗斯福新政的实施，开启了从小政府转变为大政府的时代。从此传统经济学被命名为"微观经济学"，凯恩斯理论被命名为"宏观经济学"。

1960—1970年代，各国政府长期服用凯恩斯所开出的药方后遗症爆发，宏观经济学被修正，城市被提到前所未有的重视程度。第二次世界大战后对"城市病"的治理和城市问题研究过程中，各种经验和理论相继产生。

1960年代，一些国家成立了城市经济学的专业学术团体，大学开设城市经济学系。到1968年，美国高等院校中已有53个系可以培养和授予城市经济学方面的博士学位。

一般认为，1965年美国汤普森的《城市经济学导言》的公开出版，标志着城市经济学作为科学理论的正式诞生。

在这个过程中，以工业革命为起始点，发达国家的城市爆发式地发展，基本实现了城市化。进而，全世界的城市都在扩大和增长，到2000年代城市人口占全世界一半人口以上。城市和空间集聚的重要性前所未有地受到人们的重视。

经济学的发展和城市发展有着密切的关系。如微观经济学和工业革命以及中小企业蓬勃发展的关系密切,这也是城市扩张、无序发展的某个阶段;美国1930年代经济大萧条,导致宏观调控的大力发展,包括城市更新和住房政策,建筑师们也倾向于研究宏观的住房政策;第二次世界大战后,大规模建设和反思、城市数量和规模的扩大,导致城市经济学的诞生,同时也是人们认识城市、反思城市的一个过程。未来随着世界上更多的人口迁居到城市,城市经济学的研究也将起到更大的作用。

■ 课堂讨论

讨论题目一(1):城市交通问题如何解决?

讨论题目一(2):城市中的住房如何分配?

讨论题目一(3):如何看待城市中"人是自私的"?

■ 参考文献

[1] 斯蒂格利茨.经济学[M].2版.黄险峰,译.北京:中国人民大学出版社,2000

[2] 曼昆.经济学原理[M].3版.梁小民,译.北京:机械工业出版社,2003

[3] 李俊慧.经济学讲义[M].北京:中信出版社,2012

[4] 张五常.经济解释:卷一·科学说需求[M].北京:商务印书馆,2000

[5] [英]罗纳德·哈里·科斯,王宁.变革中国——市场经济的中国之路[M].北京:中信出版社,2013

[6] 罗汉平.人民公社供给制探析[J].当代中国史研究,2000(03):38-46

[7] 罗汉平.农村公共食堂的解散[J].文史精华,2001(03):35-42

[8] 张泉.权威从何而来——控制性详细规划制定问题探讨[J].城市规划,2008(02)

[9] 李浩.控制性详细规划指标调整工作的问题与对策[J].城市规划,2008(02)

[10] SARGENT T. The End of Four Big Inflations[M]//HALL R. Inflation. Chicago: University of Chicago Press, 1982:74-75

2 市场和政府,政府的作用

市场很行,为什么还需要政府?

在经济学十大原理有这样两条:

原理六:市场通常是组织经济活动的一种好方法;

原理七:政府有时可以改善市场结果。

市场是组织经济活动的好方法,是因为市场规则可以激发人的动力,利用人追求自私的本性,通过互相交易来利他,这样,每个人都有劳动和交换的动力,每个人的境遇都会通过竞争、交易而改善。

但是,市场并不是万能的。原理六、七中的"通常"和"有时"两个词语可圈可点,这就是主流经济学家们都同意的大市场、小政府,能由市场解决的交给市场,这是绝大多数的情况;实在不行了才交给政府,这是少数的情况。反过来就不能成立了。然而,何为"通常"、何为"有时",却不是一个固定不变的情况,而是在不同国家和不同制度中有所变化,这是因为每个国家的局限条件不同,这些条件有时导致政府做某些事更加有效率,有时导致市场做某些事更加有效率。

2.1 市场失灵和政府失灵

斯蒂格利茨认为,人们对市场的不满主要在于三个方面:忽视经济学的规律、收入再分配问题和私人市场名副其实的失灵[1]。我们分别来讨论这三种情况。

2.1.1 帕累托改进和帕累托效率

首先,忽视经济学规律的人会对市场有很多抱怨,房价为什么那么高?交通为什么总是拥堵?学了经济学,我们知道,很多人们不满意的结果是由于稀缺带来的,经济学家把这些情况并不看作是市场出了问题,而是经济生活中不容置疑的事实。房价、交通、生活中的种种不如意,这些事情能不能变得更好?也许有一点办法;这些事情能不能够完全解决?可能做不到。

把一些人的境况变得更好,而所有涉及的人的境况都不因此而恶化,这样的变化叫作帕累托改进(Pareto improvement)。这是依据意大利经济学家和社会学家维尔弗雷多·帕累托(Vilfredo Pareto,1848—1923)命名的。很明显,经济学家追求的把事情变得更好的那条路径是帕累托改进,而做出帕累托改进是非常难的。因为在资源稀缺的情况下,一个政策或者做法如果不能改变资源稀缺的事实、鼓励更多的资源出现,而只是促进一些人的境况改善的话,那

---

[1] 斯蒂格利茨.经济学[M].2版.黄险峰,译.北京:中国人民大学出版社,2000:129-137

么唯一的可能性就是把一些人的资源搬到另外一些人那里,就会出现受损者。尽管这种损害可能是非常不显眼的,不留神就会被忽略掉。

例如,为了帮助穷人而进行的住房租金管制政策就是一个非帕累托改进。阿瑟·奥沙利文举了下面这个例子:在第二次世界大战期间,美国的联邦政府建立了一套进行租金控制的国家管理系统,在 1970 年代,许多城市又重新引入了租金管制,这些城市包括波士顿、华盛顿特区、旧金山和洛杉矶。租金管制政策的受益者是那些以较低价格租到住宅的消费者,但是,受损者是出租房屋的不动产拥有者。由于租金受到限制,所有者能获得的租金收益减少了,并且不动产的市场价值下降了。这还不是全部,这个政策使得资源的总量减少了,一些出租户退出了市场,而由于出租住宅价格较低,出租户缺乏维护和修理住宅的激励,住宅的质量不断下降。根据奥尔森(Olsen,1972)对纽约市的租金控制计划的研究,不动产所有者的损失是消费者获得收益的两倍。多伦多的租金控制计划使公寓建筑的市场价值在五年内下降了 40%(Smith,Tomlinson,1981)①。显然,租金管制不是一个帕累托改进,城市整体上受损了,而其中受损者的损失比受益者得到的多得多,因此现在的绝大多数经济学家不会再做出这样的建议。与此类似的,对住房价格的管制,对最低工资的管制,都很有可能是非帕累托改进,有一个庞大的潜在的受损人群。

帕累托效率(Pareto efficiency),是指在不使别人的境况恶化的情况下,已经没有人的境况能够再做出任何改善,这种资源配置就被称为是帕累托有效的。经济学家谈到市场效率时,指的都是帕累托效率,也就是达到了最高有效的情况,再改进一点都不可能了。市场经济如果想满足帕累托效率,它必须满足交换效率、生产效率和产品组合效率。

交换效率(exchange efficiency),要求经济系统所生产的产品在个人之间以一种有效的方式进行分配。例如喜欢巧克力冰激淋的人可以得到巧克力冰激淋,而喜欢香草冰激淋的人可以得到香草冰激淋,或者,喜欢某一种住宅的人可以获得这一种,喜欢另一种住宅的人可以获得那一种。任何限制或者禁止交换的做法都会导致交换无效率。

生产效率(production efficiency),在不减少一些商品的生产的情况下,不可能多生产另一些商品。

产品组合效率(product-mix efficiency),经济中所生产的商品的组合必须反映人们的偏好。

这些效率都是通过竞争性市场达到的,因此,帕累托效率是在竞争性市场中达到的。这也可以通过通俗一点的方式来解释:在市场竞争中,人们已经完成了自愿的交换,面对给定的价格,没有人希望生产更多或者更少,也没有人需要更多或者更少。如果资源进行重新配置,除非这些人自愿同意,否则就会有人受损。

资料:纽约市的租金控制

在第二次世界大战期间,纽约市"临时"实施了房租控制。半个世纪以后,它仍然在起作

---

① 阿瑟·奥沙利文. 城市经济学[M]. 8 版. 周京奎,译. 北京:北京大学出版社,2015:307-308

用。记者威廉·塔克尔收集了不少从这种情况中获得好处的富有的纽约人的故事。例如,州参议院少数党领袖居住的可以俯瞰中央公园的10居室公寓,每月只付1 800美元。而新来者要在曼哈顿附近租一套一居室的公寓,每月就要花1 500美元。一位负责审理房租管制案件的法官有一套两居室的公寓,每月只付93美元,而在同一栋楼里,一套小型公寓(没有分开的居室)每月就要花1 200美元。

当然,那些在几十年里一直可以支付低于市场价值的房租的人士是喜欢租金控制的。但是由于租金控制实际上是一种最高限价,考虑到供求规律,经济学家预计它会带来不少问题。事实也确实如此。

例如,尽管纽约市存在严重的住房短缺,却有30多万套出租单元房被放弃了。几乎没有修建新的出租住房。在任何时候,纽约市只有约2%的公寓是空着的,而没有租金控制的东部沿海城市(比如巴尔的摩)的平均空房率为6%。当许多人都在努力获得为数不多的公寓时,穷人一般是得不到的。

即使实施了租金控制,纽约市的平均房租与其他大都市(比如芝加哥)的房租也相差无几。但是在芝加哥,新来者可以在接近平均租金的房租下找到公寓。在纽约,新来者为了把公寓弄到手,往往需要特殊的支付,以大大高于平均房租的价钱租房,其差价用来补贴那些久居此地的人。

提供廉价和低成本的住房本来是一个有价值的公共目标。但是纽约和其他实施了租金控制的城市的例子表明,即使目标是值得的,供求规律也不会消失①。

2.1.2 收入再分配,效率与公平

为什么要进行收入再分配

人们对市场的第二种不满在于贫富差距。

虽然,竞争市场达到了帕累托效率,但仍有很多人不能接受,因为使用市场会带来显著的贫富差距,使一些人的状况变得很差。某些掌握稀罕的、有价值的技能的人会获得较高的收入,而另一些缺乏技能、十分平常的人工资就很低。或者,有的人运气很好,有的人运气很差,总之,市场可能会带来显著的贫富差异。有的经济学家认为贫富差距会给社会带来动荡和不安的因素,这会导致整体经济效率的下降,必须对其做出反应;而有的经济学家仅仅是从价值观出发,因为不能够接受收入不平等,认为应该改善那些最不幸的人的命运。无论如何,大多数经济学家都认为政府不应该完全接受市场的结果,而进行收入再分配。在当今的世界,收入再分配成为各国各地政府的普遍的职能。

效率和公平之间面临取舍

作为一种激励,收入再分配会明显地损害效率,那些收入中很大一部分被征税的人们会降

---

① 斯蒂格利茨.经济学[M].2版.黄险峰,译.北京:中国人民大学出版社,2000:104

低努力工作的积极性,不用劳动就能拿到补贴的人更是这样,而征收及再分配的过程会动用大量人力物力,也会产生很多浪费,因此,收入再分配会使整体的经济收入变少。

此外,对于分配的具体比例如何确定、用何种方法再分配的政策,人们也存在着许多分歧。人们会根据以往的经验和研究,尽量选择那些损失小的方案,例如,帮助穷人住房问题不是进行租金管制,而是对穷人进行补贴,这样虽然也有损失,但是损失相对小一些。

无论如何,任何再分配都会遇到两难的局面。因为经济的大蛋糕不是固定不变的,如果切给穷人那一块蛋糕的比例变大了,可能会引起富人和中产阶级的不满。税收比例过高的话会激励人们不工作,因此,蛋糕总体变小了,说不定获得更大比例的穷人实际所得的蛋糕却没有原来的大。而对富人和中产阶级来说,分给他们的蛋糕肯定是变小了(图2-1)。

是要效率还是公平,肯定要进行取舍。人们并不是进行完全的取舍,而通常是边际量上的取舍。

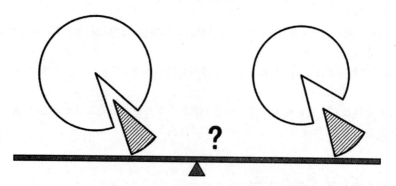

图2-1 大的蛋糕和分得均匀的蛋糕,穷人在里面取得的份额比例变大了,但绝对值不一定

国民收入再分配的两种主要方法

国民收入再分配的两种主要方法是税收和公共福利计划,其中,公共福利计划主要是指转移支付。

税收(tax),是指国家凭借公权力强制取得的财政收入。税收是政府公共财政最主要的来源,是国家参与收入再分配的主要方法。

转移支付(transfer payment),是指家庭不必从事任何当前的生产活动就可获得的报酬。是那些境况较差的人们和地方所获得的补助。转移支付可以是现金补贴,也可以是实物或保险,例如低保、社会保险、公共住房的建设、住房券的发放、义务教育等。转移支付既可以指地区之间的补贴,也可以指一个地方政府对市民的补贴。

解决日趋严重的不平等问题,长期战略应该把重点放在改善教育和培训上,这是长远的激励,相当于"授人以渔"。而短期能够起到作用的是税收和公共福利计划,这是直接的再分配政策。

资料：中国——从"效率"到"公平"

中国发展战略的转型——从"效率优先、兼顾公平"到更加强调公平和共享的"和谐社会"，调整国民收入的分配结构，主观上源于对形势的洞察判断，客观上源于执政能力与经济实力的积累。

2010年，中国GDP超越日本正式成为世界第二大经济体，日本的名义GDP为54 742亿美元，比中国少4 044亿美元。生产效率的提高和财富的积累导致局限条件发生变化，使得中国更加重视"公平"。但也要看到，尽管中国GDP超过日本成为"世界第二"，但与全球第一的美国仍相差甚远，中国的人均GDP为3 800美元，"在全球排在105位左右"，远远落后于发达国家，这也提醒我们在实行福利政策的时候要谨慎，以防蛋糕没有变大的时候就开始缩减。

2.1.3 真正的市场失灵

最后一类对市场的不满，是市场真正不能够发挥经济效率的地方，我们称为市场失灵(market failures)。市场失灵是政府非出现不可的理由，在市场失灵的情况下，政府可以改善市场的结果。市场失灵通常包括：不健全的市场，竞争失灵，信息失灵，大规模失业，外部性和公共物品等。

外部性和公共物品的问题和城市规划专业牵连甚广，我们将在下一节展开讨论。在这里介绍一下其他几种市场失灵。

不健全的市场

市场发挥作用的前提是有人建立和维护市场，不健全的市场是有很大可能"失灵"的，因为它根本无法有效运行。虽然市场竞争是一种卓有成效的方法，但是把这个市场组织起来，并维护好它的秩序却是一件大难事，现代社会无所不在的市场运行需要一套繁复的规则，这必须由一个足够强有力的政府来制定并保障实施。也就是说，建立和维护一个良好运行的市场要依赖政府，甚至是一个非常强大的政府，这是政府不可或缺的地方。

在西方发达国家市场的建立可以追溯到18世纪，到了现代，对市场的作用和产权的维护已经成为天经地义。由于这一背景，在针对市场失灵的讨论中，较少谈到政府对建立和维护市场的作用。而在许多发展中国家，由于市场建设时间不久且正在完善中，这一点显得特别重要。过去认为，很多第三世界国家经济混乱的原因是它们没有完善的市场经济、政府太大，然而，新的研究表明真正的症结可能恰恰在于政府太小或者政府能力不够，因而不足以建立和维护完善的市场。

产权保护和合约实施

在政府对市场运行的促进中，产权的保护和合约的实施特别重要。

如果一个社会没有明确的私人产权，很多东西(比如土地)都是共有，就会造成过度使用和浪费，使得经济效益极其低下，受益者少而受损者众。如果没有私人产权的保护，人们也就没有储蓄和投资的动力，甚至没有努力工作的动力，因为自己辛辛苦苦收获来的财产可能朝不保夕。产权保护可以说是人们生存的一个很原始的要求，也是有市场交易的前提条件。这些制度层面上的东西需要政府来界定，政府界定产权，保护私产，并衍生出来一系列的立法、执法等功能。

此外，如果人们通过市场进行交易，就需要这些交易的合约是能够得到实施的，一手交钱，一手交货，如果有人不交货，随意违约，就需要由政府来干涉。政府保障了各种合约——买卖合约、劳动合约、贷款合约都能够依照约定进行，这是市场顺利运行的基础。

总而言之，政府在建立和维护市场、产权保护和合约实施上的功能是市场经济存在的基础。

竞争失灵

导致帕累托效率的市场是完全竞争(perfect competition)市场。完全竞争市场是指有足够多的企业，商品是没有差别的，每一个企业都相信自己不会影响价格。如果有很多家企业，但是商品是有差别的，这种就是垄断竞争(monopolistic competition)。如果企业的数量很少，例如只有一家企业供应市场，那就是垄断(monopoly)，如果有几家企业供应市场，就是寡头垄断(oligopoly)。

在现实中完全竞争市场是非常少的，即使是垄断竞争、寡头垄断和垄断(自然垄断)，市场都仍然在发生着积极的作用。不过，如果由于某些原因市场上的竞争被人为地减少，市场运行的效率就会大大降低了。竞争对于市场的有效运行至关重要，如果没有竞争，产品的质量会差得多，价格也会高得多，典型的没有竞争的情况就是垄断。当出现了垄断的时候，政府会通过反垄断法和反托拉斯法进行干涉，这会保证市场更加有效率地运作。当然，垄断出现的成因有很多种，不可一概而论，有的时候恰恰不是需要政府多做点，而是需要政府少做点。在第7章我们会详细讨论这些不同的市场结构。

信息失灵

在市场中，消费者和厂商掌握的信息是不同的，也就是存在着信息失衡。在完全竞争的假设里，假设消费者知道每一个商家的开价并能够比较，当然这是不可能的。由于市场有的时候提供的信息太少，消费者掌握的信息不完全，政府会建立起一些信息披露的规章制度，以帮助人们做出更好的选择，让竞争更充分。

实际上，市场上缺少信息的不仅仅是消费者，厂商虽然比单个的消费者收集信息的能力有所增强，但仍然会不足。政府因而承担起广泛提供信息的责任，信息是一种公共物品，多提供给一个人也不会减少其他人的拥有，而提供它不一定能收费，所以私人市场是无法完全提供的。所有的经济活动都需要获取信息，政府在这方面的作为可以减少市场运行的交易成本，促进市场更高效率地运行。特别是在公共信息和新知识的生产上，政府的作为尤为重要。

大规模失业

正像我们之前讨论的那样，对大规模失业是否是市场失灵、是否需要政府干涉是有争议的。干预主义者认为政府应该干预，它是市场失灵的表现；非干预主义者认为政府不应该干预，它非但不是市场失灵的表现，反而是政府宏观经济政策失控的表现。

人们对大规模失业的例证主要是美国1930年代大萧条,有的经济学家认为是经济危机带来的,从而导致了凯恩斯主义和罗斯福新政的兴起。但后来的观察发现,政府宏观调控不尽如人意,这些宏观调控的弊端在1950—1960年代一一显现,并在1970年代引发了人们的讨论,而经济的复苏、失业的下降是否因为宏观调控还有待证明。还有一些经济学家认为大萧条和经济危机的出现本来不是市场的问题,而是当时的人们不了解市场信号,错误地使用了货币政策,反而导致信息费用增加、市场更加不稳定,从而导致恶果。

无论其成因如何,政府对待大规模失业的态度都是非常谨慎的,当出现这种可能性的时候,政府仍会尽一切可能避免大规模失业的结果。

2.1.4　如果出现市场失灵,政府出面调控的方法

斯蒂格利茨认为,政府决定应该做某件事情,可以有四种选择。

直接做某件事

政府直接从事一种商品或服务的生产,或者直接进行一种商品或服务的购买。例如,如果政府认为医疗服务的提供方面存在市场失灵,可以将医药行业国有化;同样,政府可以将航空和铁路等关系国家命脉的经济部门或其中的一部分国有化;或者,在低收入住宅方面,如果政府认为它严重缺失,可以直接成立相关部门进行低收入住宅的建设。美国在大萧条之后,1934年的《临时住房法案》和1937年的《住宅法》就规定,由中央政府出资、地方政府建造公共住宅供低收入人群租用,并持续了40余年。目前,我国的地方政府也在中央政府的调控下,由地方政府和大型国企控股的公司投资,进行大量的低收入住宅建设。

国有化是一种方法,但由于政府机关庞大的机构设置和没有竞争,这也许是一种很贵的方法。因此,一些国家对效率低下的国有部门进行了改革,例如苏联、中国。1980年代以后,我国许多原来国有的部门逐步开放了市场化,引入了市场竞争。在国外,比较典型的是英国在1970—1980年代的私有化改革,在撒切尔夫人的主导下,英国的石油公司、公共住宅、铁路、高速公路等交通部门,乃至于广泛的基础设施部门都进行了大刀阔斧的私有化改革。我们从而看到,虽然政府可以直接去做某件事,许多政府也在历史上曾经努力做过一些事,但有可能因为其成本过高而转向其他的方法。

提供激励让私人部门去做某件事

除了政府直接做之外,政府也可以提供激励让私人部门去做事。对私人部门的激励主要是通过补贴的方式。补贴可以是直接补贴,例如美国庞大的农业补贴计划,在1986年的高峰期,其数额达到每年250亿美元。也可以是间接的补贴,例如通过减税免税的方式鼓励开发商去建设经济适用住宅,或者提供住宅中的一定比例供低收入人员租住。还可以直接补贴到个人,例如美国联邦政府在1974年修订了1937年《住宅法》,推出了《房屋及社区发展法》,开始为低收入人群直接发放住房券,供他们在租房时使用。

补贴是一个比政府直接做事花费少的方法,它很好地利用了私人部门做一件事情的经验和效率,它仍然可以鼓励部分的竞争,弥补了由政府直接做事带来的浪费和不足。但它是一个

无可挑剔的好方法吗？这要看补贴的是什么了。正如我们之前所说，所有的补贴都是转移支付，如果不鼓励资源更多出现的话，补贴等于把一部分人的钱付给另一部分人，会有受损者。农业补贴的目的是稳定农产品价格和帮助农业部门的穷人，但是，却提高了所有消费者的总成本，如何平衡被补贴人群和普通消费者的利益又成为一新问题。

强令私人部门去做某件事

由于激励可能在某些方面缺乏效率，或者是免税和补贴的成本太高，政府有的时候会直接强令私人部门去做某件事。例如，政府可以强令汽车生产商生产节油型汽车，或者政府可以要求房地产开发商直接提供一部分低收入住宅，或者要求他们修建小区附近的道路或学校。这些成本没有显示在政府的预算中，但是一定有人支付了它们，支付它们的首先是生产商和开发商，然后是消费者。

将前三种办法进行某种组合

最后，政府可以将前三种方法进行组合。例如在我国低收入住宅的提供中，有政府控股的开发平台直接建设的，有政府免税或进行地价补贴激励开发商建设的，有的城市已经展开了住房券的发放，从"补砖头"变成了"补人头"。可以看出，政府做事情的渠道也不外乎那些种类，有的时候有作用，有的时候作用不尽如人意。政府做上述的一切都需要花费成本，所有这一切的成本都是通过强制征税来解决资金问题的，也就是强制利用市民的钱，去做市民/市场做不到的事情。由于强制的效果远远不如自愿，所以在很多情况下还是尽量采取激励的办法。

2.1.5 从市场失灵到政府失灵

市场失灵是经济中需要政府干涉的，但我们也要看到，事物的另一面是政府失灵，政府的作为也不是万验的灵药。

现代国家，除极少量仍存留的计划经济国家以外，绝大多数是混合经济，区别只在于"混合"的程度。传统经济学家的共识是：市场和私人企业仍是成功经济的心脏，政府作为市场的补充发挥重要作用（曼昆，2003）。鉴于中国曾经是世界上少数计划经济国家之一，政府曾起到前所未有的"大"的作用，而改革开放以来，逐渐由"计划"转变为"混合"经济的中国保持了全世界罕有的 30 年高增长，众多国内外专家均认为，中国政府在经济中的地位和作用尤为特殊。

我们简单回顾一下在经济学的发展中人们对政府和市场的看法转变。

18 世纪，重商主义者（mercantilist）就曾认为，政府应该积极促进贸易和工业，重商主义者对贸易的作用进行了很多研究。

1776 年，亚当·斯密著名的《国富论》出版，主张限制政府的作用。斯密认为竞争和利润动机导致个人在追逐个人利益的时候能满足公共利益的要求。利润动机促使个人之间为供应他人所需的产品而进行竞争。只有生产出所需的产品，并能以尽可能低的价格出售的企业才能生存。"看不见的手"是效率最高的。受亚当·斯密影响，19 世纪的主流经济学家认为：政府不要管制私人企业，市场竞争最有利于实现社会的最大利益。

但其他一些经济学家和社会学家如卡尔·马克思、罗伯特·欧文等发展的理论，将社会罪恶归因于资本的私有制。马克思提倡国家在控制生产方式中发挥更大作用,欧文认为问题的解决既不靠国家,也不靠私人企业,而要靠较小集团的个人集中起来,为了共同的利益而合作进行。欧文著名的实践就是规划界所熟知的"乌托邦"城市新拉纳克(New Lanark),力图按照财产公有、权利平等和共同劳动的原则建立一个没有剥削的新的理性社会。新拉纳克在人类历史上首创了公共住房、公共设施和绿带等概念,但后来,因为不符合经济规律而破产,在一定程度上证明了上述理论的不正确性。

在"看不见的手"大受推崇之后,西方很多国家遇到了大规模的经济危机。美国1929年的失业率高达25%,与高峰期相比,国民产出下降了1/3,市场失灵使得政府的作用重新受到重视,促使政府变得比原来更"大",承担更多的作用①。1930年代美国大萧条之后,英国经济学家凯恩斯提出:"政府不仅应该对经济衰退做些事,而且政府能够做到。政府应该而且能够稳定经济活动水平。"

市场失灵导致了1930年代和1960年代主要政府项目的创立②,如改善贫困、提供食品和医疗、就业再培训等项目,也包括城市规划专业所熟知的英国、美国大规模的城市更新运动,如1950年代中期英国的城市更新和城市中心"综合开发"计划,1949—1974年的美联邦计划,由城市更新部门提供资金,各城市进行旧城改造。然而,到了1970年代和1980年代,此类项目的许多缺点暴露出来,例如,旨在改善市中心贫民区生活质量的城区改造项目,在有些情况下出现了高质量住房取代低质量住房,穷人因买不起高质量住房而使住房条件变差的情况。

无论是推动经济的有效性差,还是其他缺点,导致经济学家又开始研究政府失灵,一般认为政府失灵的四大原因是:有限信息;对私人市场反应的有限控制;政府的浪费;对公共项目的反应难以预料③。

资料:西方国家的城市更新运动

西方国家的城市更新运动分为三个阶段④:

第二次世界大战后初始阶段(1940—1950年代)。由于受到1930年代经济大萧条的打击和两次世界大战的战争破坏,西方国家(主要是欧洲国家)在战后普遍开始了大规模的城市更新运动,并拟定了雄心勃勃的城市更新计划。该阶段城市更新内容主要为城市中心区改造与贫民窟清理,目的是振兴城市经济和解决住宅匮乏问题(Short,1982)。受当时CIAM(现代建筑师协会)倡导的城市规划思想影响,许多城市(包括伦敦、巴黎、慕尼黑等历史悠久的城市)都曾在城市中心区进行了大量的拆旧建新活动。然而,"焕然一新但много有雷同的城市面貌不仅使城市居民觉得单调乏味和缺乏特色,而且还带来大量的社会问题"(Jacobs,1961)。因此,有些

---

① 斯蒂格利茨.公共部门经济学[M].3版.郭庆旺,译.北京:中国人民大学出版社,2005:5-6
② 斯蒂格利茨.公共部门经济学[M].3版.郭庆旺,译.北京:中国人民大学出版社,2005:7
③ 斯蒂格利茨.经济学[M].2版.黄险峰,译.北京:中国人民大学出版社,2000:143,145-147,517
④ 汤晋,罗海明,孔莉.西方城市更新运动及其法制建设过程对我国的启示[J].国际城市规划,2007,22(04):33-36

西方学者甚至将这一阶段的城市更新运动称为"第二次破坏"（吴良镛，1988）。清理贫民窟运动也造成类似问题。当时采用的是所谓"消灭贫民窟"的办法，即将贫民窟全部推倒，将居民迁走，并在原市中心贫民窟旧址上建立大量奢华的新建筑，以获取较高的财税收入。当时在美国的纽约、芝加哥和英国的曼彻斯特等贫民窟较多的大城市，这种做法比较普遍。

然而几年以后人们便发现，大规模清理市中心贫民窟的同时，对迁居者的住房安置计划却进程缓慢，"原居住者的生活反而变得更糟"（Anderson，1964）。这一方面是由于更新改造计划多发生在城市中心区楼宇老化、设施缺乏并大量由低收入阶层居住的地区，他们中的很多人无法支付改造后高档住宅的租金，因此被迫外迁；另一方面是由于城市更新改造具有一定的开发周期，期间的住房紧缺状况无法得到有效解决。因此，雅各布斯认为这种城市更新"只是把贫民窟从一处转移到另一处，更糟糕的是它摧毁了已有的邻里和社区关系"。

经济起飞阶段(1960—1970年代)。经过第二次世界大战后的复苏期，西方国家在1960年代进入了经济快速增长时期，长期的经济繁荣使城市更新运动的重点也随之变化。一方面，城市的更新改造更加强调对综合性规划的通盘考虑。如在城市更新政策的实施中，吸取了战后初期阶段的教训，不再单纯考虑物质因素和经济因素，而是综合考虑就业、教育、社会公平等社会因素。对更新改造地区，不再一味地拆除重建，而是注重对现状建筑质量与环境质量的提高，以及引入公共项目和福利项目以解决社会问题（Cullingworth，1973）。

另一方面，以大城市、大规模的更新改造为特点的城市更新运动蓬勃发展。这主要是由于大城市的快速发展导致了城市更新的内生性需求增长，此外，由于城市建设用地开发强度的不断提高以及对社会、环境等因素的综合考虑，城市更新改造的成本迅速提高，而规模效应有助于降低成本（Levy，2002）。这一阶段的典型案例是1960年代美国开始实施的模范城市计划（Model Cities Program），该项目资金由联邦政府补贴80%，地方政府补贴20%。项目实施的7年时间中，共花费约23亿美元，其中绝大部分政府补贴被用于改善城市更新区低收入社区的教育、医疗、就业和公共安全问题，其余部分用于改善基础设施和居住条件（Haar，1975）。同期，大西洋彼岸的英国也有3 750个类似的"贫困社区社会改造项目"在实施（Gibson, Langstaff，1982）。

城市更新转型期(1970年代末以来)。1970年代末和1980年代初，以石油危机为导火线，西方主要发达国家普遍陷入"滞胀"（高通胀、高失业、低经济增长）困境，很多城市遭受了20世纪最严酷的经济危机（Gaetano, Klemanski，1993），这促使人们对以往的城市更新运动做进一步反思与调整。1970年代后期，英、美两国政府的换届成为西方城市更新政策转变的催化剂，当时上台的英国首相撒切尔夫人和美国总统里根大力推行反国家经济统治的新自由主义政策（Lipietz，1994），受其影响，城市更新政策逐渐从以往关注大规模的更新改造转向较小规模的社区改造，由政府主导转向公、私、社区三方伙伴关系为导向，更新周期长、需要庞大资金支撑的更新项目越来越难以实施。为适应这种政策转向，英国于1980年出台了《规划和土地法》（Planning and Land Act of 1980），该法案允许设立城市开发区（urban development zone）和企业特区（enterprise zone），并鼓励公私合作（public-private partner-ship）的股份制公司（如城市开发公司等）对城市更新的参与，以此来激活内城的萧条地区。这种政策的转变虽然使更新项目取得了经济上的成功,但在一定程度上也改变了更新实践的本质,并淡化了政府和私人在城市更新中的权利和义务分界(SagaLyn,1990)。

2.2 外部性和公共物品

在传统的教科书上,在面对外部性和公共物品(包括共有资源)的情况下,市场是无效率的,出现搭便车(free-rider)或供给不足现象,所以需要政府。外部性和公共物品是市场失灵出现的重要原因。

2.2.1 外部性

外部性的含义

外部性(externality)——当一个人或一个厂商的行为直接影响到他人,但既不用付出额外代价也不能获得额外收益时,就出现了外部性。

一个人的行为直接影响他人,这实在是太常见了。特别是在城市里,人和人摩肩接踵,家庭和家庭相邻,公司和公司共处一个地段、共用一个大楼,外部性是极其容易出现的现象。对他人的影响可以分为好的和坏的两种,坏的影响如噪音扰民、空气污染、日照权被侵犯,好的影响如阳台上摆放漂亮的鲜花使路人可以欣赏,商店提供免费的露天座椅供人休息等等。城市里到底是坏的外部性多还是好的外部性多? 这个问题其实很好回答,只要看看城市有多大,城市是不是还在集聚就有答案了。正是因为人们互相临近带来的好处远远大于互相临近带来的坏处,人们才互相接近,才会有城市的集聚和发展,否则,"自私"的人为了自己的方便,就会自发地分散了。有人说,城市就是因为正外部性存在的。

为什么外部性有不用付出额外代价或者不能获得额外收益的情况呢? 举例而言,一个厂商生产产品,排放了污水和废气,影响的不仅仅是相邻的居民,还有可能是下游的所有的居民,但是这些污染并没有让他们额外付出代价。或者,付出了一定的代价,比如环保费用、罚款,但监管的困难,使得他们付出的罚款杯水车薪,与造成的污染不相称。这是负的外部性。

与之相反的,也有正的外部性。城市中有很多的小区、商场,它们拥有很好的环境。例如,大商场外部经常有开敞空间、绿化,可能还有座椅和遮阳伞,即使不购物的普通市民也能够享用这些空间,而不需要付费,商场得不到额外的金钱收益(但可能得到了其他的收益)。

在城市中,由于人群密集,人与人交往的机会格外多,厂商与厂商靠得也格外近,所以外部性无处不在,使得人们充满了互惠互利或者互相伤害的机会。

外部性存在的情况下市场配置缺乏效率

通常人们说,当存在外部性时,市场对商品的配置是缺乏效率的。也就是会出现"市场失灵",没有付费的那一部分外部性无从计量,市场给的就会过多或过少。以污染的企业来说,因为没有对它收取足够多的费用,使它在衡量自己的生产时过低地计算了成本,而过高地计算了收益,它计算的是自己的"私人成本",这个成本实际上是和社会成本(包括了污染在内的全部成本)有差距的,所以就会生产得过多,乃至于污染太严重,社会要付出很多成本去纠正。

正的外部性也是这样,虽然,很多商场提供了外部开敞空间供市民使用,但也有不那么做的商场。更多的例子是,很多新建的居住小区有很好的环境,却围在高高的围墙里,不能让其他市民分享,甚至看不到一眼。城市里绿地珍贵,如有可能绿化本来是可以给人们提供更好的环境的,但由于不能向外人收费,能够利他的空间太少了。可以想象,由于正的外部性不能够收费,如果城市绿地、广场由市场上的私人来提供的话,那是一定会亏本的,因此就会变成无人提供,使得物品过少。

所有的这一切都需要政府来纠正。例如,政府向污染企业征税,征收更高的税以便使它们的成本更接近于社会成本,从而获得合理的产量,并用税款进行污染治理。或者,对开发商以容积率奖励的形式,鼓励他们拿出更多的公共空间供公众使用。

拓展:外部性不是市场失灵而是产权不清晰吗?

根据部分新制度经济学家的观点,外部性并不是"市场失灵"造成的,而是由于一部分产权界定得不清晰,使得这一部分产权在市场上无法进行有效率的交换。推论就是,假设法律法规能够清楚地定义"外部性"的产权,市场自然会将其配置合理。

我们前面提到的工厂、居民小区、商场、住户等等,对它们的产权,《中华人民共和国物权法》都是有界定的。例如住宅小区,"业主对建筑物内的住宅、经营性用房等专有部分享有所有权,对专有部分以外的共有部分享有共有和共同管理的权利"。但是深究一步,这个产权还没有界定完全,大家都需要使用空气、阳光、绿色空间,但空气权、阳光权、绿化权等就不太清晰,外部性因此而生。理论上是可以使法律事无巨细,全部界定的,但是,清晰地去界定所有的产权,并且使得所有产权可交易,这实在是太麻烦了,也就是交易成本太高。要么是像空气、水、视野这样(环境和景观),无法界定产权(界定产权交易费用太高);要么是像建筑外部空间、小区外部绿化,也许有可能界定产权,但市场交易费用太高。例如,在一些国家和地区如新加坡,根据拥挤程度(外部性的影响)而进行道路收费,但谁能够想象把这样的方法使用在城市里每一个公共空间呢?每一个公共空间都有清晰产权,市民向城市里每一个商场、小区购买"出行卡",才能在散步的时候沾一点那些"有主之地"的光?

我们确实可以使产权在一定的限度内越来越清晰,这会减少外部性的存在。但如果产权在现时条件下无论如何也难以界定,还是需要政府插手。这样的外部性部分,只有由政府强制管理或者由政府收税强制提供了。

政府的强制提供是有风险的,这是因为,不使用价值准则,就会出现租值消散,会有浪费出现。但是如果界定产权和使用市场的交易费用太高了,所以即便消散掉一些租值,相比还是划算的。

资料:租值的相关概念

租值(rent):租值这一概念一开始是指地租,因为在农业社会,土地会带来租金。进入工业社会后,rent一词也就被人们广泛地用在各种生产要素之上。土地仍然会带来租金,而人的劳动也会带来收入,资金也会带来收入,因此,一切生产要素的收入都是各自的租值。租值＝收入－(机会)成本。

租值消散:是哈丁提出的,当资产没有进行私有产权的界定,就变成了共有品(commons),因为使用者过多而导致应有的租值下降甚至为零。如果使用非价格准则,劳动力的使用本来可以增加产值的却被浪费掉,这也是一种租值消散。租值消散可以认为是原有的可以在市场上实现的生产要素的收入没有实现。

交易费用(transaction costs):狭义是指使用市场的一切费用(麻烦),广义是指使用各种制度费用(institution costs)。

2.2.2 公共物品

公共物品具备非竞争性和非排他性

公共物品(public goods)是外部性的极端情况,是那种人人都有权分享,但是界定谁能不能分享却特别难的情况。

我们用两个名词来描述上述的情况:非排他性和非竞争性。

一个物品,在增加一个人对它分享时,不能导致成本的增长,即对它的消费是非竞争性(nonrivalrous)的;而排除任何一个人对它的分享却要花费巨大成本,即它是非排他性(nonexcludability)的。再进一步解释,非竞争性就是你用的时候同时我也能用,你用的时候不影响我用,比如电视节目,再比如一个很大的人不多的广场。而非排他性就是收费非常困难的,比如灯塔、路灯、知识,还有那些不要钱的城市公共广场等。

这里的公共(public),并不是"公共利益"的那种公共,虽然有不少的公共物品都带有一定的公益性质,但并不是必然的联系。public goods 这个词是萨缪尔森发明的,和私人物品(private goods)对应。既然私人物品是指一个人享用其他人就不能享用的情况,比如一个苹果、一件衣服,公共物品就是指一个人享用了其他人也能享用的情况,比如一个城市良好的外部空间。此处的"公共"描述的是一种人人都能用而人人都没有占有的状态,所以,也可以把这种没有排他性的物品称为"共有品"(commons),也就是说,没有私人产权的一种状态。谁说话都不算数,那就只有政府来说话了。

公共物品的进一步诠释

我们可以列表(表2-1),用竞争性和排他性的有无来判断公共物品。

在表2-1中,我们还可以看到另一类和公共物品很像的分类,叫作"共有资源",它的特征是有竞争性、无排他性。有竞争性、无排他性,比公共物品的外部性更严重,因为人人都可分享,而人人都会对他人产生影响。比如还是城市广场,因为该城市的免费公共空间特别稀少,使用的市民很多,大家比较拥挤,互相影响,显得更加脏乱差。显然,如果一样东西是共有资源,由于它无法收费,也只好由政府提供,因为私人提供无利益可言。它是没有私人产权的,也是一种共有品。对共有资源的分析,因为在提供上和公共物品非常类似,两者又会经常转化,因此暂且把它作为公共物品的一部分,不再展开论述。

表 2-1　公共物品和私人物品的划分

	有竞争性	无竞争性	
有排他性	私人物品	自然垄断	
	冰激淋 衣服 拥挤的收费道路	消防 有线电视 不拥挤的收费道路	
无排他性	共有资源	公共物品	共有品 commons
	海洋中的鱼 环境 拥挤的不收费道路	国防 知识 不拥挤的不收费道路	没有私有产权的物品

此外,还要注意到的是,我们特别把道路根据拥挤与否、收费与否分类,结果每一类里面都可以有道路。这说明什么呢?人们一般对"公共物品"的印象是不一定准确的,经常被"公共"二字误导了,谬误也一般由此而来。由政府提供的,是公共设施,但不一定是公共物品,由私人提供的,不一定不是公共物品。一样东西,它在不同的情况下,可以是公共物品,也可以不是公共物品。比如我们走收费高速公路,有的时候可以看到标牌上写着"贷款修路,收费还贷",如果能够收费,就是可以排他;车道拥挤,还有竞争性,这种道路是私人物品!还有人说,我国土地是公共物品,这个谬误就更大,参考对道路的分析,自然可以知道,土地也是四种都可以有的(其实,道路就是土地的一部分)。再举一例,如已出让的住宅用地,每一户的产权里有对土地的使用权、住宅的所有权和使用权,都是受土地法、物权法保护的,你住了我就不能住,是竞争性的;排他自不用说,获得住宅不仅要收费,而且费用还很高,所以毫无疑问是私人物品。

纯公共物品和非纯公共物品

有些政府提供的设施是公共物品,完全免费,比如图书馆、广场、人行道。有些政府提供的设施并不是纯公共物品(pure public goods),比如地铁、自来水。虽然地铁、自来水是收费的,但它们收取的费用很低,基本上没有人负担不起,即它们的排他性非常之低。地铁的排他性低到什么程度呢?举上海磁悬浮的例子就可以说明,上海地铁一号线和磁悬浮建设时间相距不远,两者的建设成本都是约 3 亿元/公里,磁悬浮的收费是 50 元一张票,同样长度的地铁(约 30 公里)收费是 6 元。

排他性这么低,即便收费,也无利可图,所以地铁一般是政府兴建,私人无可奈何。有的时候,我们把这类设施称为"准公共物品",城市中的准公共物品非常多,城市给排水、城市电力等等市政设施都属于此类。

拓展:地铁可能是私人物品吗?地铁必须由政府提供吗?地铁收费越低越好吗?

地铁看似简单,其实是一个有点复杂的案例,至少还可以展开三个层次的分析。

第一个层次,分析它是不是公共物品。地铁空的时候,是准公共物品;地铁满的时候,人挤人,是准共有资源。进一步分析,如果把地铁看成一个个座位的话,无论空满,一个座位有人坐了,别人就不能坐,有竞争性!简直近似私人物品了。不过,在我们的城市研究中,总是会一个层面、一个层面去看,在城市研究中不会细到座位这个层面,所以同学们对地铁有准公共物品的看法就够了。

第二个层次,私人一般无法兴建地铁,常由政府兴建,不完全是因为收费低廉,还有另外的两个原因。原因一,地铁作为基础设施,初期投入特别大,回收周期特别长,这类的设施因为太昂贵了,举城市之力才能建得起来,要大量贷款,长期偿还,有的时候还要发行债券,一般除了政府无他人有能力、有资信做到。原因二,地铁的成本回收往往要利用沿线房地产的土地升值来实现,而事先收储这些土地,有计划地经营,最终达到经济平衡,也只有政府才能做到。

第三个层次,地铁收费低廉,但并不是越低越好。因为,作为公共交通的一部分,地铁一直是靠政府补贴来支撑的,补贴得越多,相应的税收就越多,税收相当于每个人为坐地铁"买票"。相比所有的市民来帮小部分乘坐者"买票",谁使用、谁缴费则更为精确,因为避免了更多的浪费。

思考:分析土地是不是公共物品?
分析中山陵是不是公共物品?

2.2.3 科斯定理和公地悲剧

在外部性和公共物品的介绍中,有一个词频繁出现,那就是"产权"(property right)。笼统地看,外部性和公共物品都可以看成是没有清晰产权而引起的市场失灵。因此,在可能的情况下,政府要尽力地确定产权,保护产权,才能够尽可能地减少外部性和公共物品这一类的市场失灵的出现。对产权的研究主要是以科斯为首的一批新制度经济学家在1930年代以来进行的[1],他们研究了交易成本、产权理论、制度变迁理论等,把人们对世界如何运转的认识又向前推了一步。

科斯定理

科斯定理(Coase Theorem)共有三个版本,第一个版本是在1959年的《联邦通信委员会》("The Federal Communications Commission")[2]文章中提出的:权利界定是市场交易的必要前提。在市场上交易的物,必须是有权利界定的,所谓的界定就是有私有产权,有明确的产权人,而不是一个虚拟不清的主体。私有产权由三大权利构成:使用权、收入权和转让权。根据科斯和其他一些经济学家的意见,所有权在其中并不重要。

第二个版本也是在上述文章中提出的:有了明确的权利界定,在市场交易下的资产使用会带来最高的资产价值。这个定义是和前面的说法一脉相承的,即有明确权利界定的、通过市场

---

[1] 科斯本人因为揭示了"交易成本"在经济组织结构的产权和功能中的重要性,于1991年获得了诺贝尔经济学奖。

[2] The Federal Communications Commission[J]. Journal of Law and Economics, 1959(10):1-40

交易的资产比没有明确界定的、不通过市场交易的资产价值高。

最为人们熟知的第三个版本的科斯定理来源于 1960 年的《社会成本问题》("The Problem of Social Cost"):只要明确地界定了私有产权,不论最初界定给谁,在交易成本为零的条件下,市场交易的结果最后都会使产值最大化。

科斯首先剖析了一个走失的牛损坏临近土地的谷物生长案例,假设农夫和养牛者在毗邻的土地上,土地之间没有栅栏,牛群规模的扩大就会增加农夫的谷物损失。假设土地的权属是属于农夫,牛吃了麦子要赔偿,那么,只要牛吃麦子养得更好、能卖更高的价钱,养牛者就可能付给农夫一个价格让牛去吃麦子,只要这个价格低于牛多卖的价格而高于麦子损失的边际成本就可以;如果两者相等或者麦子的损失价格更高,养牛者将支付比收入更高的赔偿,他就不会扩大牛群。只要将土地的产权界定下来,不论是养牛者支付给农夫一笔钱让他放弃土地,还是养牛者支付给土地所有者一笔稍高于给农夫的钱(若农夫自己正式租地的话)而自己租下土地,最终结果都一样,即使产值最大化。

然后科斯又举了一个"斯特奇斯诉布里奇曼"案来说明产权界定给谁都会获得最高产值。某糖果制造商的机器噪声干扰了毗邻的医生诊所——制造商已在此地生产了几十年,而医生搬来的头 8 年也是没有这种干扰的,直到医生在紧挨着制造商的位置新盖了一间诊所。医生提出诉讼,要求糖果制造商停止使用机器,法官则支持了这个要求。法官考虑的是正义与否的问题,而科斯考虑的是怎样才能实现产值最大化的问题。科斯认为,如果权利界定给医生,那么制造商付给医生一笔钱,其数目大于医生将诊所迁至成本较高或较不方便地段所带来的损失或多花一笔钱建造一堵隔音墙的成本,医生也许愿意放弃自己的权利,允许制造商的机器继续运转。当然,这笔钱要少于制造商改变生产、停止生产的费用。所以,解决问题的实质在于制造商继续使用机器的收入增加是不是大于给医生带来的收入的减少。但是,假如法官做出了相反的判决,判制造商有权使用机器,那么医生将不得不付钱给制造商,使他停止机器的使用,假如医生在机器继续使用时减少的收入大于他付给制造商的费用,那么就有可能实现。反之,如果医生在机器继续使用时减少的收入比较少,比制造商继续运转的收入增加少,他就没可能这么做。不管权利界定给谁,最终是糖果厂生产还是诊所原样运转都取决于哪样活动收入最高[1]。

在这个案例中,假设交易成本是为零的,也就是说,糖果制造商和医生讨价还价所带来的成本为零。但实际上任何的调整都有交易成本,科斯说:"在研究通过市场调整合法权利的问题时,已经强调了这种调整只有通过市场进行,才会导致产值的增加。但这一论点假定市场交易的成本为零。一旦考虑到进行市场交易的成本,那么显然只有这种调整后的产值增长多于它所带来的成本时,权利的调整才能进行。"只要交易成本不大过产值的增长,就值得做这种调整。

---

[1] 科斯 R,阿尔钦 A,诺斯 D. 财产权利与制度变迁——产权学派与新制度学派译文集[M]. 刘守英,译. 上海:上海三联书店,1994:5-18

公地悲剧

哈丁(Garrett Hardin)1968年的《公地的悲剧》("The Tragedy of the Commons")更进一步地讨论了公地(commons,也就是共有品)和产权的问题[①]。公地悲剧常常为城市规划专业所引用。所谓公地悲剧是指,如果一个牧场没有产权,最终的结果就是被放牧的人过度使用,变成寸草不生的荒地。

公地的悲剧有两个主旨:其一,在很多重大的公共问题上没有技术性的解决办法,不如改变人们的观念。承认没有技术性的办法,并且在现有的制度中选一个优点较多的是解决之道。但优点再多的办法,也会需要人们放弃一些(哪怕是想象中的)权利。其二,对于公地,直接的解决办法是确立产权,然后确立分配规则。

哈丁举了一个反向的例子来说明观念带来的灾难。马萨诸塞州某市圣诞节购物期间,市中心的停车表用胶袋遮掩,不收费了,上有告示:"圣诞节后重开。免费停车由市长和市议会提供"。面对本来已是短缺的停车位的需求增加,城市再建立了一个"公地",其结果当然是圣诞节期间停车位供不应求,比较混乱。

那么,如何解决公地悲剧?哈丁说:"有几个方案。可以出售为私人产业;可以保留为公共财产,但分配进入的权利,分配可以是以财富为基础,用拍卖方式,亦可以根据一些彼此同意的标准来定优劣;可以是彩票;或是先到先得,由人龙决定"。

这就是说,解决的方法首先必须界定产权,首选是私产,私产不能达到之处就定为公共财产,但分配进入的权利(即私有的、限时的使用权)。公地也好,城市中的公共空间、公共设施也好,都没有可能做到取之不尽、用之不竭——即它们是格外稀缺的,所以面对稀缺的资源就只有竞争。竞争的准则,首先是市场,按照价格来分配;其次是其他任何非价格的准则,例如彩票、排队。现在我们知道,不是市场的准则,都会带来租值消散,徒然浪费人们的时间或其他,而不能带来利益。但是就算是其他的准则,也比没有产权、没有竞争准则,最后全部浪费的公地好。

哈丁还说,"要节制市中心的购物者使用车位,我们用停车表管制短期停车,交通罚款处理长时间停车。我们无须禁止市民泊车,他要停多久就多久;我们只需让他泊车越久,费用就更高。我们不是提出禁制,而是仔细考虑偏重的方案"。"彼此同意强制,并不是说我们需要享受强制,或是假装享受。谁人会享受纳税?我们全都为纳税发牢骚。但我们接受强制性税务,因为认识到自愿性纳税只会是没有良知的人得益"。这即是说,如果人们能认识到公地悲剧无法避免,公共利益不可能自动实现,就需要建立制度来保证它的实现。这个制度可能是分配稀缺资源的制度(如停车收费),也可能是生产公共物品的制度(如强制收税),无论如何,这个制度不一定会让人们满意(谁会喜欢交费交税呢),但却无法避免。稀缺的公共资源按价格来分配是因为比全被糟蹋了好,自然人人都能得的又多又好是更好的,但可惜人们还没有发明这样的办法。对于城市政策制定者来说,产权和公地的问题值得一再思考。

[①] 哈丁. 公地的悲剧[J]. 科学,1968

资料：再造公地——广州地铁免费案例

中国城市的地铁收费标准较低，一般都提供较多补贴，典型的案例是北京地铁，全程2元。不过，还有费用更低的时候，2010年11月广州亚运会期间，广州实行了"从11月1日起至亚残运会结束，在逢工作日里广州市民和游客都可免费搭乘地铁、公共汽车、轮渡等交通工具"的政策，结果地铁爆满，拥挤不堪。在免费的五天里，地铁流量上涨100%，日均客流为773万人次。在听证会上，一位陈先生说："进站要排队，安检要排队，好不容易下到站台还要排两趟车才走得了。周一上班时，我在地铁站排队等候时间太长，眼看就要迟到，只得改坐出租车，花费比平时还多。五天下来，算上排队等候进站的时间，我花费在上下班路上的时间比'免费'前还要多，而且无法把握上班时间，只得一再提早出门。"另一位市民欧阳先生说："三号线平时不免费人已经很多，上周一开始免费，站台上、车厢里简直拥挤不堪，如果有人身体不适或者发生踩踏事故，后果不堪设想。"他表示，"人流量过大，对安保也是个严峻考验，希望有关部门能够根据实际情况，适时调整现行政策，在方便市民出行的同时尽量避免安全事故的发生"[①]。

听证会后，仅仅实行了五天的地铁免费的政策紧急叫停。

对地铁在内的公共交通补贴的思路是激励人们充分使用公共交通工具，减少大城市的交通问题。但是票价降低会激励更多不必要的出行，并且，补贴来自于全体交税的居民，相当于所有人（包括乘坐者和非乘坐者）为少数的乘坐者付费，这不是一种高效率的付费方法，相反，谁乘坐、谁付费会更为精确。因此，尽管目的是为了促进公共交通，但涉及公共设施补贴的多少仍需精心考虑。

2.3 政府对经济的促进作用

回顾我们在市场失灵一节提到的，市场失灵通常包括：不健全的市场，竞争失灵，信息失灵，大规模失业，外部性和公共物品等，当出现这些情况时，政府需要弥补市场失灵的缺陷。然而，政府的作用还不止这些，实际上，政府可能在很多方面对经济有促进作用，例如在制定城市和区域经济政策方面，在塑造市场制度方面等。近年来的研究对政府的存在和作用有了很多的拓展。按照科斯和张五常的理论，市场和政府都是一系列的合约，有时这种合约效率更高，有时那种合约效率更高。

城市和区域经济政策

菲利普·麦卡恩在谈到城市和区域经济政策时说，在城市开发和重建中，政府经常会提出一些城市开发和重建政策，以增加这些地区的投资吸引力，也增加这些地区的房地产开发价

[①] 日运794.2万 广州地铁客流量超亚运免费日纪录[EB/OL]. (2014-05-13). http://www.gov.cn/xinwen/2014-05/03/content_2670441.htm；广州取消地铁亚运公交免费政策改发交通补贴[EB/OL]. (2010-11-06). http://news.163.com/10/1106/22/6KRCTAU10001124J.html

值①。城市政策会放宽或者改变一些制度和法律法规,对这些地区的发展给予特殊的优惠。例如,直接进行一些投资(通常是基础设施和公共服务),或者动用行政手段帮助建立一个快速的办事通道,或者在税收政策上进行减免等。

在区域中,也经常会提出提高欠发达地区投资吸引力的政策,例如增加制造业和商业贸易的发展。为了达成这个目的,和城市政策一样,区域政策可能会放宽或者进行特殊的制度设计。例如,提供公共资金支持的基础设施,或者进行税收(和土地费用)方面的调整等。对于这些政策,都可以分析其社会边际成本和收益,以便查看其效果是否理想。

促进市场和发展的政府

对"较大的政府"或"促进发展的政府"的研究近年来主要集中在东南亚和中国等发展中国家和地区。朱介鸣(2005)研究了发展政体②不同于西方传统的不干预经济的政体,认为其是1990年代以来东南亚发展良好的国家普遍采用的政体,对"亚洲四小龙"腾飞作出了贡献。因为市场机制不会自然而然地形成,不成熟的市场需要被塑造,政府应该在塑造市场过程中发挥重要作用,尤其对发展中国家而言。

朱介鸣引用世界银行《为市场建立制度》的年度报告(World Bank,2002)并评论说:"世界银行和国际货币基金组织一直致力于在发展中国家推动自由市场经济,反对政府干预市场。直到2002年,世界银行才认识到制度对市场经济的重要性并发表上述报告,许多市场经济的发达国家之所以富有,是在于市场经济的高效率和激励机制。许多市场经济的第三世界国家之所以贫穷,以前一直认为是政府过多的干预使得市场不自由,价格扭曲和垄断造成市场低效。现在认识到市场低效更多的是由市场制度不完善所造成,而市场制度不完善主要在于政府能力不够。"③这对我们认识市场和政府的关系提供了一个很重要的视角:越是在市场还不完善的时候,越需要政府的强有力作用。

政府是一个超级企业

科斯早在1960年就富有洞见地提出:"实际上,政府是一个超级企业(但不是一种非常特殊的企业),因为它能通过行政决定影响生产要素的使用。但通常企业的经营会受到种种制约,因为在它与其他企业竞争时,其他企业可能以较低的成本进行同样的活动;还因为,如果行政成本过高,市场交易通常就会代替企业内部的组织。政府如果需要的话,就能完全避开市场,而企业却做不到。企业不得不同它使用的各种生产要素的所有者达成市场协定。正如政府可以征兵或征财产一样,它可以强制规定各种生产要素应如何使用。这种权威性方法可以省去许多麻烦(就组织中的行为而言)。""显然,在某些时候,政府有能力以低于私人组织的

---

① 菲利普·麦卡恩.城市和区域经济学[M].李寿德,蒋录全,译.上海:格致出版社,2010:234

② 政府对经济管制的作用,按照从最自由到最管制的序列,布罗克(Block,1994)认为政体有下列模式:守夜人政体(night watchman state)、公共物品政体(public goods state)、宏观经济调控政体(macroeconomic stabilization state)、社会权益政体(social rights state)、发展政体(developmental state)和社会主义政体(socialist state)(朱介鸣,2005)。

③ 朱介鸣.市场经济下中国城市规划理论发展的逻辑[J].城市规划学刊,2005(01)

成本进行某些活动。但政府行政机制本身并非不要成本。实际上,有时它的成本大得惊人。"

市场有一个非常大的好处就是人尽其能、物尽其用,使得经济效益能够最大地发挥出来,用产权和制度经济学家的说法就是,减少了租值消散。但是,市场是需要每一个参加者进行讨价还价、相互协商的,有很多难以协商的决策是在多人、多轮的实际交易中慢慢磨合的,产生了很大浪费,换句话说就是市场的缺点是交易成本很大,当有一个领域市场的交易成本过大时,通常就无法进行,这时就需要政府接手了。因此,按照产权和制度经济学家的说法,当租值消散太大的时候,选择市场;当交易成本太大的时候,选择政府。

城市规划界对此也有相应的观察和研究。哈维(David Harvey)认为,在过去十年中城市政府的态度发生了根本性转变,从管理城市转向了"企业家"式(entrepreneurialism)的经营①。这里,企业家式的思维主要是指将城市作为一种产品进行营销,即经营城市。这些企业家城市的代表是伦敦、悉尼和新加坡,通过战略规划的方法,新的城市战略紧紧地与城市营销联系在一起。索恩利(Andy Thornley)的研究表明,全球经济力量要求城市提供灵活的战略,以便城市在世界范围的竞争中吸引新经济投资,这导致一种融合了许多特定的规划、政策和土地划分的城市战略的诞生,但是,通过对三个城市的调查发现经济发展是压倒一切的观念,从中获益的利益集团对政府议程有着决定性的影响②。

霍尔(Hall)和哈伯德(Hubbard)在1998年指出"一个富有吸引力的新城市政治学已产生,它与旧有的不同,其主要精神在于企业化思想(entrepreneurialism)已经替代了管理主义(managerialism),管治(governance)理念已经替代了行政性的政府(government)"③。

资料:城市竞争和政府的作用

全球城市共同面对的一个问题就是参与城市竞争。哈维(1989)总结了城市可以选择的各种战略:首先,在劳动地域分工方面存在竞争,地方可以通过改善技术与基础设施、降低劳动条件获得分工优势;第二,通过吸引、留住游客和高收入居民,参与区域间的消费竞争;第三,致力于成为金融、政治或信息中心,获得由此而来的各种利益;第四,通过正式的城市政策或者对军事技术的国家投资,竞争政府再分配项目④。

在这个过程中,有些条件是有的城市先天拥有的,如城市规模、已有的经济中心、地理位置、好的旅游和消费条件,有的条件是部分城市可以通过努力获得的,如国家的政策和投资,除此之外,还有大量的一般城市不具备上述的良好条件,所余的战略就只剩下利用成本(低的劳动力成本和空间)、改善技术和基础设施等吸引全球/国内投资者的注意,或者是寄希望于一个

---

① HARVEY D. From Managerialism to Entrepreneurialism:The Transformation in Urban Governance in Late Capitalism[J]. Geofrafiska Annaler, 1989,71B(01):3-17

② THORNLEY A. 面向城市竞争的战略规划[J]. 国外城市规划,2004,19(02):7-12

③ HALL T, HUBBARD P, et al. The Entrepreneurial City:Geographies of Politics, Regime and Representation[M]. Chichester:John Wiley and Sons,1998

④ HARVEY D. From Managerialism to Entrepreneurialism:The Transformation in Urban Governance in Late Capitalism[J]. Geofrafiska Annaler, 1989,71B(01):3-17

独特的幸运事件,例如,承办大规模的体育赛事或国际活动①,建造一个引人注目的滨水区或者新城。

哈维(1989)曾谈到地方政府的"系列复制"战略,建造会议中心、体育设施和滨水开发区等,每个城市都像一个模子里刻出来的。欧洲巴塞罗那、卡迪夫和热那亚的城市规划者也模仿了巴尔的摩重建废弃滨水区的模式,雅乌艾希宁(Jauhiainen, 1995)分析了这一模仿过程,内容通常包括多个相似的组成部分:水族馆、滨水大道、仿古船只等。几乎每个有可开发滨水空间的城市都建造了这些设施,让人怀疑城市能否通过这种措施获得竞争优势。我国城市发生的情况如出一辙,很多沿江的城市都在打造滨江大道、滨江商务区,如有废旧的工厂、仓库区,则被改造成各种"创意街区"。城市竞争中,每个城市都在"营销"自己。

2.4 城市规划的作用

城市规划,当然可以让生活更美好。从霍华德的田园城市到柯布西耶的光辉城市,从山水城市到低碳城市,从高楼林立的大都市到小桥流水的千年古镇,人们在城市中表达了无限的想象力和诉求。有人说,城市规划是一个为理想而存在的职业。这种说法当然美妙,却不太符合经济学家的思路——人都是自私的,谁会为别人的理想而买单呢?

从经济学的角度看城市规划,有着特别的意义,这是因为,城市是由一个个人选择聚居而形成的,而经济学正是研究个人的选择。空间规律是人们总结出来的,描述人们如何聚居、如何使用空间的规律,而人的自私正是支配这种规律的原动力!了解了经济学,规划师对自己敏锐的观察就会更有把握。

实际上,城市规划的存在原因是规划师掌握着空间的规律,这些规律,可以使得人们更好地配置公共物品,提高正外部性,降低负外部性。通过落实这些规律,可以使得所有参加城市建设的人更大地节约交易成本;通过落实这些规律,可以使得城市获得更大的租值。这就是为什么越是城市快速发展的时期,人们就越需要城市规划,政府就越看重城市规划,这种需要不是看不见、摸不着的理想所支配的,而是非常迫切和必需的。

2.4.1 城市规划应对外部性和公共物品的方法

城市规划应对外部性的办法

经济学的原理证明,当外部性和公共物品存在的情况下,市场是无效率的。负外部性的典型情况如工业污染、阳光遮挡等,都是靠市场中的个人协商无法解决的,协商的成本太大,一般人难以付出,而影响又是深远的,社会很难承受这种结果。城市规划对应负外部性的特点是空

---

① 2011年10月,人口大市、农业大市阜阳举行了第14届亚洲跳伞锦标赛暨国际跳伞公开赛,这是阜阳第二次举办全国、国际性的跳伞活动。在跳伞比赛举行后不久,阜阳市领导层就提出是否把原来阜阳的六大名片增加一项,称为"航空运动之城"。

间的方法和规则的方法,空间的方法例如将工业集中布置,并放在城市的下风向,用城市防护绿地隔开等,减小对居住和公共环境的破坏。而那些不太具有负外部性的城市功能,则允许它们在空间上混合在一起。又如阳光权,是市民最关注的规划问题之一,是通过日照间距的规则来控制的,如果不满足日照间距就不能新建,规则成为解决争端和避免更大浪费的手段。规划在应对正外部性时也同样有效,如政府划拨绿地和公益性用地来获得正外部性,甚至政府通过自身搬迁等带来更大的正外部性,还有,容积率奖励也是经典的鼓励正外部性的方法。

通常政府纠正外部性的方法如征税、罚款和补贴等,并非预想中那么有效,因为对企业有负的激励,程序烦琐,有时反而会带来效率损耗。城市规划解决外部性的特点是不直接使用金钱的奖惩,不就事论事,而是利用空间的方法、设定规则的方法进行事前约定,代价不大,没有受损者或受损者甚少,讨价还价被大幅减少,因而成为有效率的手段。而对比其他方法,例如对污染企业监督和罚款、对侵犯阳光权的开发商罚款或推倒重建,都要比规划付出更多的监管、处置的人力物力。

城市规划协助政府提供公共物品

公共物品,是极端的外部性的情况,因为无法收费,所以无人肯提供,只能由政府亲自出面,或以奖励的方式安排开发商出面。世上纯公共物品不多,但因为要普及大众而收费低廉(排他性极低)的准公共物品却很多,例如地铁、自来水、公共绿地、图书馆、垃圾中转站、学校等等,都需要城市规划做出安排。一般地说,提供公共物品是城市规划能够协助做到的事情,否则城市将变为我们难以想象的样子。

对公共物品的再认知

值得注意的是,由于政府和规划制定者也会考虑到"私利",会有扩大自己能照顾的范围的倾向,无意中扩大了准公共物品的边界,这样会降低效率。例如,大规模建设低收入住宅,对土地和住宅进行价格和租金管制,对有一定排他性的公共设施也大包大揽,免费或低费提供(如地铁)等,这种行为可以称为"再造公地",在上一节公地悲剧处已经讨论过。尽管城市规划者志在解决外部性和公共物品的问题,但并不是对"公共"领域安排得越多越好,相反,为了让安排更有效率,要更为审慎地划定公共物品的界限,市场能做的交给市场,市场实在不行的才由政府提供。

这种认识在城市规划中逐渐深化,在 2011 版《城市用地分类与规划建设用地标准》中,将 1991 版《城市用地分类与规划建设用地标准》的 C 类"公共设施用地"分解成了 A 类"公共管理与公共服务设施用地"和 B 类"商业服务业设施用地",表达着城市规划者对"公共设施"的认识的分化:非营利性的设施是公共物品,由政府保证提供;营利性的则不需要政府强制安排,而由市场决定,更加科学合理。联合国人居报告[1]中强调的"市政服务的用户收费应该涵盖生命周期成本,并产生收入(适当时)"等概念也逐渐被人们所接受。

---

① 联合国人类住区规划署. 为城市低收入人群的住房筹措资金[M]. 北京:中国建筑工业出版社,2014

因而，在有可能明晰产权的地带，首先应该通过收费和市场交易来减少外部性和浪费，而不是简单地把它划为公共物品，然后，由政府出面减少外部性和提供真正的公共物品，其中，城市规划的空间和规则方法由于交易成本小而效率高。

2.4.2 城市规划减少了快速发展的交易费用

交易费用的概念

交易费用狭义是指使用市场的一切费用，广义是指使用各种制度的费用。它是人们因为处在社会中而出现的一切费用，包括获得信息、讨价还价、达成协议等一切行为的费用。

交易费用一词起源于 1937 年科斯的《企业的本质》(*The Nature of the Firm*)，在 1960 年的《社会成本问题》(*The Problem of Social Cost*)中展开论述。新古典经济学派在很长的一段时间里不重视这个概念，在模型中不是假设交易费用不存在，就是假设交易费用高不可攀，我们所熟知的研究空间的经济地理学家们也概莫能外。1960 年之后，阿尔钦、科斯、德姆塞茨、张五常等拓展了交易费用的理论。科斯谈道:"为了进行市场交易，有必要发现谁希望进行交易，有必要告诉人们交易的愿望和方式，以及通过讨价还价的谈判缔结契约，督促契约条款的严格履行，等等。这些工作常常是成本很高的，而任何一定比率的成本都足以使许多无须成本的定价制度中可以进行的交易化为泡影。"张五常则将之简单概括为"交易费用包括所有在鲁宾孙一人世界不可能出现的费用"，"一人世界没有社会，也没有经济制度，交易费用于是成为所有因为由社会而出现的费用了——可以称为制度费用"。

空间的自组织和他组织

此概念对城市规划的意义何在？在于解释了空间自组织和他组织(城市规划)的界限，因而明确了他组织的意义。空间结构的自组织模型是 1970 年代彼得·埃伦等(Peter Allen)提出的，1990 年代，克鲁格曼(P. Krugman)研究了多中心城市的自组织模型。空间的自组织是指厂商和个人的选择也能够形成有规则的空间格局。既然空间的自组织是科学的，可以被证实的，那么，他组织的意义何在？这就等于在问：既然"看不见的手"是形成有规律的空间格局的内在机理，既然厂商和个人就能够形成较为理想的空间结构，为何要政府，为何要规划？

作为经济地理学家，克鲁格曼的贡献在于突破了主流经济学派对空间视而不见的状况，他看到了厂商自我的选择及其相互作用——"看不见的手"可以形成大范围内的、有规则的经济空间格局，这是非常有价值的研究。克鲁格曼是利用计算机模拟得出结论的，但计算机和真实的人最大的不同在于，计算机做这些计算(等同于人们互相协商)耗费的时间成本基本为零，人们之间、厂商之间却需要一个一个谈判来达成最终结果，耗费的时间、代价巨大，乃至协议不能达成结果，也就是理想中的自组织可能因为交易费用实现不了。

试举一例，某市郊区在 2000 年代自发形成了一个家居卖场聚集区，其中 3 家大型卖场——家乐家、百安居、麦德龙毗邻，都有较大的建筑后退，形成了一片空旷的沿街空间。但是这些空地之间有护栏相隔，实际上没有像样的步行、绿化和停车设施，人们需要绕行，商家自己也提出需要政府帮助改造提升。这个案例中企业的个数仅为 3 家，自发的协商和改造似乎并不困难，然而数年过去仍没能达成协议，仍在等待政府规划。可见在微小的城市空间事件中，交易费用也可能大到无法克服,而如果事先规划的话,这些步行、绿化和停车空间不会成为问题。因而,自组织在真实世界里的实现,需要付出大量的交易费用——常常以漫长的时间为背景,无数厂商和个人出于自利的需求进行协商,分配和置换空间,直到达成一种相对稳定的结构。他组织最大的作用在于极大地节约了交易费用,特别是在发展快速的时期,自组织实现的时间成本难以估量,他组织的作用就格外凸显。

在未来的大规模建设之前,城市规划对不确定性的消解,使得城市的资金、人才、物资等生产要素向着既定的目标组织,在短时间内就能实现各个系统的构建,因为减低了信息费用,减少了政府、厂商和个人之间的交涉,降低了反复建设带来的浪费,交易费用的降低在边际上是非常明确的。越是发展快速的社会,城市规划减少的交易费用就越多;越是市场经济的国家,城市规划减少的交易费用就越多。

■ 课堂讨论

讨论题目二(1):城市规划提供了哪些公共物品? 节约了哪些交易费用?

讨论题目二(2):政府和市场,效率和公平。

■ 参考文献

[1] 斯蒂格利茨. 经济学[M]. 2版. 黄险峰,译. 北京:中国人民大学出版社,2000

[2] 阿瑟·奥沙利文. 城市经济学[M]. 8版. 周京奎,译. 北京:北京大学出版社,2015

[3] 斯蒂格利茨. 公共部门经济学[M]. 3版. 郭庆旺,译. 北京:中国人民大学出版社,2005

[4] 科斯 R,阿尔钦 A,诺斯 D. 财产权利与制度变迁——产权学派与新制度学派译文集[M]. 刘守英,译. 上海:上海三联书店,1994

[5] 菲利普·麦卡恩. 城市和区域经济学[M]. 李寿德,蒋录全,译. 上海:格致出版社,2010

[6] 联合国人类住区规划署. 为城市低收入人群的住房筹措资金[M]. 北京:中国建筑工业出版社,2014

[7] HALL T, HUBBARD P, et al. The Entrepreneurial City:Geographies of Politics, Regime and Representation[M]. Chichester:John Wiley and Sons,1998

[8] 哈丁. 公地的悲剧[J]. 科学,1968

[9] The Federal Communications Commission[J]. Journal of Law and Economics, 1959(10)

[10] 朱介鸣. 市场经济下中国城市规划理论发展的逻辑[J]. 城市规划学刊,2005(01)

[11] HARVEY D. From Managerialism to Entrepreneurialism:The Transformation in Urban Governance in Late Capitalism[J]. Geofrafiska Annaler, 1989,71B(01)

[12] THORNLEY A. 面向城市竞争的战略规划[J]. 国外城市规划,2004,19(02)

3 城市财政

政府的钱从哪儿来,用到哪儿去?

城市财政是国民收入再分配的工具,具体执行了国民收入再分配和转移支付的职能,是对上一章的具体描述和安排。

3.1 地方政府的运行

3.1.1 政府的职能

在探讨了政府与市场的关系之后,我们看到,只有在市场失灵的情况下政府才应该充分发挥作用,这些情况包括了不健全的市场、竞争失灵、信息失灵、大规模失业、外部性和公共物品等。因而,政府首先要做的事情是建立市场,维护市场,促进和维护竞争,以及对大规模的失业进行干涉;其次,政府要针对外部性和公共物品出现的情况,提供必要的公共物品,进行这方面的资源配置;而后,由于校正贫富差距问题也是通常情况下人们对政府的期望,一般政府都会承担起这个职责。

马斯格雷夫的政府三职能

马斯格雷夫(Musgrave,1959)的三种政府职能是人们常用来探讨政府功能的一种说法,可以看出,它概括了以上谈到的政府校正市场失灵和贫富差距的作用。

1) 稳定性。政府使用货币和财政政策控制失业和通货膨胀。

2) 收入再分配。政府通过税收和转移支付的方法,重新分配收入和财富。

3) 资源配置。政府制定生产什么和如何生产的决策。当政府决定生产某一特定产品时,它必须决定如何分配这些资源;当政府向私人部门提供补贴或者征税时,将影响私人部门的资源配置决定[1]。

政府职能由国家和地方政府分担

以上的这三种政府职能是由国家政府和地方政府共同承担的,但侧重有所不同。国家政府主要负有制定稳定政策的责任,例如货币政策、财政政策,只有在国家水平上才更加有效。在收入再分配领域,国家主要负责区域之间的支付转移和再分配,缓解由于地理差别带来的贫富差距;城市主要负责城市内部的支付转移和再分配。而政府税收则由国家和地方政府分享。

---

[1] 斯蒂格利茨. 公共部门经济学[M]. 3版. 郭庆旺,译. 北京:中国人民大学出版社,2005:16

在资源配置领域,除了一些国家重大的设施是由国家政府主导配置之外,在城市中的大部分公共产品和公共服务都是由地方政府负责的,因为地方政府对提供当地所需的公共产品和公共服务更有效率。

城市中的公共物品主要由地方政府提供

无论中外,城市的公共产品主要由地方政府提供。以美国为例,大多数服务如警察保护、学校、道路、消防、图书馆、公园等,主要由州和地方政府提供,这部分支付占美国公共部门支出的40%。在许多领域,州和地方政府的责任在增长,少数领域(比如教育)联邦政府的资助也在增加。例如,虽然现在州和地方政府仍然负责小学和中学教育,联邦政府仍然提供6%的资金。

在中国,地方政府在资源配置中所起到的作用至关重要,城市中的道路、地铁、自来水、公园、博物馆和图书馆等大部分的公共产品都由地方政府提供,铁路、高铁、电力网络、区域防洪、高等级的高速公路等由国家政府负责提供。也有一些项目是由国家和地方政府分担的,如九年制义务教育,其经费投入实行国务院和地方各级人民政府共同负担,省、自治区、直辖市人民政府负责统筹落实的体制。农村义务教育所需经费,由各级人民政府根据国务院的规定分项目按比例分担。具体来说,在经济发达的东部地区,九年义务教育的经费主要由地方政府全额负担,在经济比较困难的西部地区,主要由国家政府全额承担,另外的一些地区则由国家政府和地方政府按比例分担。

3.1.2 地方政府

我国地方政府的层级

在中国,地方政府是指除中央政府外的各层级政府。中国的地方政府是四级形式,省级、地级、县级和乡镇级,每一级有不同的行政单位,例如,县级中包括了市辖区、县级市、县、自治县、旗、自治旗、特区和林区等行政主体。

城市政府属于地方政府。通常人们所说的"城市"含义可能不是唯一的,例如,一种说法认为带有"市"的名称的直辖市、副省级市、地级市和县级市是城市,那么,我国的城市数目为672个(2016年)。但这样一来,人口规模通常有几十万人、空间规模几十平方公里的数百个县城都不能被归为城市,更不要说人口上万的镇了,这样划分的缺漏比较大。在城市规划领域,一般认为城市(城镇)包括了按国家行政建制设立的市和镇,也就是说,包括了直辖市、副省级市、地级市、县级市(包含县和自治县)和镇,它们都是城市。在这个范围以外的乡和村庄属于乡村,乡人民政府的所在地叫作集镇,集镇和镇一字之差,但却有了城和乡的本质区别。

如表3-1所列,按照城市规划的口径进行分类,中国城市的数目是23 038个(2016年)。这个数目在不断变动中,主要是由于近年来比较频繁地进行行政区划调整,特别是乡镇撤并,力度很大。行政区划调整并不限于乡镇级别,在个案中,地级市都可能进行行政区划调整,例如2011年合肥吞并了被拆分的巢湖市,使得面积达到11 408平方公里,成为当时中国最大的市。

综上所述,表3-1中所列的各级政府都是中国的地方政府,地方政府的总数是4万多个。

表 3-1 2016 年我国的各级政府数量

级别	类别	数量
省级	小计	34
	省	30
	直辖市	4
地级	小计	334
	地级市	293
	地区	8
	自治区	30
	盟	3
县级	小计	2 851
	市辖区	954
	县级市	360
	县	1 366
	自治县	117
	旗、自治旗、特区和林区	54
乡镇级	小计	39 862
	街道办事处	8 105
	镇	20 883
	乡	10 872
	区公所	2
合计		43 081

(资料来源:《中国统计年鉴》2017)

市县级政府提供地方公共物品

在各级地方政府中,如果一定要比较的话,市县级的政府对提供地方公共产品的责任是最大的。因为,权力越大,责任也越大,在市县一级不仅有固定的税收收入,按照土地法的规定还有预算外的土地出让收入的分成,这使得它们能够动用足够的财力,成为建设地方、提供服务的最重要的地方政府。

新城、新区和开发区政府

此外,在中国还有一些不在行政序列上也就不在上表中的准政府机构,如新城政府、新区政府、开发区管委会等等。例如,南京就拥有河西新城开发建设管理委员会、高新技术产业开发区管理委员会、经济技术开发区管理委员会、仙林大学城管理委员会、化学工业园区管理委员会等等机构。它们不是完全的地方政府,但却承担了地方政府的部分功能,特别是在自己空间范围内提供基础设施和开发建设的功能,其作用不可小视。由于新城、新区、开发区可以是国家级、省级、市县级等不同级别,因此它们的管辖范围和权限差别很大,在土地出让和提供公共物品上的职能也各有不同。有些有开发区和新城的供地权限甚至大于自己所属的县市(例如苏州新加坡工业园区、上海浦东新区),很难一概而论。我们可将这些各种各样的行政机构看成是准地方政府或大型的特殊项目平台(SPV)。

美国的地方政府

作为比较,我们了解一下美国的地方政府。美国的地方政府包括了县、市、镇、校区和特别区,1992年共有84 995个。美国的地方政府数目比中国更多,而每个地方政府所辖的人口更少,平均来说,美国的城市比中国的城市小(表3-2)。

表3-2 美国的地方政府

地方政府的类型	单位数量(1992年)(个)	地方财政支出的比值(%)
县	3 043	23
市	19 279	33
镇	16 656	3
校区	14 422	30
特别区	31 555	11
合计	84 955	100

(资料来源:周伟林,严冀.城市经济学[M].上海:复旦大学出版社,2004:341)

20世纪,随着美国的郊区化,美国的城市人口大量流出市中心,而分散到周围的地区,随之在大都市的周围地带建立了许多新的政府,从而改变了从旧的市中心到新的市郊学校区的各级地方政府的结构。今天,在原来的市中心和后来的市郊,不仅有城市、小规模的自治市、城镇和乡,还有无数的各种类型的特区[①]。

3.2 城市财政的收入和支出

3.2.1 城市财政收入

财政收入,是指政府为履行其职能、实施公共政策和提供公共物品与服务需要而筹集的一切资金的总和。财政收入表现为政府部门在一定时期内(一般为一个财政年度)所取得的货币收入。为了提供公共物品,政府取得财政收入是强制性的,目的是让所有人的处境变得更好。政府在社会经济活动中提供公共物品和服务的范围和数量,在很大程度上取决于财政收入的充裕状况。

财政收入按现行分税制财政体制,划分为中央本级收入和地方本级收入。城市财政收入属于地方财政收入。

根据联合国人类住区规划署的总结,地方产生的收入可以归入三大类:对房产和经济活动的征税;服务供给和基础设施改善的使用费;用于为长期投资,一般是基础设施,而融资的贷

---

① 周伟林,严冀.城市经济学[M].上海:复旦大学出版社,2004:341

款。尽管管理良好的市政府维持着这些收入来源间的适当平衡,但是世界上大部分地区由于正在快速进行的城市化、制度制约以及薄弱的地方管理,已经放慢了增加地方政府财政自治的脚步,财政权力更多地在中央而没有下放。因此,地方财政不可避免地要和中央财政有重要的联系:几乎所有市政府运作的赤字都是依靠中央政府的拨付填补的[①]。

地方财政收入包括了财政预算收入和预算外收入。

地方财政预算收入

地方财政预算收入包括:
1) 主要是地方所属企业收入和各项税收收入。
2) 除地方所属企业外的各项税收收入(分税制所列)。
3) 中央财政的调剂收入,补贴拨款收入及其他收入。

在地方政府的财政收入中,最主要的是税收收入,因为税收收入具有普遍性和稳定性,可以预期,因而是一个城市最可依赖的财政来源。税收收入通常占到了一个城市财政收入的最大比例。

从图 3-1 可以看出,以南京市为例,近年来的税收收入都占到预算收入的 60%~70%,其他各项收入(包括了地方所属企业收入、中央拨款和其他)占 30%上下。在税收中,占比最大的是营业税,然后是增值税(其中 25%划归地方的部分),然后是企业所得税和城市维护建设税,最后是个人所得税。个人所得税所占的比重是比较小的,对比后文美国州政府的收入比例,就可以看出明显的差别。

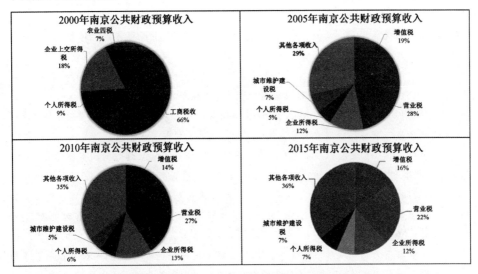

图 3-1 2000、2005、2010、2015 年南京市公共财政预算收入

---

① 联合国人类住区规划署. 为城市低收入人群的住房筹措资金[M]. 北京:中国建筑工业出版社,2014:第三章

地方财政预算外收入

地方财政预算外收入包括：

土地出让费,资本融资,各项税收附加,城市公用事业收入,文化、体育、卫生及农、林、牧、水等事业单位的事业收入,市场管理收入及物资变价收入等。

预算外收入也占到当前城市财政收入不可忽视的一部分。以南京市预算外收入占一般预算收入的比例为例,在不同的年份可能达到30%~57%。在预算外收入中,最主要的就是土地出让收入,其他还包括公用事业的收入、事业单位的收入、资本收入等,后几者在预算外收入中的比例较小(表3-3)。

表3-3　南京市预算外收入占一般预算收入的比例(1999—2004)

	1999	2000	2001	2004
一般预算收入(万元)	631 528	889 835	1 084 844	1 698 784
预算外收入(万元)	357 082	417 009	448 600	505 221
预算外收入占一般预算收入的比例	57%	47%	41%	30%

(资料来源:《江苏财政年鉴》1999、2000、2001、2004)

资料:地方财政预算外收入:SPV[①]

在中国,因为预算外资金的重要性,政府的正规预算只占政府财政活动的一半。政府本身的收入来源有特殊费用、税收、地方政府所有企业的上缴利润、土地租赁以及对商业企业的税收(增值税及个人所得税)组成。城市和农村土地的房产税仅仅占地方收入的2%,而营业税占34%。因为市政府没有借款权限,它们只能依靠设立独立全资公司(其活动不在预算内)这一灵活机制,来为发展项目尤其是基础设施项目进行资本融资。

这些所谓的特殊项目平台(special purpose vehicle,SPV)可以向资本市场借款并使用其收入分期偿还债务。它们已经成为政府实施大型城市发展项目的关键手段。

这些特殊项目平台是在准商业的平台上运营的全资公司。SPV通过向国有银行借款来融资,然后代表省、市级地方政府进行投资。上海城市发展投资有限公司(UDIC)的所有者就是上海市,它借助上海市的财政力量直接发行了债券,从而为基础设施项目筹集资金。其中不言自明的承诺就是上海市不会允许UDIC失败。市政府发行的债券被当作它的临时负债,通常由市政府资产转移给特殊项目平台,或者收入来源于一个自我维持的项目。

地方政府禁止为特殊项目平台抵押贷款,因为随着国内金融市场重组,中国在国际资本市场中扮演愈发重要的角色,而地方政府负债的规模是一个大家最为关心的问题。

---

① 联合国人类住区规划署. 为城市低收入人群的住房筹措资金[M]. 北京:中国建筑工业出版社,2014

拓展：地铁的建设费用和收费问题

作为重要的准公共物品，由政府及其下属公司建设和运营的地铁是由财政支出和政府融资来建设的。每当地铁涨价，就有市民说"票价太贵了""没有召开听证"等等，以示反对，支持地铁涨价的人可谓少之又少。市民的说法有道理吗？

我们用磁悬浮票价来进行对比，上海地铁一号线的建设成本和磁悬浮基本相当，但是，地铁票价远远不及磁悬浮的票价(50元/张)高，作为公共交通的一种，地铁票价一直是靠政府补贴支撑的。不涨价，就意味着政府仍然要持续、大量补贴。政府的钱从何而来？从你、从我、从每一个人交的税款来。

因此问题变成了：很少乘坐地铁的你，愿意多缴税以便补贴给那些天天坐地铁上班的人吗？还有相似的案例，过江隧道收费，民意调研显示百姓不愿意。可以问出同样的问题：从不开车的你，愿意多缴税、补贴给那些开车过隧道的人吗？当人们意识到政府变不出钱来，所谓的补贴只是从一个腰包掏向另一个腰包，还需要支付其中工作人员的劳务费用，看法可能就会有所改变。

首先，地铁票价如果降得极低，就会诱发大量不必要的出行。前文所述的广州亚运会地铁免费案例可以说是"再造公地"的典型，因为地铁爆满，所以5天之后政策紧急叫停。反之，合适的票价会减少那些不必要的出行，控制合适的运量，如果人们的使用刚好满足设计运量，不闲置、不超载，目的等于收获，这就是好政策的标志。其次，好的政策，在于能够精确地收费/税，对使用地铁的人收费，显然比不加分别地向每个人收税精确，而且效率很高，极大地减少了收费所付出的成本。最后，如果合适的设计票价和成本还不相符，应该从土地升值的外部性或者交通拥挤的外部性中收取，即从地铁周边物业、开小汽车的人身上收取（因为他们带来的拥堵、噪音和污染等外部性很大，并没有计算在社会成本中），以便补贴到地铁中，保证城市良好的形态和高效率运行，而不是简单地通过降地铁票价来解决问题。

税收的特征

作为地方财政最稳定、最主要的来源，健全的税收制度有5个特点，分别是公平、效率、管理便捷、灵活性和透明度[1]。

税收的公平，包括横向公平(horizontal equity)和纵向公平(vertical equity)。横向公平是指境况相同或相似的人应当缴纳相同或相似的税；纵向公平是指境况好的应该多缴税。在纵向公平中，富人比穷人缴纳更大收入比例的税额是"累进制"(progressive)；穷人比富人缴纳更大收入的税是"累退制"(regressive)；如果富人虽交更多的税，但不是按比例递增的，仍然是累退制的。

税收的效率，是指尽量不干扰经济系统配置资源的方式，给纳税人造成的成本最小。高税率会挫伤工作和储蓄的积极性，因此会妨碍经济的效率。

税收的管理便捷，主要是指税金征收和管理是有成本的，无论对纳税人还是国税总局、地

---

[1] 斯蒂格利茨. 经济学[M]. 2版. 黄险峰, 译. 北京：中国人民大学出版社, 2000：481

税局来说,都需要方便快捷。

税收的灵活性,是指随着经济环境的变化,税率可能进行灵活的调整。

税收的透明度,是指纳税人有权了解公共服务,不仅应了解自己实际缴纳了多少税额,也应了解政府把这些税款用到哪里去了。

3.2.2 城市财政支出

财政支出是一个政府政策选择的反映,如果政府决定以一定数量和质量向公民提供产品和服务,那么财政支出就是实际上的操作执行。由于各个国家和地区所处的发展阶段不同,财政支出的内容可能有很大不同。

根据政府在经济和社会活动中的不同职责,划分中央和地方政府的责权,按照政府的责权划分确定的支出。中央一般公共预算支出包括一般公共服务支出、外交支出、国防支出、公共安全支出以及中央政府调整国民经济结构、协调地区发展、实施宏观调控的支出等。地方一般公共预算支出包括一般公共服务支出、公共安全支出、地方统筹的各项社会事业支出等①。

在我国,城市的预算财政支出的构成为:

1) 经济建设支出;
2) 教育、科学、文化、卫生、体育等事业发展支出;
3) 国家管理费用支出;
4) 国防支出;
5) 各项补贴支出;
6) 其他支出。

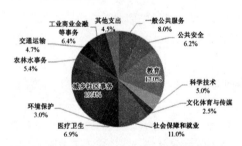

图3-2 2015年南京市地方财政一般预算支出

此外,在经济建设中还有许多预算外支出,可能包括:城市建设、基础设施建设、保障房建设、资本偿还等。在第1章的图1-2中,我们可以看到南京市在2000、2005、2010、2015年的一般预算支出。以2015年为例,一般预算支出最大的比例是城乡社区事务,占到全部一般预算财政支出的19.4%,接下来是教育(17.0%)、社会保障和就业(11.0%)、一般公共服务(8.0%)、医疗卫生(6.9%)、工业商业金融等事务(6.4%)、公共安全(6.2%)、农林水事务(5.4%)、科学技术(5.0%)等(图3-2)。我们还可以看到,相比起2010年,教育的支出比例有所增长,同样有所增长的是医疗卫生、科学技术等,而一般公共服务、公共安全的支出则有所削减。这显示出一个城市在不同阶段的支出选择。

思考:城市财政对城市规划专业能做什么?

---

① 中国统计年鉴(2015),南京统计年鉴(2015)。

资料:江苏省的财政支出途径[①]

1) **基本建设支出**:指按国家有关规定,属于基本建设范围内的基本建设有偿使用、拨款、资本金支出以及经国家批准对专项和政策性基建投资贷款、在部门的基建投资额中统筹支付的贴息支出。

2) **企业挖潜改造资金**:指国家预算内拨给的用于企业挖潜、革新和改造方面的资金,包括各部门企业挖潜改造资金和企业挖潜改造贷款资金、为农业服务的县办"五小"企业技术改造补助、挖潜改造贷款利息支出。

3) **地质勘探费用**:指国家预算用于地质勘探单位的勘探工作费用,包括地质勘探管理机构及其事业单位经费、地质勘探经费。

4) **科技三项费用**:指国家预算用于科技支出的费用,包括新产品试制费、中间试验费、重要科学研究补助费。

5) **支援农村生产支出**:指国家财政支援农村集体(户)各项生产的支出。包括对农村举办的小型农田水利和打井、喷灌等的补助费,对农村水土保持措施的补助费,对农村举办的小水电站的补助费,特大抗旱的补助费,农村开荒补助费,扶持乡镇企业资金,农村农技推广和植保补助费,农村草场和畜禽保护补助费,农村造林和林木保护补助费,农村水产补助费,发展粮食生产专项资金。

6) **农林水利气象等部门的事业费用**:指国家财政用于农垦、农场、农业、畜牧、农机、林业、森工、水利、水产、气象、乡镇企业的技术推广、良种推广(示范)、动植物(畜禽、森林)保护、水质监测、勘探设计、资源调查、干部训练等项费用,园艺特产场补助费,中等专业学校经费,飞播牧草试验补助费,营林机构、气象机构经费,渔政费以及农业管理事业费等。

7) **工业交通商业等部门的事业费**:指国家预算支付给工、交、商各部门用于事业发展的经费,包括勘探设计费、中等专业学校经费、技术学校经费、干部训练费。

8) **文教科学卫生事业费**:指国家预算用于文化、出版、文物、教育、卫生、中医、公费医疗、体育、档案、地震、海洋、通信、电影电视、计划生育、党政群干部训练、自然科学、社会科学、科协等项事业的经费支出和高技术研究专项经费。主要包括工资、补助工资、福利费、离退休费、助学金、公务费、设备购置费、修缮费、业务费、差额补助费。

9) **抚恤和社会福利救济费**:指国家预算用于抚恤和社会福利救济事业的经费。包括由民政部门开支的烈士家属和牺牲病残人员家属的一次性、定期抚恤金,革命伤残人员的抚恤金,各种伤残补助费,烈军属、复员退伍军人生活补助费,退伍军人安置费,优抚事业单位经费,烈士纪念建筑物管理、维修费,自然灾害救济事业费和特大自然灾害灾后重建补助费等。

10) **国防支出**:指国家预算用于国防建设和保卫国家安全的支出,包括国防费、国防科研事业费、民兵建设以及专项工程支出等。

11) **行政管理费**:包括行政管理支出、党派团体补助支出、外交支出、公安安全支出、司法

---

① 资料来源:江苏统计年鉴(2014)。

支出、法院支出、检察院支出和公检法办案费用补助。

12) 价格补贴支出：指经国家批准，由国家财政拨给的政策性补贴支出。主要包括粮食加价款、粮、棉、油差价补贴，棉花收购价外奖励款，副食品风险基金，市镇居民的肉食价格补贴，平抑市价肉食、蔬菜价差补贴等以及经国家批准的教材课本、报刊新闻纸等价格补贴。

资料：发展中国家的公共投资[①]

考虑到大多数发展中国家的外来投资极少，并且国内储蓄利率较低，大多数发展中国家公共投资占GDP的比重很低就不足为奇了。发展中国家总体上有相对较大的公共预算赤字，它们努力去满足经常性的花费，比如公务员的工资或者学校和卫生服务的运营支出。对于大多数国家，维护基础设施应该优先考虑；然而，逾期维护往往不是例外，而是惯例。表3-4显示了所选国家公共预算相对于GDP的规模。特别要强调的是，全世界只有中国和苏联利用公共投资解决了超过15%的住房需求。

表3-4　所选国家公共预算相对于GDP的规模

阿根廷	2002	19.54	莱索托	2003	41.36
亚美尼亚	2003	21.59	立陶宛	2003	30.84
澳大利亚	2003	26.56	卢森堡	2003	43.37
奥地利	2002	40.27	马达加斯加	2002	14.26
巴林	2002	35.88	马来西亚	2003	28.21
孟加拉国	2003	11.33	马尔代夫	2003	41.79
白俄罗斯	2002	27.12	马耳他	2000	37.03
比利时	2002	43.18	毛里求斯	2003	24.08
玻利维亚	2003	31.21	墨西哥	2000	15.95
保加利亚	2003	36.08	蒙古	2003	42.85
加拿大	2003	18.47	尼泊尔	2003	16.42
智利	2003	21.85	荷兰	2003	43.60
刚果民主共和国	2001	8.95	新西兰	2003	33.74
哥斯达黎加	2003	24.34	尼加拉瓜	2003	26.51
科特迪亚	2001	16.49	挪威	2003	38.71
克罗地亚	2001	44.55	巴基斯坦	2003	22.39
塞浦路斯	1998	36.81	巴拿马	2001	24.85
捷克共和国	2003	40.65	波兰	2002	35.29

---

① 联合国人类住区规划署．为城市低收入人群的住房筹措资金[M]．北京：中国建筑工业出版社，2014：第三章

续表

丹麦	2003	36.06	葡萄牙	2001	42.11
多米尼加共和国	2002	17.64	罗马尼亚	2001	30.39
萨尔瓦多	2003	18.00	俄罗斯	2003	25.21
爱沙尼亚	2001	28.02	塞舌尔	2002	56.73
芬兰	2003	36.62	新加坡	2002	18.82
格鲁吉亚	2002	12.60	斯洛伐克	2003	38.63
德国	2003	32.81	斯洛文尼亚	2003	45.56
匈牙利	2003	43.68	南非	2003	29.70
冰岛	2002	33.69	西班牙	2002	32.79
印度	2003	16.45	瑞典	2002	37.62
印度尼西亚	2001	24.77	瑞士	2001	19.04
伊朗	2003	28.50	泰国	2003	17.49
以色列	2002	52.60	突尼斯	2003	32.10
意大利	2000	38.58	乌克兰	2002	31.24
牙买加	2003	42.40	美国	2003	21.01
哈萨克斯坦	2003	16.37	乌拉圭	2001	31.34
韩国	2001	20.16	瓦尼阿图	1999	23.24
拉脱维亚	2003	28.41	委内瑞拉	2002	25.38

(资料来源:IMF,2004)

在最贫困的国家,公共投资资源的匮乏使它们陷入窘境。如果这些国家没有获得国外直接投资(foreign direct investment,FDI)的资格,那么它们就以官方发展援助(official development assistance,ODA)作为经济发展的主要财政来源。然而,ODA极为有限。即使在2003年墨西哥蒙特雷举办的发展筹资问题国际会议(发展筹资峰会)上,发达国家许诺增加援助,官方发展资金的实际水平还是因为发达国家国内缺少政治支持而被限制,或者,受到国际金融机构(IFIs)的宏观经济协议的限制。

公共投资组成的问题也同样适用于各个国家。这里有两个问题。首先是援助在各领域的分配(即是投资住房、教育还是城市供水)。这种分配在一个政府里明显是通过政治决定的。其次是分配制度层面存在的问题。比如,许多政府越来越多地把分配住房和城市发展的责任委托给省级、州级或者地方政府层面,而不是委托给国家政府。这意味着,政府间的财政关系模式——尤其是财政转移,对于城市和乡镇所获得的资金类型和水平有重大影响。

3.2.3 美国的税收

美国的税收体系和我国有所不同,美国是直接税体系,即是指直接向个人或企业开征的税,例如征收个人所得税和公司所得税;我国是间接税体系,即是指对商品和劳务征税,纳税义务人不是税收的实际负担人,例如征收增值税。欧洲的大部分国家也是以增值税即间接税的征收为主。

美国的主要税种

美国政府从多种渠道筹集税收。有对个人及公司收入开征的税,分别称为个人所得税(individual income tax)和公司所得税(corporation income tax)。大多数州对建筑物和土地等征收不动产征税,称之为财产税(property tax)。大额遗赠和馈赠要征收赠与税(gift tax)和房地产遗产税(estate tax)。对工资收入不仅要征收所得税,而且还要征收工薪税(payroll tax)(对公司工薪所征收的税,工薪税一半从雇员的工资中扣除)。从工薪税中获得的收入是社会保障(退休金)和医疗保障方案(老年医疗保险)的收入来源。

购买特定的产品和劳务缴纳的税,称为消费税(excise tax)。最重的两种消费税是对烟类和酒类开征的,这两种税种也被称为罪孽税(sin tax)。对空中旅行和汽油所征收的消费税有时也被称为受益税(benefit tax),因为这种税收收入使那些购买这类产品的人获得了利益,如机场和道路。针对富人消费的香水、豪华汽车、游艇及昂贵的皮衣征收的消费税,被称为奢侈品税(luxury tax)。其他消费税,诸如对电话服务开征的税,除了筹集收入外并没有什么特别的理由。美国大多数州对产品和劳务的购买普遍征收的税收,称为销售税(sales tax),但一般对种类繁多的产品(例如食品)是免税的。在美国经济中,很少有什么交易可以逃得过税收①。

图3-3给出了各种税收在各级政府(联邦及州和地方)层面上的相对重要程度。在联邦政府一级,最重要的一项税收来源是个人所得税(几乎占税收收入总额的一半),其次是工薪税和公司所得税。在州和地方一级政府,销售税则是最重要的收入来源,然后是财产税、联邦拨款、个人所得税、公司所得税和其他。

美国的财产税

在美国的地方政府,用来支付公共物品和公共服务费用的主要是财产税。财产税是西方发达国家3大课税体系之一,是对纳税人拥有或者属其支配的财产课征的税收,历史悠久,是许多国家(地方)财政收入的重要支撑。

财产税主要是对建筑物和土地等不动产征收的,又称房产税。美国很多城镇的房产税税单上可以清晰地看出税收的用途和数目,有多少用在本地学校,多少用于警察和环卫,等等,纳税人一目了然。美国的房产税支付的大都是运营公共物品的成本,由于美国大规模的基础设施建设已经完成,财政支出中用于公共物品建设的比例就比较小了②。

回顾历史,美国过去的大规模建设阶段,也经历过公共土地的出售——也就是土地财政的时期,从而为建设筹措必要的资金。美国从建国到1862年的80多年间出售公共土地,利用土

---

① 斯蒂格利茨.经济学[M].2版.黄险峰,译.北京:中国人民大学出版社,2000:480
② 李丰.美国最适合居住的城市与财产税[J].涉外税务,2009(04):80-80

3 城市财政

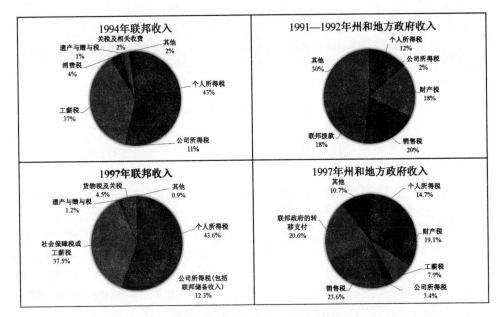

图 3-3 美国联邦与州/地方的税收比例

(资料来源:1994 年数据:斯蒂格利茨.经济学[M].2 版.黄险峰,译.北京:中国人民大学出版社,2000:481;1997 年数据:斯蒂格利茨.公共部门经济学[M].3 版.郭庆旺,译.北京:中国人民大学出版社,2005:382)

地财政为联邦政府筹集收入,随着大规模的公共土地已经私有化,1842 年后则转向了财产税的征收,1933 年后的房产税制度基本一直延续至今。美国的土地财政实行了 80 多年,后 20 年是和财产税同时实行的,财产税的制度完善也历经了近百年的时间。美国的土地财政到财产税,意味着财政收入权从联邦到地方的转移,因此得到了州和地方政府的支持,回应了地方对公共物品提供和财权的统一的呼声[1]。而财产税的出现,是随着大规模的公共土地私有化而实现的,建立在私产明晰的基础上。

3.2.4 城市融资

根据联合国人类住区规划署的总结,各国城市政府融资途径多样化,但有一个主要途径是来自中央政府的财政拨付以及地方收入,包括负债融资。大多数国家中,中央政府的拨付占了地方大部分资源,尤其是资本投资,而且拨付往往基于特定中央征收收入的再分配:部分增值税(VAT)的再分配、周期性支出的授权津贴以及特定项目的补贴。这些拨付弥补了市政府增收能力不足和地方强制支出巨大之间的差距[2]。

---

[1] 骆祖春,赵奉军.美国土地财政的背景、经历与治理[J].学海,2012(06):39-45

[2] 联合国人类住区规划署.为城市低收入人群的住房筹措资金[M].北京:中国建筑工业出版社,2014:第三章

中国的地方政府由于有土地财政的支撑，在城市竞争中表现活跃，在公共建设上也是如此，企业化的地方政府比世界上大多数城市在支撑城市建设上更有底气。

城市庞大的基础设施的使用费价格结构反映出社会因素，并且大多数情况下，基本不能涵盖服务供给的周期性成本，更不用说其资本成本的偿还。因此，大多数发达经济体倾向使用更复杂的方法，收取部分由私人开发而带来的公共成本。这就产生了城市融资的问题。越是正在进行基础设施建设的城市，融资的问题就越迫切，所需要的方法也就越多。城市融资的难易程度也与资本市场的发达程度密切相关。

简要地说，城市进行公共项目的建设有如下一些融资的方法：

非经营性项目的融资模式

非经营性公益基础设施项目早期由政府直接投资建设是最多的，目前，更多是以政府投资为主导的代建制。政府通过招标的方式，选择专业化的项目管理单位负责项目的建设实施，政府根据代建项目的性质，按总投资的1‰~5‰支付给代建单位管理费，项目建成后交付使用。在这种代建模式下，政府是项目资金的主要提供者，政府投资占项目总投资的60%以上。政府投资多为财政预算内资金，包括税收和专项费用，也包括预算外的土地批租收入和转让国有资产收益，以及发行国债和外债等方式。在吸引民间投资参与时，政府通常利用补偿机制和回购方式使出资者受益，而将风险留在自己这边。

经营性项目的融资模式

经营性基础设施项目因为可以盈利，就可以吸引私人投资，利用民间资本。政府的公共部门与私人部门建立一种伙伴关系PPP(public-private partnership)，共同提供基础设施服务，合作双方共同承担责任和融资风险。融资方式有项目融资、"设施使用协议"融资、BOT融资等。

项目融资是针对具体的项目成立专门的机构或公司独立运营，并以该公司的名义拥有、经营项目和安排投融资，其主要的信用保证来自项目竣工后的资产价值及回报、投资者所提供的担保和项目公司的现金流量。透过项目公司安排投融资的方式最适用于有投资回报的城市公共建设项目，如收费高速公路、收费桥梁或隧道等。近年来，在城市的一些大规模开发中，也倾向于以项目公司为平台进行操作。例如南京新加坡·南京生态科技岛(江心洲)，是由新加坡仁恒置地集团、盛邦新业集团和胜科集团联合投资，与南京市政府合作，成立了中新南京生态科技岛开发有限公司，对土地一级市场进行联合开发，主要功能是高科技产业、旅游休闲、居住，面积15.21平方公里。

"设施使用协议"融资的方式是将一个项目设施同使用者签署的使用协议作为融资基础。由于获得了使用者无条件付费的承诺，投资者们就可以组建项目公司，利用"设施使用协议"进行融资贷款或发行债券，然后进行项目的开发和经营。这种方式适用于城市管道、空港、海港、火车站等公共建设项目。

BOT(build-operate-transfer)融资是1980年代后期出现的一种大型项目融资的方式。这种模式由项目所在政府或所属机构为项目的建设和经营提供一种特许权协议，作为项目融资的基础,由本国或外国公司作为项目的投资者和经营者安排融资,承担风险,开发建设项目,并在有限的时间内经营项目,获取商业利润,最后根据协议将该项目移交给政府机构。BOT融资主要依赖于项目的现金流量和资产,而不是依赖项目的投资者或发起人的资信来安排。BOT融资出现在自来水、燃气等项目中较多,且参与者以外国公司为多。例如在2002年,富有经验的法国通用水务公司收购了上海自来水浦东有限公司50%的股权,合资经营。

融资工具

除了政府的财政资金以外,政府还可以利用的融资工具有信贷融资、发行债券、发行股票等。

目前,信贷资金在我国城市基础设施建设的资金来源中占有的份额最高,主要是政策性银行贷款、开发性金融机构贷款和商业银行贷款。基础设施项目融资主体通常利用项目可抵押的资产或可质押的经营权、股权、债权等权益进行信用增级以获取资金,而且由于基础设施建设项目的公共性,通常较容易获得政策性贷款的支持。

发行债券,包括了政府债券和企业债券。《中华人民共和国预算法》第28条规定,政府债券只能由中央政府对国内外统一发行,地方政府不允许发行。因此,债券募集的资金除部分用于全国性的基础设施建设外,其他的以转贷的形式用于地方性基础设施建设。在地方政府,设立各种投融资平台,以城市建设投资类公司、基础设施建设类公司、轨道交通建设类公司等形式向社会发行与项目相关的企业债券,以募集资金。例如,上海轨道交通建设就通过上海久事集团发行了上海轨道交通建设债券。

发行股票。目前,我国培育了很多以基础设施建设运营为主营业务的上市公司,这些公司通过在股票市场上发行股票,募集用于城市基础设施建设的资金。同时,一些以基础设施为主营业务的上市公司,通过业务重组获得了较高的现金流,解决了公用事业类上市公司因盈利能力较弱而缺少后续资金的难题。这类的上市公司有苏州高新、南京高科、重庆路桥、津滨发展、深高速等。

其他的方式还有设立投资基金、融资租赁、资产证券化(ABS)等。

资料:上海轨道交通的投融资回顾

上海轨道交通一号线是最早建成的,其投资主体原为上海久事公司和上海市城市建设投资开发总公司(简称城投公司)。两家公司出面筹措建设资金,并承担相应的还款责任。一号线建成后整体投入上海申通地铁集团有限公司(简称申通集团)。一号线的车辆和售检票系统资产再由申通集团注入上市公司申通地铁。轨道交通二号线的投资主体为城投公司和沿线各区,由其出面筹措建设资金,并承担相应的还款责任。二号线建成后城投公司将其投资入股申通集团,沿线各区投资由申通机关回购。轨道三号线的投资主体为申通集团和沿线各区,并组建项目公司——上海轨道交通明珠线发展有限公司,申通集团对项目公司实行控股。之后,轨道交通五号线、四号线的投资建设基本沿用了三号线的模式。

从目前实际情况看,申通集团控股申通地铁、三号线、五号线、四号线项目公司,直接持有二号线,基本统筹了上海轨道交通建设进度与建设资金的落实。

轨道交通一号线总投资57.44亿元,其中资本投入54.64亿元,占95%,商业贷款3亿元,占5%。轨道交通二号线总投资111.58亿元,其中资本金投入77.08亿元,占69%,外国政府贷款34.5亿元,占31%(久事和城投公司出面借款及偿还)。轨道交通五号线总投资31.25元,全部为资本金投入。轨道交通三、四号线总投资225.6亿元,其资本金投入为71亿元,占31%,余为项目融资。

总体看,轨道交通前期各线路的建设主要依靠政府投入,资本金比例远远超过国家规定的40%,政府资本金投入的压力很大。

之后,投融资体制进行了改革。将投资、建设、运营和监管四大主体分开,以组建市级投资主体上海申通集团为标志,加大市、区两级政府投入力度,通过发行债券、贷款融资、土地入股等手段,初步形成了建设的多元化投融资体制。同时成立引进多家建设管理企业(香港地铁建设公司、中铁建设公司)和运营企业(上海地铁运营公司、上海现代轨道交通有限公司)。在"四分开"的投融资体制下,融资模式较为简单清晰,即依托政府信用,通过市、区两级财政出资,主要以资本金和外国政府贷款方式,筹集建设资金,商业贷款不占主要比例①。

相关资料显示:目前上海轨道交通的投入主要包括开发、建设和运营费用。收入则包括票务收入和轨道交通站台的各种商业、服务和广告收入。就运营而言,盈利压力不大,负债主要产生于前期开发建设融资。而目前轨道交通的收入,仅够支付前期负债的利息。

轨道交通融资模式主要有三种:政府主导模式、商业融资模式和混合融资模式。政府主导模式即政府作为投融资主体,利用财政资金组织实施城市轨道交通工程,并在此过程中由政府作为信贷担保人,进行一系列重大的融资引贷活动。其优点在于:便于协调各方关系,加快工程进度,在较短时期内建成轨道交通项目,或者在市场启动初期扶持市场,有利于政府对新开发区域的发展提供支持。缺点在于易给政府造成较重财务负担。目前,世界城市轨道交通线路的建设大多以政府投入为主,如新加坡的地铁建设全部由政府财政投入,巴黎新线建设的出资比例一般为中央政府40%,当地政府40%,企业自筹20%,地铁公司本身负债为零。商业融资模式则是由一商业企业取代政府作为项目的投资主体,并采用商业原则进行经营,负责项目的融资、建设、运营、开发、投资回报与还本付息等,政府则给予项目一系列特殊优惠政策,包括交通政策和土地利用政策等。目前世界上唯一能够盈利的香港地铁即采用这种模式②。香港地铁拥有票价自主权和地铁沿线的土地开发权,两者的叠加效应,使香港地铁成为唯一能依靠市场化手段实现建设融资和滚动开发的轨道交通企业。

---

① 金卫忠.上海轨道交通建设投融资模式探讨[J].中国市政工程,2006(04):74-75
② 孙玉敏.上海轨道交通融资之路[J].上海国资,2010(07):27-29

3.3 我国的财政制度改革

3.3.1 我国财政制度的改革历程

计划经济时期,中国实行的是高度集权的统收统支的财政管理体制。其主要特征是:①地方财政收入由中央财政集中在一起,地方财政支出则由中央财政统一拨付;②中央财政将国有企业利润的全部或绝大部分统一集中起来,而国有企业所需的基本建设投资和流动资金则统一由中央财政拨付。这样一种集中的财政管理体系暴露出来的问题很多,可以看出,从企业到地方、到中央,其冗长的收支过程浪费巨大,其对资金的使用需要很多时间去反馈,灵敏度也很差。此外,地方与企业在其中没有积极性可言,势必会影响到运行的效率。

改革开放以后,国家对原来的财政管理体系进行了大力的改革。从1970年代末起,陆续采取了"收支挂钩,超收分成"的政策,调动城市增产增收的积极性。1984年,改为"划分收支,分级包干",在划分中央和地方财政收入和支出比例和范围的基础上,各级实行财政包干,1980年代曾起到很好作用,但后来宏观控制能力下降,又改为"划分税种、核定收支、分级包干体制"政策等等。1994年,正式实行中央地方分税制,从此财政体制基本固定下来。

我国财政制度的改革主要是一个简政放权的过程,出发点为考虑地方政府的积极性和能动作用。后来,由于中央在财政分配中所占的比例太小,政策又考虑调整中央和地方之间的分配比例。最终的调整结果是,自从分税制实施以后,中央和地方的财政分配比例基本上对半分成,变得比较稳定了(表3-5)。在财政体系的平衡中,中央高有助于全国境内的转移支付和跨区域基础设施支撑提供的能力;地方高有助于促进竞争和城市的繁荣,提高生产和建设的积极性。

表3-5 我国财政收入中央和地方所占比例的变化

内容	1982年	1985年	1989年	1991年	1993年
财政总收入(亿元)	1 124.0	1 866.4	2 947.9	3 610.9	5 088.2
中央所占比重(%)	23.0	37.9	37.5	38.8	33.3
地方所占比重(%)	77.0	62.1	62.5	61.2	66.7
城市占总收入比重(%)			51.1	47.9	
城市占地方的比重(%)			81.8	78.3	

(资料来源:谢文蕙,邓卫.城市经济学[M].北京:清华大学出版社,1996)

以南京市为例,1970年代末"收支挂钩,超收分成"的政策调动城市增产增收的效果是很突出的,加上其他一些政策,使得中央在财政收入的比例中迅速变小。到了1984年,"划分收支,分级包干"的政策加大了中央政府在其中的分配比例,从1983年的32%变成了1984年的50%。但随后,中央分成的比例又陆续下降,徘徊在30%~40%之间。到了1994年实行分税制,中央的分配比例从38%猛增到59%,宏观调控能力大大增强,但相应地,地方的财政收入却大大缩减了。1994年,分税制实施以后,中央、地方财政收入的分配比例趋向平稳,基本保持在对半分配的比例,可以看出分税制起到了很好地稳定中央/地方财政收入分配的作用(图3-4)。

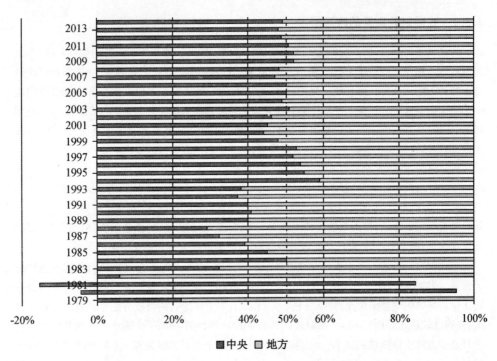

图 3-4　南京市财政收入 1979—2014 年在中央/地方分配一览表

(资料来源:《南京统计年鉴》)

3.3.2　分税制

分税制,是一国的中央和地方各级政府按照税种划分财政收入的一种预算管理体制,是世界上市场经济体制国家普遍采取的方式。

1994年,我国实行了分税制。实行之后,中央财政收入占全国财政收入的比重有了较大提升,促使各地区对中央财政的依赖度加深。

从地方的角度来说,1994年实行的分税制使得县(市)地方财政收入的税收部分有两个很大的变化:第一,可以明确预期,从而制订比较清晰的收支计划;第二,地方财政收入在整个财政收入中的比例减少,因此地方政府必须面对财政收入的缺口,在这个背景下,1988年开始实施的土地有偿出让制度极大地发展,变成了地方主要的预算外财政收入。

分税制中中央财政收入和地方财政收入的分配

目前,中央财政收入和地方财政收入的分配是按照税种划分的。1994年分税制财政体制以后,属于中央财政的收入包括关税,海关代征消费税和增值税,消费税,中央企业所得税,地方银行和外资银行及非银行金融企业所得税,铁道、银行总行、保险总公司等集中缴纳的营业税、所得税、利润和城市维护建设税,增值税75％部分,证券交易税(印花税)50％部分和海洋石油资源税。

属于地方财政的收入包括营业税,地方企业所得税,个人所得税,城镇土地使用税,固定资产投资方向调节税,城镇维护建设税,房产税,车船使用税,印花税,屠宰税,农牧业税,农业特产税,耕地占用税,契税,增值税25％部分,证券交易税(印花税)50％部分和除海洋石油资源税以外的其他资源税。

资料:一些常见税种

增值税(value added tax):是以商品(含应税劳务)在流转过程中产生的增值额作为计税依据而征收的一种流转税。增值税是对销售货物或者提供加工、修理修配劳务以及进口货物的单位和个人就其实现的增值额征收的,由消费者负担。增值税已经成为中国最主要的税种之一,增值税的收入占中国全部税收的60％以上,是最大的税种。

消费税(excise tax):是政府向消费品征收的税项,可从批发商或零售商征收。消费税是在对货物普遍征收增值税的基础上,选择少数消费品再征收的一个税种,主要包括烟、酒及酒精、鞭炮、焰火、化妆品、成品油、贵重首饰及珠宝玉石、高尔夫球及球具、高档手表、游艇、木制一次性筷子、实木地板、汽车轮胎、摩托车、小汽车等税目。

印花税(stamp duty):以经济活动中签立的各种合同、产权转移书据、营业账簿、权利许可证照等应税凭证文件为对象所征的税。印花税由纳税人按规定应税的比例和定额自行购买并粘贴印花税票,即完成纳税义务。印花税是一个古老的而在各国普遍存在的税种。

个人所得税(individual income tax),是以个人(自然人)取得的各项应税所得为对象征收的一种税,是调整征税机关与自然人(居民、非居民)之间在个人所得税的征纳与管理过程中所发生的社会关系的法律规范的总称。个人所得税的征税内容包括了工资、薪金所得,个体工商户的生产、经营所得,对企事业单位的承包经营、承租经营所得,劳务报酬所得,稿酬所得,财产租赁所得,财产转让所得等等。

3.4 福利经济学

本质上来说,政府的财政收入和支出除了提供公共物品外,还有再分配的作用,而再分配在很大意义上是出于价值观。因而,产生了福利经济学(welfare economics)。福利经济学是经济学的一个分支,研究规范经济学问题,也就是研究"应该是什么"的问题——应该生产什么、如何生产、为谁生产和谁做决策。或者更通俗地说,就是如果要把财富从一个人转移到另一个人,应该转移什么,如何转移才能做得更好。

根据斯蒂格利茨的论述①,福利经济学有两个基本定理:1)每一竞争性经济都是帕累托效率的;2)给定适当的初始再分配,每一帕累托效率资源配置都可通过竞争性市场机制来实现。第一定理告诉我们,如果经济是市场竞争的,它就具有帕累托效率,也就是在不使别人的境况恶化的情况下,已经没有人的境况能够再做出任何改善了。第二定理则提出了一个相反的问题,如果把财富从一个人转移给另一个人,第二个人的境况改善了,而第一个的境况恶化了,这是确定无疑的。然后,当财富再分配之后,另外一种资源的帕累托效率可能会出现,因为世界上的帕累托效率分配并不止一种,新的资源配置可能在很多地方和旧的不同,这就实现了政府的某种价值目标。

福利经济学倡导的并不是当政府不满意资源分配时就放弃使用市场,而是通过初始财富的再分配,之后仍然使用竞争性的市场来实现新的帕累托效率资源配置。

由于福利经济学的主要出发点是价值观,这就带来一个问题,为什么要进行这样的再分配?再分配的财富来源是人们缴纳的税款和其他收入,而再分配的目的是帮助穷人、有困难的人、某一特定行业/情况的需要帮助者,帮助这些人真的能达到预想的目的吗?有的时候可以达到一些,有的时候则会打很大折扣。政府会遇到两难的局面,在某种舆论或者游说之下,不得不对财富进行某种"正义的""充满同情心的"转移;而动用权力进行了财富转移的话,其结果却难以预料。

斯蒂格利茨举了一个美国政府农业补贴的案例②。美国有一个庞大的农业补贴计划,在1986年的高峰期,其数额曾达到每年250亿美元以上。其目的有两个:第一,农产品价格和产量剧烈变动,农场主不能为这些风险获得足够的保险;第二,农业部门的穷人(小农场主)需要帮助。为了达成这两个目的,政府大量购买农产品,将价格稳定下来并稳定在一个很高的水平。价格稳定计划是不能消除收入风险的,收入取决于产出的价格、产出水平及成本,价格稳定计划只影响三个变量中的一个。如果真的要减少目标风险,那么本来可以设计出一种更好的计划来实现这个目标,但是,现在却全面提高了消费者支付的价格。另外,政府通过购买高价农产品补贴农业,大农场主比小农场主获益更多,因为他们卖得越多得到的补贴越多。

在评价减少贫困是否真的是这些计划的目标时,人们提出了两点疑问:美国为什么对农业部门的穷人比对其他部门的穷人更关心?既然要补贴贫困的小农场主,为什么不设计出一种针对小农场主的补贴计划而是把大农场主也包括其中?事实上,补贴已经使农场平均收入高于非农场平均收入,向每个农场主家庭的平均支付已经超过3万美元,这个数字接近美国家庭平均收入。这些福利政策很有可能是由于特殊利益集团的游说产生的,以一般的纳税人和消费者为代价来增加其成员的收入。诺贝尔奖获得者加里·贝克尔(Gary Becker)说:集团规模越小,免费搭车的问题越小。所有的小麦农场主都将从小麦补贴中受益,所有的钢材或汽车制造商都将从排斥不太昂贵的国外钢材或汽车的贸易壁垒中受益。这些集团属于小集团,因而比较容易说服全体成员提供游说费用。但是,消费者成为最大输家,不过,每位输家的损失都

---

① 斯蒂格利茨.公共部门经济学[M].3版.郭庆旺,译.北京:中国人民大学出版社,2005:49-51
② 斯蒂格利茨.经济学[M].2版.黄险峰,译.北京:中国人民大学出版社,2000:502-503

很小,而每位赢家的受益都很大。

■ **课堂讨论**

讨论题目三:城市中什么公共设施多(闲置)?什么公共设施少(不足)?为什么?(从提供者的角度)

■ **参考文献**

[1] 斯蒂格利茨.公共部门经济学[M].3版.郭庆旺,译.北京:中国人民大学出版社,2005
[2] 斯蒂格利茨.经济学[M].2版.黄险峰,译.北京:中国人民大学出版社,2000
[3] 周伟林,严冀.城市经济学[M].上海:复旦大学出版社,2004
[4] 联合国人类住区规划署.为城市低收入人群的住房筹措资金[M].北京:中国建筑工业出版社,2014
[5] 丁健.现代城市经济[M].上海:同济大学出版社,2001
[6] 谢文蕙,邓卫.城市经济学[M].北京:清华大学出版社,1996
[7] 谢文蕙,邓卫.城市经济学[M].2版.北京:清华大学出版社,2008
[8] 赵芸淇,张新.城市基础设施建设融资方式探析[J].经济体制改革,2013(04):57-60
[9] 王克强,刘红梅,张璇.美国土地财政收入发展演化规律研究[J].财政研究,2011(02):73-76
[10] 骆祖春,赵奉军.美国土地财政的背景、经历与治理[J].学海,2012(06):39-45
[11] 李丰.美国最适合居住的城市与财产税[J].涉外税务,2009(04):80-80

4 城市经济增长

GDP 是什么？城市经济增长的原因是什么？

4.1 城市经济增长的测度

4.1.1 GDP 和它的主要计算方法

经济中的产出包括几百万种不同的物品，我们可以把每一种物品的数量统计出来，但我们无法对这些物品进行简单比较，得出一个地方总产量在增加或者总产量比邻县多的结论，单单统计物品是不够的。我们需要一个单一的数字来概括经济中的产出，这个数字就是国内生产总值(gross domestic product)或 GDP，在一个城市我们就把它叫作"地区生产总值"，或者"某市生产总值"。

GDP 是指在某一既定时期内一个国家或地区的经济中生产的所有最终物品与劳务的市场价值的总值。

在我国的统计口径中，对 GDP 是这样描述的：是按市场价格计算的地区生产总值的简称。地区生产总值有三种表现形态，即价值形态、收入形态和产品形态。从价值形态看，它是所有常驻单位在一定时期内所生产的全部货物和服务价值超过同期投入的全部非固定资产货物和服务价值的差额，即所有常驻单位的增加值之和；从收入形态看，它是所有常驻单位在一定时期内所创造并分配给常驻单位和非常驻单位的初次分配收入之和；从产品形态看，它是最终使用的货物和服务减去进口货物和服务。在实际核算中，地区生产总值的三种表现形态表现为三种计算方法，即生产法、收入法和支出法。三种方法分别从不同的方面反映地区生产总值及其构成。

支出法

以支出法为例，主要考虑的是这些产品的流向，存在着四种可能性。有些最终产品被个人所消费，即为总消费(consumption)；有些最终产品被企业用于建造建筑物和制造机器，即为总投资(investment)；有些最终产品由政府购买，即为政府支出(government spending)；还有一些用于出口(export)。由于并不是所有的消费、投资和政府购买的都是国内的产品，所以还需要减去进口。这样：

$$GDP = C + I + G + X - M$$

其中，C 是消费，I 是投资，G 是政府购买，X 是出口，M 是进口。这种计算 GDP 的方法就是支出法。

收入法

我们再来看看收入法。对于企业来说，它们的收益用于五个方面：支付劳动的工资，支付利息，购买中间产品，支付货物税，最后是留下的利润。写为下式：

$$收益 = 工资 + 利息 + 中间产品成本 + 间接税 + 利润$$

其中，收益减去中间产品成本，就等于企业的增值，代入上式，可以得到：

$$增值 = 工资 + 利息 + 间接税 + 利润$$

而且，由于 GDP 的值等于所有企业增值的总和，所以，GDP 也必定等于所有企业全部工资支付、利息支付、税收和利润之值的总和。所以：

$$GDP = 工资 + 利息 + 间接税 + 利润$$

在上述两种算法中，我们发现 GDP 既可以算总收入，又可以算总支出，也就是说 GDP 同时衡量两件事：经济中所有人的总收入和用于经济中物品与劳务总量的总支出。因为一个交易必然有买卖两方，同一笔买卖，无论是从买的一方还是卖的一方去衡量，结果都是相同的。

GDP 计算的是当年生产出的产品，也许还没有卖出，但也会根据这些产品的市值进行计算。例如，一个厂家生产了 100 单位的钢材，其中 80 个单位卖出了，20 个单位没卖出，我们把这 100 单位都计为当年的 GDP。因为总收入等于总支出，生产这 100 单位的钢材已经支付了地租(土地所有者的收入)、房租(厂房所有者的收入)、工资(劳动者的收入)、利息(资本所有者的收入)、间接税(政府用来再分配的收入)、利润(企业经营者的收入)等等，不会因为没有卖出产品，企业就没有支付各种报酬收入。总收入总是等于总支出的，未卖出的产品也该算在内。

理论上，生产法、收入法和支出法三种方法在计算上应该得到同样的数据，但实际核算难免会有统计误差，因此，现在的政府核算 GDP 是以支出法为准。

4.1.2 GDP 概念详解

GDP 的概念中，还有一些容易混淆的地方。下面对几个重要的地方进行更进一步的解释。

GDP 是产品和劳务的市场价值

人不能比较苹果和橘子——除非有市场，市场价值是可以比较的，即以货币来表示物品和劳务的市场交易的价值。这里要注意的是，劳务和产品一样，也要核算进去，产品是有形的物品，劳务是无形的物品。劳务的价值并不比有形的产品低，相反，有的时候还相当高。例如，想象一下明星开演唱会的场景，明星的演唱会属于一种非常昂贵的劳务，有的门票会高达上千元。

如果某个产品或者劳务不通过市场进行交易，GDP 就无法核算它的价值。例如，一个家庭主妇进行家务劳动，这些付出的劳动很辛苦，但不能计入 GDP。如果是通过家政公司聘请了家政工作人员，那么，同样是这些家务劳动就可以计入 GDP。

这是理论上的情况，真实的统计中，这些聘请他人进行的家务劳动，也未必全都计入了GDP。在很多发展中国家包括我国在内，并不是所有的产品和劳务都通过市场进行交易，这些交易的价值也就无从掌握。举个例子，现实中大量的家政服务人员是通过熟人介绍等渠道获得工作，而所有的服务都是现金结算，这些劳务的费用就无人去核查，也无法计入 GDP。这被俗称为灰色经济。灰色经济在一些国家的规模相当庞大，成为一些人的补充收入来源，甚至主要收入来源，却没有被统计数据计算过。因而发展中国家的 GDP 在这一方面被低估了。

用货币衡量产出存在一个问题，货币的价值一直在变化，随着通货膨胀，每一年份比起上一年，同样一件物品的价格不一样了，不同年份间的总市场价值就无从比较。为了比较不同年份的产出，经济学家根据平均价格水平的变动来调整 GDP。未调整过的 GDP 被称为名义 GDP(nominal GDP)，而根据通货膨胀调整过的叫作实际 GDP(real GDP)，实际 GDP 等于名义 GDP 除以价格水平。这样，经过调整的 GDP 值就能够进行比较了。如果过去一年中名义 GDP 增加了 3%，而通货膨胀也上升了 3%，那么，实际 GDP 就没有变。

GDP 计算的是最终产品

GDP 核算的是最终产品，中间产品不能再计算一次，否则就会进行重复计算。例如贺卡由纸张制作而成，如果先在一个厂商那里计算了纸张的价值，又在另一个厂商那里计算了贺卡的价值，由于一张贺卡的价值里已包括了纸张的价值，如果都算进去，纸张的价值就计算了两遍。现在工业中有的最终产品要经过无数道工序才能生产而成，如钢材到零部件、到汽车，如果对过程中每个厂商的产品计算其价值的话，最后已经重复计算了好几遍。钢材可以是最终产品，也可以是中间产品，就看这种产品在当年的 GDP 计算中是不是最终状态了。

GDP 是当年生产的价值

GDP 核算的是一个时期内的国民收入，它是一个流量的概念，并不是对以前所有生产产品(资产)的计算。它指衡量了一个经济体这一个时期的生产能力，但并不衡量这个经济体的总资产。GDP 指标高的国家和地区，表明它在这个时期内有强劲的增长，但是，它是不是能够变得富有，还取决于原来的资产积累如何以及能不能长期保持强劲的增长。

GDP 衡量的时期通常是一年，也可能是一个季度。在这个时间段内新生产的部分才计入 GDP，如果是以前生产的但在当年产生了买卖，这种物品的价值就不能计入 GDP。例如二手房，它是以前生产的产品，因此二手房尽管在市场上交易，其价值并不计入 GDP。但是，房地产中介所产生的服务是新出现的，中介的费用就计入今年的 GDP。同理，二手车买卖，车的价值不计入 GDP，但是买卖的中介费用计入当年的 GDP。

区分 GDP、GNP 和 GNI

GDP 计算的是一个国家或地区之内生产的价值。如果一个外国人在中国投资办厂，那么生产的物品计入中国的 GDP。反之，如果一个中国人在外国投资办厂，生产的物品不计入我国 GDP，计入那国的 GDP。而我国机构在境外所生产的物品和劳务，将计入国民生产总值(gross national product, GNP)。

GDP 和 GNP 的关系可以用下式来表示：

$$GDP = GNP - 本国公民在国外生产的最终产品的价值总和 \\ + 外国公民在本国生产的最终产品的价值总和$$

在 1991 年以前,美国政府一直使用 GNP 作为它产出的统计衡量指标。在那时,GDP 已是欧洲大多数国家采用的衡量指标,因为大多数国家都采用 GDP,加之国外净收入数据不足,GDP 相对于 GNP 来说是衡量国内就业潜力的更好指标,易于测量,所以美国在 1991 年也改用 GDP 为衡量指标。

中国在 1985 年建立了 GDP 的核算制度,1993 年正式用 GDP 作为国民经济核算的核心指标,而不再用 GNP 作为核心指标。中国国家统计部门和世界银行每年都公布比较权威的 GDP 指标,并可以展开和世界各国的横向比较研究。

1993 年,联合国将 GNP 改称为 GNI(国民总收入,gross national income)。自此,GNI 成为衡量属于一国居民的总体收入的主要指标,GNP 一词使用得就较少了。这两者实际上是一个值的不同说法。

一国的 GDP 和 GNI 又是什么关系呢？

从计算口径可以看出,对于外资企业和引资较多的国家而言,国民总收入 GNI 应该低于国内生产总值 GDP;相反,对外投资或设立企业较多的国家,国民总收入 GNI 应该高于国内生产总值 GDP。但据统计,世界上大部分国家这两个指数水平差别不大。中国是世界上外国直接投资净流入最高的国家(2011—2015 年世界银行数据),但本国公民在国外获得的收入也不可小觑,因此,GNI 和 GDP 相差不远。2013 年,我国的国民总收入是 566 130.2 亿元,国内生产总值是 568 845.2 亿元,国民总收入是国内生产总值的 99.52%,略低但基本相当。

4.1.3 中国的 GDP 增长

自 1978 年改革开放以来,中国的 GDP 保持了年增速为近 10%的平均增长,这使得中国的 GDP 从 1978 年 3 645.2 亿元增长为 2013 年的 56 8845.2,增长了 155 倍。中国 GDP 在世界上的排名由 1978 年的第 11 名,在 2009 年超过日本变为第 2 名(2015 年世界银行数据),目前仅次于美国。由于物价水平不同,同样的 GDP 水平在各国的购买力并不同,因此,世界银行又按购买力平价(PPP,purchase power parity)计算的 GDP 来进行统计,购买力平价的 GDP 是指用购买力平价汇率换算为国际元的国内生产总值,国际元的购买力与美元在美国的购买力相当。根据世界银行的统计,中国的购买力平价 GDP 现在已为世界第一。

要记住的是,GDP 表示的是一个流量的概念,因此,GDP 的数值很高并不代表着中国是世界上最富有的国家之一,相反,离最富有的国家还相差甚远。社会的财富是一个长期积累的过程,一国在一定时期内的生产能力高,将会使它们在财富积累的速度上更快,这样长此以往就可能在总财富上实现大的进步。

由于各国人口极不平衡,所以 GDP 总量高也不代表着人均的生产能力高。中国是世界上人口最多的国家,人均 GDP 的数值就没有那么高了。2017 年,中国的人均 GDP(现价美元)是

8 836美元,在世界180多个经济体中排名第70。在人均生产能力的进步和释放上,我们国家还有很长的路要走。

2017年,中国的人均GNI(现价美元)是8 690美元,按照世界银行的划分标准,被划入了中高等收入国家。世界银行的国家收入分类共分四组,分别是高收入国家、中高等收入国家、中低等收入国家、低收入国家。中国从1980年代中期前的低收入国家到现在的中高等收入国家,跨越两个收入组别用了约30年时间。人均年收入在世界各国中属于中等偏上,但社会总财富不尽如人意,这是对现时的中国经济比较客观的描述(表4-1、图4-1、图4-2)。

表4-1 中国1978、2000、2015、2016年的GNI、GDP和人均GDP

指标	总量指标				平均增长速度(%)		
	1978	2000	2015	2016	1986—1990	1991—2000	2001—2016
国民总收入(亿元)	3 678.7	99 066.1	686 449.6	741 140.4	7.9	10.0	9.5
国内生产总值(亿元)	3 678.7	100 280.1	698 052.1	744 127.2	7.9	10.2	9.5
人均国内生产总值(元)	385	7 942	50 251	53 980	—	—	8.9

(资料来源:《中国统计年鉴》2001,2017)

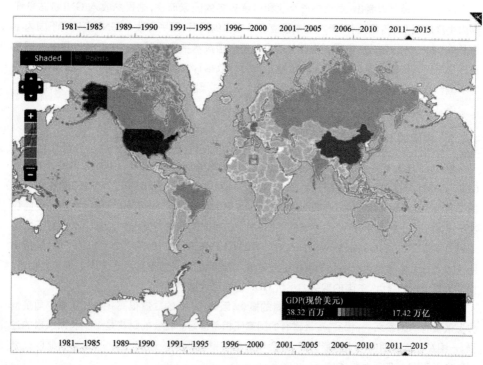

图4-1 2011—2015年各国GDP地图

(资料来源:世界银行)

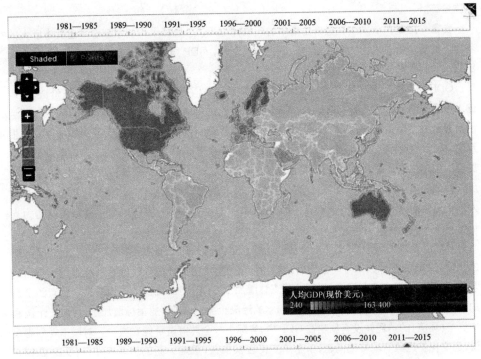

图 4-2 2011—2015 年各国人均 GDP 地图

(资料来源：世界银行)

4.1.4 GDP 不能衡量什么

有人说，GDP 不能衡量孩子的健康、他们的教育质量，它也不能衡量诗歌之美和婚姻的稳定[①]。这样说虽然有感染力，但也只限于感叹，对认识事物没有多大帮助。作为一个衡量经济总产出的指标，它不能衡量诗歌之美是自然的，但并不代表这个指标没有价值或者和普遍的社会福利没有关系，GDP 是一个相当简单实用的指标。虽然国内生产总值不能完全表达诸如贫富差距、环境问题、灰色经济等问题，或者，国内生产总值也将一些对社会产生危害的行业计算在其中，例如烟草行业等。但是，人均 GDP 还是比较接近个人生活状况的，因为它的多少直接关系到一个国家国内人均工资的水平，也是人均收入的重要参数。数据显示人均 GDP 高的国家人均实际工资和收入远远高于人均 GDP 低的国家。正如保罗·克鲁格曼(Paul Krugman)所说："生产率并非一切，但从长远看，它几乎就是一切。"

GDP 不能衡量贫富差距、义务劳动的价值和环境质量

经济学家公认的 GDP 和人均 GDP 不能衡量的部分包括了贫富差距、义务劳动的价值、环

---

① 摘自罗伯特·肯尼迪 1968 年竞选总统时慷慨激昂的演说中的一句。

境质量等。

贫富差距是广泛发生在经济生活中的现象,但GDP总量和平均值中都看不出其中巨大的差异。贫富差距对人们的收入和生活产生巨大影响,GDP虽然一直在增长,但有可能其中一部分人的收入和生活并没有得到改善。

GDP还不能反映义务劳动的价值。在前面章节我们提到,GDP衡量的是市场价值,不能进入市场的物品和劳务就不能计入GDP。然而不能进入市场的物品和劳务可能会对人们的生活有着至关重要的影响,例如,人们对家务劳动和养育小孩进行投入,这些劳动的强度有时相当高,比起一份全职工作也毫不逊色,这些劳动对于家庭和社会的价值也非常高,可以极大地提高人们的生活质量,培养出身心健康的下一代。但是这种劳务的数量和质量不能在GDP中反映。此外,一个社会有很多人从事义工,这些义务的劳动是社会的润滑剂,对社会福利有很大的促进作用,但是,也没有反映在GDP中。如果单纯以GDP为指标,就不能鼓励这些为人们带来福利的义务劳务。

环境质量是另一个GDP不能衡量的问题。随着经济增长,很多国家和地区都出现了环境的恶化,GDP的统计数据可能会产生误导。假设一个贫穷的地方砍伐原始森林来增加自己的收入,这些森林已经生长了几百年,砍伐森林增加了GDP,但却减少了该地原来就拥有的宝贵的资产,这种增长是不可持续的。空气和水的污染也类似,GDP的指标增加了,但对一个国家的资产(环境)的消耗并没有反映在GDP中,实际上社会总财富可能在减少。对城市规划者来说,历史保护也具有同样的问题,一个历史街区被摧毁,重建为新的房地产项目,反映着GDP的增长,但人们却失去了再也无法重现的历史资源。

GDP和健康与教育等指标密切相关

衡量人们生活质量的标准很多,例如健康-预期寿命、教育-识字率、小学女生毕业率、环境-二氧化碳排放量等都是用来衡量的指标。各个国家的上述指标可以在世界银行、各国、各城市的统计机构网站上查到,使用和比较十分方便。

我们可以看到,GDP和预期寿命、成人识字率等标志着健康和教育的指标,甚至奥运奖牌指标都有一定的正相关关系,这从另一个角度说明了它的价值(表4-2)。

表4-2 GDP、预期寿命和成人识字率

国别	人均实际GDP(1999年,美元)	预期寿命(岁)	成人识字率(%)
美国	31 872	77	99
日本	24 898	81	99
德国	23 742	78	99
墨西哥	8 297	72	91
俄罗斯	7 473	66	99
巴西	7 037	67	85
中国	3 617	70	83

续表

国别	人均实际GDP(1999年,美元)	预期寿命(岁)	成人识字率(%)
印度尼西亚	2 857	66	86
印度	2 248	63	56
巴基斯坦	1 834	60	45
孟加拉国	1 483	59	41
尼日利亚	853	52	63

(资料来源:曼昆.经济学原理[M].3版.梁小民,译.北京:机械工业出版社,2003:515)

为什么有的国家快速增长,有些国家落后了

因为GDP增长速度不同,如果一个国家每年2%的增长率,35年翻一番;如果是7%的增长率,10年翻一番。人们把这一规律简称为70法则或者72法则。

70法则:如果某个变量每年按照$x\%$增长,那么,在接近$70/x$年以后,该变量翻一番。它相当于1.07的10次方。

72法则:如果$a\times b=72$,那么当某个变量以年平均增长$a\%$(或者$b\%$)时,该变量将在第b年(第a年)实现翻一番。它相当于1.072的9次方。

表4-3总结了在20世纪的100余年中,各国的人均GDP排名产生了怎样的变化。在19世界末期—1900年,所列的国家中人均GDP最高的前5个是英国、美国、加拿大、阿根廷和德国,到了2000年,排序变成了美国、加拿大、日本、德国、英国。日本在这100余年里异军突起,而英国的排名落后了,我们可以看到,它们的平均GDP年增长率之间相差了1.46个百分点,这就是排名变化的原因。国家GDP增长率之间微小的差别就像是滚雪球效应,一开始微不足道,但会带来令人瞠目结舌的结果。

表4-3 GDP增长率在100余年中对国家经济的影响

国别	时期	期初人均实际GDP(美元)	期末人均实际GDP(美元)	年增长率(%)
日本	1890—2000	1 256	26 460	2.81
巴西	1900—2000	650	7 320	2.45
墨西哥	1900—2000	968	8 818	2.23
加拿大	1870—2000	1 984	27 330	2.04
德国	1900—2000	1 825	25 010	2.03
中国	1900—2000	598	3 940	1.90
阿根廷	1900—2000	1 915	12 090	1.86
美国	1870—2000	3 347	34 260	1.81
印度	1900—2000	564	2 390	1.45

续表

国别	时期	期初人均实际GDP(美元)	期末人均实际GDP(美元)	年增长率(%)
印度尼西亚	1900—2000	743	2 840	1.35
英国	1870—2000	4 107	23 550	1.35
巴基斯坦	1900—2000	616	1 960	1.16
孟加拉国	1900—2000	520	1 650	1.16

(资料来源:曼昆.经济学原理[M].3版.梁小民,译.北京:机械工业出版社,2003:131)

资料:美国的 GDP 增长

第二次世界大战前后的几十年中,美国经济一直处于快速发展的状态,1939—1944,美国经济转入战时轨道,生产急剧上升,GDP 每年增长 14%。战后,1947—1960,GDP 每年增长 3.5%。1945—1967,GDP 由 2 130 亿美元至 7 750 亿美元。

美国各阶层人民收入都有很大提高。1941 年在 2 000 美元以下的低收入家庭占 61%,而到 1947 年降为 27.4%;1941 年 2 000~5 000 美元中等收入家庭占 34%,1947 年增至 53.3%;而 5 000 美元以上高收入家庭则由 5% 增至 19.3%。实际购买力在 1946—1960 年增长到 22%,1970 年代又增长到 38%。1946 年 50% 的家庭拥有汽车。

4.1.5 工业总产值及其他指标

除了 GDP 和 GNP 以外,我们通常还会关注一些城市的其他生产指标,例如工业生产总值、固定资产投资、社会消费品零售总额、城市居民家庭总收入、城市居民家庭可支配收入、农村居民家庭纯收入等,这些指标在了解和分析一个城市的概况的时候特别有用,是规划师们经常关注的。在这里对一些指标进行简单的介绍,更多的指标和更详细的解释在相关的统计资料上都可以找到。

工业总产值

工业总产值是以货币表现的工业企业在一定时期内生产的已出售或可供出售的工业产品总量,它反映一定时间内工业生产的总规模和总水平。它包括:在本企业内不再进行加工、经检验和包装入库(规定不需包装的产品除外)的成品价值,对外加工费收入,自制半成品、在产品期末期初差额价值。工业总产值采用"工厂法"计算,即以工业企业作为一个整体,按企业工业生产活动的最终成果来计算,企业内部不允许重复计算,不能把企业内部各个车间(分厂)生产的成果相加。但在企业之间、行业之间、地区之间存在着重复计算。

轻重工业总产值的划分是按"工厂法"计算的,即一个工业企业生产的主要产品性质属于轻工业,则该企业的全部总产值作为轻工业总产值;如它的主要产品性质属于重工业,则该企业的全部总产值作为重工业总产值。

固定资产投资

固定资产投资是社会固定资产再生产的主要手段。固定资产投资额是以货币表现的建造和购置固定资产活动的工作量,它是反映固定资产投资规模、速度、比例关系和使用方向的综合性指标。全社会固定资产投资包括城镇固定资产投资、房地产开发投资、农村非农户投资。

社会消费品零售总额

社会消费品零售总额指批发和零售业、住宿和餐饮业以及其他行业直接售给城乡居民和社会集团的消费品零售额。其中,对居民的消费品零售额,是指售予城乡居民用于生活消费的商品金额;对社会集团的消费品零售额,是指售给机关、社会团体、部队、学校、企事业单位、居委会或村委会等,公款购买的用作非生产、非经营使用与公共消费的商品金额。

社会消费品零售总额包括:售给城乡居民作为生活消费用的商品和修建房屋用的建筑材料的金额,以及售给来华的外国人、华侨、港澳台同胞的消费品金额;售给社会集团用作非生产、非经营使用与公共消费的商品金额。

资料:其他的主要经济指标

城市居民家庭总收入

指城镇调查户中生活在一起的所有家庭成员在调查期得到的工薪收入、经营净收入、财产性收入、转移性收入的总和,不包括借贷收入。收入的统计标准以实际发生的数额为准,无论收入是补发还是预发,只要是调查期得到的都应如实计算,不作分摊。

城市居民家庭可支配收入

指调查户可用于最终消费支出和其他非义务性支出以及储蓄的总和,即居民家庭可以用来自由支配的收入。它是家庭总收入扣除交纳的个人所得税、个人交纳的社会保障费以及调查户的记账补贴后的收入。

计算公式为:可支配收入＝家庭总收入－交纳的个人所得税－个人交纳的社会保障费－记账补贴

城市居民家庭消费性支出

指调查户购买商品和用于服务的全部支出,分八大类:食品;衣着;家庭设备、用品及服务;医疗保健;交通和通信;娱乐、教育、文化服务;居住;杂项商品和服务。购买商品支出是指从商店、集市、饮食业、工作单位以及直接从工厂和农村购买各种商品的支出,包括自用的和赠送亲友的在内;服务支出是指调查户用于社会提供的各种文化和生活服务方面的支出,包括各种修理费、加工费、洗理美容费、保姆费、劳务费等。

农村居民家庭纯收入

指农村常住居民家庭总收入中,扣除从事生产和非生产经营费用支出、缴纳税款和上交承包集体任务金额以后剩余的,可直接用于进行生产性和非生产性建设投资、生活消费和积蓄的那一部分收入。农村居民家庭纯收入包括从事生产性和非生产性的经营收入,在外人口寄回带回和国家财政救济、各种补贴等非经营性收入;既包括货币收入,又包括自产自用的实物收入。但向银行、信用社和亲友借款等属于借贷性的收入,不包含在内。

4.2 城市经济增长理论

4.2.1 人力资本增长、资本深化、技术进步和经济结构变化

传统的、非地理意义的提高增长的关键因素有三个:人力资本增长、资本深化和技术进步。后来,经济学家们发现,经济结构的变化也会对增长起到很大的促进作用。

人力资本增长是指增加一个人的知识和技能促进了劳动生产力和收入提高。人力资本(human capital)一般指对人的投资。当一个社会改善教育和培训,就投资了人力资本,从而产出有更高生产率的劳动力,这会极大地促进经济增长。

资本深化(capital deepening)是指物质资本的增加,如基础设施、厂房、设备和机器等。更多更好的资本投入有助于提高劳动生产率,促进经济的增长。

技术进步(technical progress)是指私人企业和政府对研究和开发的支出,改进了生产的方法、组织生产的流程,使得生产的效率更高,同时,计算机、互联网等新技术发明大幅度地降低了研发和信息获取成本,这些都对经济的增长起到了促进作用。

经济结构变化(economic structure change)是指资源从低生产率部门向高生产率部门的再配置,也就是通常我们所说的三次产业结构的变化,即产业发展从农业经济、到工业经济、再到服务经济的一个高级化的过程。劳动力的素质不断提高,不断地从农业转向其他产业,因而也产生了更高的生产率和获得更好的收入。当劳动生产率持续提高,一国的生活水平也就可以迅速提高。

人力资本增长

生产率增长的主要源泉是更高质量的劳动力。从事现代工业经济要求受到良好教育的劳动力,技术的变革也需要受过培训的工程师和科学家来发现并形成这些创新。

人力资本增长不会平白实现,也需要进行投资。把钱用于教育和培训能提高职工的技能和生产率。这些支出是投资,和投资于机器及建筑物一样,不同的是后者投向了物质资本。对于一个国家的长期经济而言,人力资本和物质资本投资同样重要。

1) 人力资本投资带来高回报

一份对美国的调查发现,拥有受过更多教育的劳动力的公司有高得多的生产率:教育年限增加10%,生产率提高8.6%。对于个人来说,教育的回报也是很明显的,随着受教育年限的增加,工资也会增加。1994年,受过大学教育的美国职工中值收入比高中毕业的职工高74%,这个差距还在上升。据估算,上一年大学可以增加收入5%~10%,或者更多(斯蒂格利茨,2000)。

人力资本投资带来显著的正外部性,新技术很容易传播开来,新思想被社会上每一个人更好地利用,这就带来社会整体的技术进步和劳动生产率的上升。由于正规教育的社会收益远

远大于个人的收益,因此,政府就会以公共教育为形式进行大量的人力资本投资补贴。

2) 贫困地区面临着人才外流问题

但是,较贫困的地区和穷国都会面临人才外流的问题,受过良好教育的人群迁移到更富裕的地区,找到更好的工作,从此定居下来。这样即便对教育进行了大量的投资,人力资本存量还是相对减少了,而那些高素质人才的移入区的人力资本则有所增加。因此,在一个特定的范围内,有的时候对人力资本的投资不一定能起到预想的效果。

资本深化

现在工人的生产率比100年或者30年前高很多,这是因为他们有更多更好的机器。在安徽,一个在2015年处于工业化初期的省份,某工业开发区的现代化面粉厂的操作系统是一幢高达7层的大楼,24小时的产量可以达到500吨,而全部的操作人员可能只需要8人,在一个不大的操作间里就能完成所有大型设备的控制。由于生产效率太高,这个工厂苦恼的是粮库不够和原材料跟不上的问题。自动化的生产设备使得一个人的产出大大地增加了,这和手工生产时代的效率不可同日而语。

相对于GDP的投资水平越高,所引起的人均资本也越多,经济学家把这种情况称为资本深化。随着人均资本增加,人均产量也增加了。

物质资本是生产出来的生产要素,今天生产了大量新资本品,明天就拥有大量资本存量,并能生产更多的物品与劳务。因此,提高未来生产率的一种方法是把更多的现期资源用于资本的生产,而较少地用于现期消费。"要想富,先修路"就是对这种情况形象化的描述。

1) 来自外国的投资

对多个国家的调查数据表明,高投资往往引起更快的经济增长。在投资中值得重视的是,来自国外的投资,即新资本,对提高长期增长也很有效力。即使这种投资的一部分收益要流回外国所有者手中,但仍增加了一国的资本存量,提高了劳动生产率和工资。此外,来自外国的投资也是穷国学习富国开发、并运用先进技术的一种方式。

中国是目前全世界外国直接投资净流入最大的国家,2013年的数值是34 784.9亿美元。中国的长三角地区一些经济发达的城市的GDP中的份额来自外资企业的相当高,例如苏州,2013年实际利用外资是86.98亿元,占到整个江苏省的26.2%。南京同年的这个数值是40.33亿元,还不到苏州的一半。事实上,因为外资的驱动作用,苏州的GDP总量在1980年代就超过了南京市,2013年是南京的1.62倍。

2) 收益递减和追赶效应

在一国或一个地区的经济发展中,存在着收益递减和追赶效应。

收益递减是指随着资本存量的增加,从新增加的一单位资本中生产的额外产量减少。在工人已经使用大量资本存量生产物品与劳务时,给他们增加的一单位资本所提高的生产率很少。例如,原来一个工厂已有价值5 000万元的设备,这时再投资额外的100万元,和起初工厂一穷二白时投资在设备中的100万元,引起的生产增长不可同日而语。存量越多,新增一个单位的投资所产生的收益就会越少。这就是为什么发达国家的GDP增长率不容易达到一个很高值,通常GDP 2%、3%的增长就被视为一个较高的发展数字,因为它们的资本存量已经累积到一个比较高的值,再投资就是收益递减的过程。

追赶效应是指在其他条件相同的情况下,如果一国或者一个地区开始时比较穷,它就更易实现迅速增长。穷国的生产资料比较少,设备也比较原始,少量的投资会大幅提高工人生产率,这就使得它们一旦开始增长,就会有一个很高的增长率。所以,当我们看到一些经济比较落后的省份 GDP 年增长率反而比较高的时候,不要感到奇怪,这是正常的现象。

技术进步

在 1973 年以前,有 2/3 的生产率提高是由于技术进步(斯蒂格利茨,2000)。现时,决定技术进步速度的主要因素是研究与开发的支出水平。政府部门资助的技术创新可推动行业增长,协助提高人民生活水平。作为一国政府来说,研究与开发的支出占其 GDP 的总量多少,可以反映出其未来的增长趋势,但有可能这种影响反映在生产率统计中会滞后数年,甚至有可能会反映在 10~20 年之后。这就需要政府有一个长远的眼光,自然,还需要在这长远的时间里政局非常稳定。

2011 年,世界各国的研发支出在 GDP 中所占比的平均数字是 2.13%。对比各国的情况(2011 年或 2012 年数据,世界银行),美国研发支出占其 GDP 的比例是 2.79%,其他的国家如韩国是 4.04%,日本是 3.39%,新加坡是 2.10%,中国是 1.98%,英国是 1.72%,印度是 0.81%等。这些年来,中国在研发支出的投入一直在增长,但绝对水平还未超过世界各国的平均值。

研究和开发的投入除了上述所说的由政府投资以外,广泛地发生在社会经济的各个方面,例如,很多企业都有自己的研发和创新部门,这也是技术进步的重要增长来源。

其他因素

关于第四种主要的促进经济增长因素——经济结构变化,我们在后面的城市产业结构一章中详细讲解。经济结构变化既是经济增长的结果,也是继续经济增长的原因。

除了这些因素以外,还有一些对增长不可或缺的条件,例如产权和政治稳定、自由贸易等等。市场发挥作用的一个重要前提是经济中广泛尊重产权,有完善的法律去保护私有产权。如果一个国家不能够保护私有产权,那么投资者就会大量逃离,不能够进行正常的生产。如果表面上有对产权的保护,但政府通过恶法或者寻租来侵吞企业应得的利益,那也是一种对产权的侵犯,对增长无益。而政局的不稳定是投资、开办企业的负激励,不能想象一个政局不稳定的国家会吸引来广泛的客商投资。

由于地区之间存在着比较优势,国际贸易会显著改善一国公民的经济福利,对参与国际贸易的双方都有很大的好处。实行外向型贸易的国家和地区都有很高的经济增长率。地理环境也有影响,海边的国家和地区(如纽约、旧金山、香港)发展贸易更便利,也更繁荣(斯蒂格利茨,2000)。

4.2.2 经济基础模型

经济基础模型(economic base model)是最早被用于分析城市经济增长的经济学工具。它把一个城市或者地区的经济划分为两类大部门:基础部门和非基础部门。

基础部门和非基础部门

基础部门(export or basic sector)是指向城市外"出口"产品和劳务而为城市带来收入的部门。它们承担的是该区域或者国家范围内需要的某种产品的生产,比如汽车、钢材、农机、电子设备等大部分的制造业部门,它们生产的产品可能有一小部分被本地消费者买去了,但大部门是供给其他城市的。

非基础部门(local or non-basic sector)是指只为城市内部提供产品和劳务的部门。它们主要供给本地居民产品和服务,比如零售业、餐饮业等。

基础部门和非基础部门的确定有的时候比较容易,但有的时候非常困难,所以,通常是采取假设法、区位商法、最小需求法等来进行计算得知。

我们假设基础产业的增长主要是来自城市外部的投资和流入,而非基础产业主要是本地的消费,那么,基础部门就业人口的变动就意味着总的就业人数有所变化了;而由于城市基础产业的生产会带动非基础产业的生产,所以基础部门就业人数的变动也会间接影响非基础部门对劳动力的需求,从而造成城市总就业劳动力发生变化。

各个城市都非常需要基础产业的出现,因为它们带来出口和收入,并带来就业人数的增长。在产业转移的地区,吸引产业落户成为城市竞争的主要目标。这些能够在各个地方转移的产业一般都是基础部门,非基础部门往往立足于一个城市自身,不会产生大规模的转移。这使得人们更重视基础产业,从名称上就可以看出来,基础产业被视为城市经济的基础。

自从1960、1970年代开始的国际工业资本转移,1970—1980年代落脚的地方是以亚洲四小龙为首的东南亚地区,1980年代后落脚的是亚洲新兴国家的城市,包括中国的珠三角地区和沿海经济特区,1990年代末转移到中国的长三角地区,2010年前后已经向中国的中西部转移(张庭伟,2003)。在这个资本和产业转移的过程中,我们确实可以看到,这些被转移的国家和地区经济有了快速的发展,变得繁荣。但也可以看到的是,转来的产业也可能转走,如果一个产业不是供应本地客商,那么它在哪里生产都一样,在全球化的时代更是不会局限于一个国家、一个地区。

简·雅各布斯:非基础部门更重要

尽管基础经济的地位得到人们的重视,但也有相反的观点,简·雅各布斯在她的著作《城市经济》里认为,非基础部门占有主要的地位。她论述道,大量的新出口品和新出口组织对城市而言非常有必要,但它们是衍生的和次要的。居于首要地位的是富有创造性和发展潜力的城市地方经济。这一关系始于聚居地发展为城市之初,并且在城市经济变得悠久、壮大和复杂之后,仍一直保持下去。这一类的观点倾向认为,基础经济都是在非基础经济的基础上成长起来的,大跨国公司本来是本地小企业,针对本地的需要服务,因为它们特别成功,才成长为更大的、出口为主的大公司,但它们始终根植于自己发源的城市,从而为这个城市带来经济的活力和发展。

我们在中国也可以看到这样的案例,例如海尔之于青岛,雅戈尔、杉杉之于宁波,成长于一个城市的小企业发展为跨多个行业、为城市带来巨大收入和就业的巨无霸集团公司。

究竟是基础部门还是非基础部门对经济更重要,并没有定论。我们只能说,对于一个正在吸引产业转移的城市来说,吸引基础产业更为立竿见影,能快速带来经济的增长、技术的进步和就业的增加。但其缺点是基础产业可以立足于任何一个城市,它们可能移来,也可能移走,吸引产业还需要这个城市本身具有某种优越的条件和吸引力。非基础产业立足于一个城市而成长,这种成长可能是比较漫长的,但一旦成长壮大为成功的企业(集群),将为城市带来不可或缺的雄厚的资本。从一定意义上来讲,城市的成长史就是本地企业成长壮大的成长史。

4.2.3 乘数原理和挤出效应

凯恩斯乘数原理

乘数原理(multiplier principle)是描述外来投资改变城市经济增长的一个机制,投资变动给国民收入带来的影响,要比投资变动本身更大,这种变动往往是投资变动的倍数。这是因为经济各部门密切相连,一个部门、产业投资的增加,也会在其他部门引起连锁反应;收入的增加会持续带来需求的增加。

由于国民经济部门之间链式关联,在某一部门增加一定的投资量(X,特别是在基础部门),不仅会带来本部门的收益增加(或损失),还会直接或间接地导致国民经济其他部门经济活动不同程度的扩张(或收缩),最终带来数倍于投资量的总收益(Y),或引起更大的负面效应。

$$Y = KX$$

其中:K 就是"乘数",正常情况下,K 为大于 1 的正值,乘数越大,说明收益越好。但若投资决策失误,亦可能出现 K 小于 1 甚至为负的情况。

乘数原理的一个简单模型

假定一个小城市,经济起初由于某种原因,因自发支出(投资,或政府购买,或出口)使得基础部门在开始的时候获得了 100 万元的收入,并且会拿其中的 60% 消费(即购买本地生产的产品),也就是边际消费倾向为 0.6,它就变成了地方的第二轮收入,并可以连锁下去……边际消费倾向越高,乘数越大(表 4-4)。因此,城市的总收入增长会超过最初的增长。

表 4-4 收入 100 万的小城市的乘数原理模型

增长项	第一轮	第二轮	第三轮	第 n 轮	总计
地方收入额(万元)	100	60	36	……	250
地方消费额(万元)	60	36	21.6	……	150
进口额(万元)	40	24	14.4	……	100

其中,消费边际倾向(m)就是消费占地方收入的百分比(上表假设为 0.6),假设最初的出口额变化是 ΔX,则总收入的增长就是一个持续变化不断减少的过程。

$$\Delta \text{总收入} = \Delta X + m \cdot \Delta X + m^2 \cdot \Delta X + m^3 \cdot \Delta X \cdots$$
$$\approx \Delta X \cdot 1/(1-m)$$
$$\text{收入乘数} = \Delta \text{总收入}/\Delta X$$
$$= 1/(1-m)$$
$$(\text{例如}) = 1/(1-0.6)$$
$$= 2.5$$

所以,最终这个城市的总收入将达到起初收入的 2.5 倍,也就是 250 万元。

乘数在城市规划中的应用

在上面这个模型中,假定出口增加,出口部门就业人数也随之增加,就可以接下来预测就业人口的增加。也就是说,经济的增长会带来人口增长。因此就业也存在着乘数效应,当然,其值可能等于收入乘数,也可能不等。

还是在这个小城市中,假设每增加 10 000 元收入会增加 1 人就业,就业乘数也是 2.5,那么最终会增加 250 人就业。

如果就业率是 50%,那么城市人口将增加 500 人,需要增加相应的公共设施;如果被抚养人口是 1/5,需要增加相应的教育设施。

在城市增长管理中,如果地方政府能影响其基础产业的销售和就业机会,就有可能预测人口的增加。假定一个城市有新增 10 000 人的目标,如果就业率还是 50%,城市只需增加 5 000 份工作机会。假设乘数是 2.5,城市在出口行业新增 2 000 份工作,就可以满足目标。

资料:乘数和创造工作岗位

1993 年 1 月,美国失业率为 7.1%,失业人口超过 900 万人。克林顿政府提出了一个共计 160 亿美元的一揽子刺激计划,以有助于降低失业率。这种支出增加能创造出多少工作岗位呢?

第一步:计算国内生产总值的增加。为了这样做,我们需要知道乘数,我们把乘数确定为 2。因此,国内生产总值(GDP)将增加 320 亿美元。

第二步:计算与这种国民产出增加相关的工作岗位总增加。在历史上,失业率下降 1% 与产出增加 2% 相关(奥肯定律)。在一个 6 万亿美元的经济中,产出增加 2% 就是 1 200 亿元。因此,GDP 增加 320 亿美元与失业率下降 0.27% 相关。在劳动力将近 1.27 亿时,这就变为 12 700 万×0.002 7=34 万个创造出来的工作岗位[1]。

对乘数原理的批判和挤出效应

到这里为止,对乘数原理的解释都是有道理的。乘数原理通常与经济基础模型相关,在标准的凯恩斯国民收入-支出乘数模型之外,还有经改造过的凯恩斯区域乘数等模型,都为城市

---

[1] 斯蒂格利茨.经济学[M].2 版.黄险峰,译.北京:中国人民大学出版社,2000:704

和区域经济学家所常用。应该说,如果投资或出口已经存在,那么,基于产业之间的链式关系,用这个方法来计算收入增长的连锁反应是有一定依据的。

但是,凯恩斯提出这个理论的背景是美国1920—1930年代的大萧条,他的主张是由政府来进行投资,以便拉动经济,并且,也真的经由政府部门实施了。此后,乘数原理的模型经常用来给政府部门的投资作背书。如果用乘数模型来指导政策决策,问题就出现了。凯恩斯的国民收入决定理论认为,如果政府要对付经济衰退,就要想办法增加总需求,刺激消费,鼓励投资,这种论断即便是在今日的政府听起来也很熟悉。他的乘数原理说明了,政府推出增加总需求的政策可以使得国民收入数倍地增加。因此,政府部门应该用其来进行指导投资政策,以期拉动经济的发展。

根据"人是自私的"这个公理,政府对于乘数原理的欢迎可想而知,这证明了政府"花钱"作用巨大,也就可以鼓励政府多花钱、多投资,造成政府投资能够拉动经济的错觉。但是,真的有这么神奇吗?政府只要投资就会撬动连锁反应,带来巨大的收益?回到开头之处,我们要问的是,政府的这些投资从哪儿来?政府投资于某一些部门的钱,本身也可以做其他用途,例如用于其他的投资,那么,对这一部门的投资就挤占了其他投资可以利用的资源,的确有一部分的消费被刺激了,但另有一部分的消费就减少了。如果只计算这些有乘数效应的部门的收益,不计算那些减少了投资的部门的损失,就有失偏颇。

如果这一笔钱不是从其他部门的投资挪来,而是新增这样一笔投资,就必须有相应的税收,这些税收原本不必收上来,须知,更多的税收本身就会减少人们的消费,还会产生收税过程中的浪费。

此外,由于政府购买的增加,导致这种产品市场上供不应求而价格上升,打击了消费者的购买意愿,于是消费支出减少。

总而言之,在上述的三种情况下——对其他部门的投资减少、多收税或者政府购买导致的价格上升,在政府增加投资的状况下,国民收入的其他部门可能带来数倍于开头的连锁反应的减少。

这种过程又被称为挤出效应(crowding out effect),是指政府支出增加所引起的私人消费或投资降低的效果。在谈"乘数原理"的时候,如果想到背面还有一个"挤出效应",也许就不会做出草率的政策决策:政府投资在刺激消费的同时,也在减少消费。

我们之前讨论过市场的作用,生产什么、如何生产、为谁生产以及如何做出决策这些问题都是由市场来回答的,且市场的回答在一般情况下都比政府有效率。如果政府能够决定刺激哪些部门的投入和生产,以使这些部门生产得更多、做出扩张的决策,并且这些决策都是有效率的、正确的,那等于是说,政府可以比市场更加了解这些关于生产的问题,这就回到计划经济了,但这是从原理上不可能实现的。政府投资除非在外部性、公共物品或者减少交易成本的情况下是有效的,其他情况下,反而会出现更多的损耗,并且扰乱市场的信号,影响经济的发展。

弗里德曼"永久收入假说"理论

对乘数原理最致命的批评来自弗里德曼。1957年,弗里德曼发表了《消费函数理论》,提出了"永久收入假说"(permanent income hypothesis)理论,否定了凯恩斯的消费函数理论的政策含义。凯恩斯认为增加(现期)收入就能增加(现期)消费,从而刺激经济增长。但是,弗里德曼证明:除非政府的经济政策能够有效地增加人们的永久收入(也就是使人们形成未来收入会增加的预期),才能增加其永久消费,从而增加现期消费,真正地刺激经济增长(李俊慧,2012)。凯恩斯所主张的政府刺激总需求的措施,都只能增加人们的暂时收入与暂时消费,当人们对未来的预期还是不理想的话,就不会把钱拿去消费,而是积谷防饥,把它存起来,其实无助于增加现期消费。这样,乘数效应发挥作用的链条就被打断了,不可能出现持续的连锁的增长。

永久收入假说是弗里德曼以统计数据实证证明的,显示了无可争辩的正确性。从这里,我们可以看出,刺激经济增长很重要的一条是人们预期未来经济会增长、收入会增加,否则,暂时的刺激经济政策都是无效的。

■ 参考文献

[1] 曼昆. 经济学原理[M]. 3版. 梁小民,译. 北京:机械工业出版社,2003
[2] 斯蒂格利茨. 经济学[M]. 2版. 黄险峰,译. 北京:中国人民大学出版社,2000
[3] 简·雅各布斯. 城市经济[M]. 项婷婷,译. 北京:中信出版社,2007
[4] 李俊慧. 经济学讲义[M]. 北京:中信出版社,2012

5 城市的产生和发展

5.1 城市是如何产生的

上一章我们讨论过,城市经济增长来源于人力资本增长、资本深化、技术进步和经济结构转变,这些是普遍被认同的促进增长的要素,但这些因素却不曾涉及和空间的关联,经济学家们一开始并没有注意到空间的作用。但在现实的世界里,经济活动是和空间紧密相连的,我们可以思考这样的问题:同样的人力资本投资、同样的物质资本投资,把它们在空间上集中在一处和不集中的效果一样吗? 是30个同行业的工厂分散在一个城市的各个角落里带来的增长多,还是这30个工厂集中在一个工业园区里带来的增长多?

不需使用原理,我们就能观察到,现实世界的绝大多数的行业活动在空间上都趋向于产业集聚。商业活动集聚在城市中心区,家居大卖场集聚在城市的边缘区,制造业行业集聚在城市郊区的某个工业园区里。另外,大城市和小城镇本身比起乡村地区来说就是多种行业的集聚地,乡村地区的聚居和产业劳作都是分散的,而城市越大,集聚就越明显,现实世界的表征证明了产业集聚是普遍发生的现象,这说明集聚一定会产生某种好处,例如产生强劲的增长。我们还可以观察到,空间的集聚有不同的规模,即不同范围的经济活动发生在不同的集聚区,较大的集聚区经济活动的范围比较宽泛,而较小的集聚区经济活动范围比较窄,这个现象被人们统称为"城市等级"。

随着研究的展开,空间经济学家逐渐发现了促进城市增长的其他原理,从空间的角度来看经济增长还有三个来源:地区间的比较优势、规模经济和集聚经济,其中,集聚经济又包括地方化经济和城市化经济(表5-1)。从集聚经济的角度就可以回答前面提出的那个问题:30个同行业的工厂集中在一个工业园里带来的增长一定比它们分散的时候多。后文会详细证明这一点。

表5-1 经济增长的来源

传统的经济增长来源	空间角度的经济增长来源	
人力资本增长	比较优势	
资本深化	规模经济	
技术进步	集聚经济	地方化经济
经济结构转变		城市化经济

空间角度的这几个经济增长来源的证实,说明了城市产生和发展的原理,也说明了城市规划专业利用空间的科学性,好的规划符合经济发展本身的客观规律,可能具有促进城市的经济发展的作用。

5.1.1 城市为什么会存在

城市为什么会存在,这是城市经济学的基础问题。土地原本是用来生产粮食和其他资源的,但城市里的人却使用它来进行各种各样的活动,土地的有用性变成了空间的有用性。正如巴特利特(Bartlett)1998 年所指出的,在动物世界中没有其它动物能建造类似城市的建筑。

城市之所以存在是因为:人们已经有条件在固定的场所展开交易,并享受到了交易的好处;规模经济开始出现,人们合群而作远远超过了原来一个人单打独斗去生产的效率;集聚的正外部性非常显著,企业和个人都能看到它的好处而选择自发地集聚在一起。

根据阿瑟·奥沙利文(2003,2008)的总结,一个城市的发展必须满足下面三个条件:

1) 农业生产过剩。城市以外的人口必须生产足够的粮食,来养活他们自己和城市居民。因此,农业的高度化是其他产业的发展的基础。

2) 城市生产。城市居民必须从事生产,生产出某种产品或服务,以便用这些产品或服务区交换农民种植的粮食。城市生产的产品和服务都是在以往的农业社会不曾存在的,并且越来越复杂和多样化。

3) 用于交换的运输体系。为使农民种植的粮食与城市产品能更便利地进行交换,城市必须有一个高效的运输体系。我们可以观察到,现今的现代化大都市都有着一个高效而高水平的交通运输体系,这并不是偶然。

相反,我们可以构建一个城市不能形成的体系,在这个体系下,无法自发地形成城市。那么,如果其中的一条或者几条都有所改变,城市就自然而然地产生了。城市不能形成的条件有:

1) 生产力相同。在所有自然存在的村庄中,人们生产的效率都一样,因为具有相同的生产力,各个村庄之间也就没有比较优势,不会产生交换。

2) 不存在规模经济。劳动不依赖于多人的集聚,生产都是手工进行的或者利用简单的机械,例如用竹篾编筐子或者用耕牛犁地,劳动力集聚生产效率都没有变化,10 个人聚在场院编筐子和这 10 个人分散在各家编筐子在生产效率上没有区别,一群人集聚在一块田地里犁地和他们分散在 10 块田里从事田间劳动没有区别,如果不是互相阻碍的话。

3) 交通成本比较高。没有便捷的交通运输系统,交通运输的成本高,把产品从一个地点送到另一个地点使用很不划算,也不会产生交易。

以上三条构成了一个理想的农村经济模式。类似的情形出现在城市未形成的广大乡村地带,而这三者只要有一条有明显改变,就会驱动城市的形成。

5.1.2 市场城市的出现——比较优势

地区间的比较优势使地区间贸易变得有利可图,所以促进了市场城市的发展。

前面给出的是不能产生城市的条件,当我们逐条放松,看看出现了什么情况。首先前提是在这些地区农业生产力开始慢慢增长起来,直到产生农业剩余。多生产出来的农业产品有可能拿去出售，满足别人的需求。

然后，生产力相同这一条件变化了。各个地方的生产力不再相同，而是有的地方有这样的生产优势，有的地方有那样的生产优势，至少，他们生产不同产品所花的时间不再相同，也就是有了不同的机会成本，这就产生了比较优势。这使得不同地区产生交换的可能，我们在以往的讨论里论证过，贸易会使所有人得到好处，这样他们就倾向于互相交易。

例如，有甲乙两村，它们只生产两种物品——铁矿石和小麦。甲村人1小时生产100斤铁矿石、50斤小麦，1斤小麦的机会成本是2斤铁矿石；乙村人1小时生产30斤铁矿石、20斤小麦，1斤小麦的机会成本是1.5斤铁矿石。虽然甲村人在生产上有绝对优势，无论生产铁矿石或小麦的效率都比较高，但生产小麦的机会成本比较高，乙村人生产小麦的机会成本比较低，因此在生产小麦上有比较优势。在这样的情况下，如果甲村人专门生产铁矿石，乙村人专门生产小麦，而拿来交换的话，就可以显著地提高两村人的收入，因而是有利可图的。

最后，交换显然还依赖于交通成本的降低，如果有了大运量的运输方式并且更便宜，也就是出现了运输的规模经济，人们的交易就会更活跃、更多。随着交易的增多，在某个交通便利的地点，比如交通最便利的一个村庄，或者漕运的码头，或者路口、港口、车站等等区位，就会形成市场。专门从事交易的人和贸易公司开始出现，服务于市场的人们也会出现，这些人们生活在市场周围，使其变成一个市场城市，并逐渐抬高了地价，使城市变得更密集。

市场城市有很长的历史。公元前3000年腓尼基人就开始利用快速的帆船为地中海盆地的商人服务，这些商人主要从事染料、原材料、食品、纺织品和珠宝贸易。他们沿着地中海沿岸，也就是今天的黎巴嫩，建立了众多的贸易城市。大约在公元前500年，雅典是一个区域贸易中心，商人们用家庭手工艺品、橄榄制品同周边国家换取食品和原材料。在11世纪和12世纪，意大利城邦与北非国家和东方国家展开的贸易往来形成了威尼斯、热那亚和比萨等城市（阿瑟·奥沙利文，2008）。在中国，始建于春秋时期的京杭大运河开启了漕运的历史，漕运在南北方实现了大规模的物资转运和交易。在2 000多年的历史中，漕运带动刺激了运河沿岸商业活动的发展，在漕运主要的港口和码头，都形成了大大小小的著名市场城市，如扬州、通州、淮安等。

5.1.3 工业城市的出现——规模经济

生产上的内部规模经济(economy of scale)使得工厂生产商品比个人生产效率更高，所以促进了工业城市的发展。

和假设中的理想农村地区不同，在工业生产中是有明显的规模经济的，也就是说：生产受规模经济影响。规模经济主要出现在下列的一些地方：

首先，专业化因素出现。每个人在生产中所做的不再是相同的工作，而是不同的工作，他们可能被安排在不同的环节，通过相互配合可以显著地提高每个人的生产效率。例如，生产线被发明出来了，每人在生产线上只从事一道工序，由于对自己的工作环节极为熟练，使得总体的劳动生产率更高。比较10个人坐在一起编筐子(他们各自编自己的筐子)和10个工人在生产线上(他们每人只完成一道工序)不同的劳动，就会明白专业化因素是现代化工业生产中不可或缺的且能极大地提高生产率的途径。而编筐子这种无法被分解成专业化环节的工作,即使100个人在一起,也不会提高生产率。

其次,现代化的生产要素具备不可分割性。大型的机械设备被发明出来了,这些设备的操作不能有效被单个工人使用,而是工人越集聚,生产率越高。

最后,工人的居住有规模经济。一个工业企业建立起来以后,工人为了减少上下班的交通成本,都倾向于在靠近企业的区域居住。众多工人在企业周边定居,对土地的需求量会大幅提升,这直接推动了该地区土地价格的上涨。较高的土地价格又将促进工人们更加节约利用土地,并会提高该地区的人口密度。

大约在1800年,伊利·惠特尼发明了制造业零部件互换系统,它是工业革命最重要的发明之一。在传统的手工生产模式中,一个产品的各个零部件通常被分开生产,其精确度很低。在惠特尼的制造业零部件互换系统下,把机器作为精确生产的工具,使得工人可以对每一个零部件进行大批量生产。这些同质的零部件之间可以互换,因此非技术工人经过短暂的培训后就可以装配各种零部件。手工生产被标准化的生产替代后,巨大的规模经济开始出现,并促进了制造业和工业城市的发展。新的制造体系的出现推动了工业城市的发展。随着铁制机器取代木制机器,大量的新机器被开发出来,以满足大工厂生产产品的需要。从此,技术工匠的手工生产被机器生产取代,这些机器生产系统由可互换的零部件、专业工人和蒸汽动力机器组成。大规模生产降低了产品的制造成本,并导致了生产和就业不断向大工业城市集中(阿瑟·奥沙利文,2008)。

除了工业创新本身之外,城市间运输业的创新推动了工业化和城市化,而农业的革新极大地提升了农业生产力,提高了人均产出,使得一部分农民成了剩余劳动者,可以投入专门的工业化生产,这些都是工业城市出现的其他必不可少的条件。

5.1.4 综合大城市的出现——集聚经济

生产和销售商的集聚经济(agglomeration economics)促使公司群聚在城市里,促成了大城市的发展。集聚经济有两种情况:某一产业内的企业向同一地区集中被称为地方化经济(localization economics);如果集聚的企业突破了一个产业的界限,变成多种行业在同一地方的集中,就被称为城市化经济(urbanization economics)。

集聚经济的存在受到韦伯等经济学家的重视。马歇尔(Marshall,1920)对此进行了详细的解释,他提出,同一地区的产业集聚可以成功地延续下去,并证明了三个原因:中间投入品、劳动力市场共享和知识溢出。集聚经济的发生和单个企业无关,是同一个地区的所有企业共同引起的。

地方化经济

地方化经济是指某一产业内的企业向同一地区集中。出现地方化经济的时候,某行业的企业成本会随着行业总产量的提高而降低。企业的集中行为也正是为了享受集聚带来的成本下降。地方化经济的出现有三个原因:中间投入品生产的规模经济、劳动力市场共享和知识溢出。

1) 中间投入品(intermediate input)

中间投入品对企业的生产和发展很重要。例如纽扣,它是纽扣生产企业的最终产品,但它同时也是服装企业的中间投入品。服装企业集聚于纽扣企业附近,是分享中间投入品的经典案例(Vernon,1972)。

为了紧跟女装潮流,一个服装企业可能对中间投入品的需求有很大差异,可能每个月它的需求都在变化,需要不同类型的纽扣。当一个纽扣企业只为一个服装企业服务的时候,成本相对比较高,这是因为:第一,纽扣的需求量比较低,导致生产成本高;第二,纽扣企业一个时段只生产一种类型的纽扣,使得服装企业改变服装设计的成本比较高。但是,如果有一批服装企业都集中在一起,情况就有所变化了。几个服装企业形成的集群大大提高了纽扣的生产量,批量生产造成成本下降;另外,在大规模的生产中,纽扣企业可以同时生产各种类型的纽扣,而服装企业可以根据需要随意选择。实际上,一个单独的服装企业是很难就近养活一个单独的纽扣企业的,它不得不远距离订购,这样成本就比较高,而一群服装企业就很容易就近养活一个纽扣企业,所有企业的成本都很低。中间投入品的生产规模经济造成了同行业企业集聚。

2) 劳动力市场共享(share of labor pool)

一个企业对劳动力的需求可能是有变化的。如果在义乌的一个生产小商品的工厂有4条生产线,当它接到了来自美国圣诞节饰品的一个大订单,这些生产线就需要全部开动,可能需要80个工人,如果为了加班加点而3班倒,可能会同时需要更多的工人。但有一段时间接到的订单不理想,可能只需要20个工人。在单个企业的周边,难以储备起变化的劳动力人群,如果固定雇佣的人过多,在闲时就会产生巨大的浪费,企业难以负担这些人的长期薪水;如果雇佣的人过少,当订单大量出现时,就无法迅速满足生产需求。但是,当同行业企业集聚在一起的时候,情况就改变了,它们共享一个大的劳动力市场,这家企业闲的时候,可能恰好是另一家企业的忙时,工人很容易从一个工厂的生产线转移到另一个工厂的生产线。企业越多,这种潮起潮落的用工需求就越容易调配均衡,这保证了集聚在一起的企业很容易根据自己的需求去招徕人手,而不会白白浪费。对于工人来说,任何时候都可以方便地找到工作,保持薪水的持续性,也是吸引他们集聚在企业集群周围的原因。

在我国东南沿海的一些企业集聚区,充分显示了这种劳动力市场共享的便利性。一个工厂如果需要人手,仅需在街边放置一个办公桌,贴出海报,很快就能招齐合适的人手,马上投入生产。

3) 知识溢出(knowledge spillovers)

地方化经济或者说集聚经济的另一个来源是一个产业内企业间的知识分享。正如马歇尔(Marshall,1920)所解释的:

如果一个产业选址于某一地区,那么它可能会在那里停留很长时间。这样,产业内的工人之间可以频繁地接触,并从相同技能的互换中获得巨大的利益。交换的神秘性将变得不神秘;它就像充斥于空气中一样,小孩子在无意中就能学到很多。好的工作要给予极高的重视;在机器的发明和改进过程中,一般性商业组织起到了一定的作用,这一点已经被讨论了很多次;如果某个人自己有了一个新的想法,它可能会被其他人占有,并将他们的意见融入其中,这样它又成为新思想的来源。

杜迈斯、埃里森和格莱则(Dumais, Ellison, Glaeser, 2001)指出,知识溢出增加了新企业的诞生的数量,对各产业最大的影响是,企业开始注重雇佣大学毕业生。他们的研究结果表明,在思想导向型产业(idea-oriented industries)中,知识溢出效应是决定企业区位的重要因素。罗森塔尔和斯特兰奇(Rosenthal, Strange, 2001)指出,那些最具有创新性的产业往往更倾向于形成产业集群。他们还认为,知识溢出效应具有极强的区域性,只要距离稍微增加,这种效应就会逐渐消失。

知识外溢最好的例子是硅谷,人才和好的点子在公司与公司之间流动,人们分享着创新的知识。而这种分享很多是在办公室外的公共场所例如咖啡馆等地实现的。除了高科技产业之外,即便普通的生产行业也能够收益于知识共享,例如温州的小商品生产基地,一种受欢迎的小商品——例如太空杯在刚生产时价格非常高,但很快信息的传播就使得其他企业也研发了这种产品的生产技术,随着规模上升,太空杯的生产成本下降,价格就在几个月内迅速下降了。

城市化经济

城市化经济是指集聚的企业突破了一个产业的界限,变成多种行业在同一地方的集中。城市化经济出现的时候,单个企业的生产成本会随着城市地区总产量的上升而下降。同样,城市化经济也有三个原因:共享服务和公共服务集中、行业工种转换和知识创新。在城市化经济的推动下,形成了不同类型的大城市。前文所提到的中间投入品生产的规模经济、劳动力市场共享和知识溢出等在这里也仍然适用,也是促进城市化经济形成的主要诱因。

1) 中间投入品和服务共享

当一个行业的企业不断集聚,它们所需要的中间投入品可能越来越多,还是以服装企业为例,它们不止需要纽扣企业,还需要各类的纺织布料企业,企业集聚的规模越大,所需要的其他产业越多,而且提供的中间投入品越便宜。当越来越多的企业壮大发展之时,它们还需要设计企业、广告制作乃至为交易和洽谈提供方便的住宿、餐饮、娱乐和展销等企业,这些都是共享服务。这样,一个综合性的成本较单个企业低廉得多的产业集群就出现了。

在工业开发区里也出现类似的过程,一开始是同行业的产业集聚,例如机械电子、五金建材、纺织服装等等。最开始的几平方公里可能全是一种或几种行业的生产企业,而没有其他的服务行业。如果对这样的工业开发区用地进行统计,就会发现工业用地占到全部用地的60%~70%,几乎除了道路、绿地就是生产企业,工人居住在附近的主城、农村或者个别企业的宿舍里,吃在单位的食堂或者街角的临时盒饭摊。当开发区逐渐扩大,超越10平方公里的时候,住宿、餐饮、娱乐等服务行业开始出现了,为越来越多的工人和往来洽谈的客商提供服务,出现了基本的服务核心。当开发区超过30平方公里的时候,服务行业就已经形成一定的规模,集聚在交通便利的地点了,也就是形成了一个或多个服务的中心。这就是共享服务出现在一个产业集聚区的过程。对这些服务行业的企业来说,显然,客源越多,越是能够吸引和促进它们的发展。原来比较单纯的一个产业集群跨过规模门槛之后,其实已经形成初级的城市,如果它继续发展,一定会越来越像一个综合性的城市。

2) 劳动力市场共享和行业工种转换

在地方化经济中描述过的劳动力市场共享也出现在城市化经济中,同行业的就业可以在企业间自由流动。而当企业集群的规模扩大时,我们发现,不同行业的劳动里就业也可以出现流动。因为一些技术可以应用于多个产业,例如,许多高科技企业都需要程序员,如果一个企业集群的空间范围里有密集的程序员,肯定会吸引和留住更多的高科技企业;又如,许多企业都需要文员、行政人员等,这些人也可以在企业中自由流动;甚至具备了某种知识和技能的人,可以在不同行业的不同岗位之间跳跃。越是大的城市化经济企业集群,所需要的工种越丰富,也越有可能从集聚在此区域的劳动力中挑选和自己企业最匹配的劳动者。对于劳动力雇用来说,越大的城市越有规模经济。

3) 知识外溢和知识创新

在同行业中的知识外溢可以造福这一个行业,而不同行业的知识碰撞则可以导致更多的创新。例如创意产业(creative industries),很多的点子都是在非正式的交流中产生的,这些点子产生于咖啡馆、餐馆、画廊等公共场所(Richard Florida,2002)。众多产业人员集聚在空间丰富的场所,并不只是促使一个行业的人产生了交流,而是在不同行业中促进了广泛的交流,带来了新的增长,进而造就了丰富而又精彩迭出的大城市。在大城市中,并不只是生产产品,而是生产信息和服务,这些信息和服务的生产主要源自人们正式和非正式的交流。

在这一点里城市规划设计者也是大有所为的,例如,为了鼓励城市的知识创新,我们可以规划出更加复合的城市空间,设计出更加有利于人们交流的活跃的公共场所。

对集聚经济有很多实证研究,证明了地方化经济和城市化经济的存在,例如表 5-2 的一些研究,这使得集聚经济的研究更令人信服。

表 5-2　集聚经济存在的证据

集聚经济		主要的实证证据
静态集聚经济	地方化经济	福格蒂和加罗法格(Fogarty, Garofalo, 1988)发现城市制造业的平均雇员密度对制造业生产率水平有显著的正向影响
	城市化经济	福格蒂和加罗法格(Fogarty, Garofalo, 1988)认为在人口不大于290万人的城市中存在着对于制造业的静态城市化经济
动态集聚经济	地方化经济	乌兰辰和萨特思韦特(O'hUallanchain, Satterthwaite, 1992)发现有 33 个工业中的初始就业规模和它们以后吸纳的就业增长呈现显著的正向关系
	城市化经济	格莱泽等人(Glaeser, et al 1992)利用六大工业部门的数据发现了城市产业的多样化的确有利于单个产业的发展。乌兰辰和萨特思韦特(O'hUallanchain, Satterthwaite, 1992)在 37 个快速增长的工业部门中找到了 17 个受到动态城市化经济影响的部门

(资料来源:周伟林,严冀.城市经济学[M].上海:复旦大学出版社,2004:33)

市场中的集聚经济

除了在一般行业中的地方化经济和城市化经济，在市场中也有集聚经济在起着作用。作为集聚经济中商业场所集中出现的一个补充说明，市场中的集聚主要也可归结为两点：购买的外部性、非完全替代品和互补品降低交易成本。

1) 购买的外部性

在传统的商业空间中，购买行为有着很强的外部性。假使一个服装店吸引的是附近的居民，一天有 50 人次的顾客关注的话，那么，10 个集聚在一起的服装店就可能吸引更大范围的居民，引来一天 600 人次的顾客，而城市中心区成百上千家店铺则更加惊人，吸引来的可能是整个城市乃至周边城市来的 40 万～50 万名顾客(参见南京新街口商圈 2005 年平时的日均客流量)。尽管它们之间存在着竞争关系，但是分摊下来还是有更多的顾客光顾了，这就是城市零售点集聚在一起的原因：为了享受互相带来的外部性。

2) 非完全替代品和互补品

对消费者来说，人们选择商业集聚的地方是因为人们对非完全替代品和互补品的购买需求可以用交易成本比较低的方式实现。非完全替代品(non perfect substitutes)是指两样商品相似但不相同，互补品(complementary goods)是指相关的两样商品。当非完全替代品和互补品共享紧密集聚的时候，人们在购买商品的时候找寻更容易，成本更低，也很有可能多买一些相关的商品，造成更多的购买。

这主要是因为，在商业集聚的同一区位购买多种商品会极大地节约交易成本，同样，在商业集聚的同一区位寻找替代品也会极大地节约交易成本。因为，购买该区位的商品在减去交易成本之后，能够最大化消费者的消费水平，因此消费者会选择到商业集聚的地方去购买。

3) 网络购物带来的交易成本下降

在传统的购物活动中，人们必须到达市场或商业集聚的地点才能买到东西，但这一点正在发生很大的改变。因为互联网和线上购物的发展，有越来越多的消费者转向了网络购物，因为相比线下的商业集聚区而言，网络购物搜寻物品和选择的交易成本就更低了，只需要在电脑、手机上点一点就能很快找到自己需要的物品，交易成本的下降非常显著。

网络购物比起实体购物而言，显著的缺陷是不能接触到实物，这一点又会造成信息成本的上升，但是越来越详细的商品描述和商品评价体系可以改善这一点，因而总体而言仍然是交易成本在下降，人们越来越多地从实体购物转向网络购物也就不足为奇。

2015 年，中国网络零售交易额为 3.88 万亿元，同比增长 33.3%，其中实物商品网上零售额为 32 424 亿元，同比增长 31.6%，高于同期社会消费品零售总额增速 20.9 个百分点，占社会消费品零售总额(300 931 亿元)的 10.8%。这个数字还在不断增长中。

■ **课堂讨论**

讨论题目四：互联网对城市空间发展的影响(以数据和案例说明)。

5.2 城市的发展实例和城市规划的发展

在工业革命之前的漫长时间里,大约从公元前 3000 到公元 1800 年,整个世界的特征是乡村社会。虽然也有一些市场城市在世界各地出现,但城市空间和城市经济并不是发展的主流。到了 19 世纪初,城市人口只占世界总人口 3%。从 1800 年至今,世界上的城市开始快速发展起来,城市经济逐渐成为世界经济的主导。现在,世界人口已经超过 60 亿,其中有一半以上居住在城镇。根据联合国人类住居规划署的预测,到 2030 年,城市人口将达到 49 亿,这新增的 19 亿城镇人口主要出现在以东亚和南亚为主的发展中国家,其中包括中国新增的 4 亿和印度新增的 3 亿(联合国人类住居规划署,2005)(表 5-3)。

表 5-3 2030 年的城市人口和服务需求

城市人口(2003)	30.44 亿
预计城市人口(2030)	49.45 亿
新增城市人口(2003—2030)	19 亿
贫民窟居住人口(2001)	9.2 亿
至 2030 年时需要住房与城市服务的人口	28.2 亿

(资料来源:联合国人口司,2004;联合国人类住居规划署,2003a)

表征城市发展的简单指标是城镇化率,我们把城镇人口占总人口的比重称为城镇化率。如果把世界城镇化进程大致分段的话,可以分成 4 个阶段:城镇化初兴阶段(1760—1850)、城镇化局部发展阶段(1851—1950)、城镇化普及阶段(1950 至今)和与之同时出现的郊区化阶段(表 5-4)。现代城市率先发展起来的是以英美为首的发达国家,在这些阶段中的英美城市,可以总结为快速集聚的城镇化、内城的空洞化、波动的城镇化和郊区化过程。相应地,城镇化出现的时间也就是现代城市规划出现和发展的时间,经历着城市发展的历史进程,人们在规划中践行了某些思潮、某些理论,又有所收获或者经历失败反思。

表 5-4 世界城镇化发展阶段和主要规划理论

城镇化阶段	时间	英美城市的特征	规划实践
城镇化初兴	1760—1850 年	快速聚集的城镇化	英国城市规划的出现
城镇化局部发展	1851—1950 年	工业城市从兴旺到转型	美国城市更新运动
城镇化普及	1950 年至今	波动的城镇化	规划理论多样化
郊区化	1950 年至今	和城镇化并存	新城市主义和精明增长

5.2.1 工业革命期间——快速聚集的城镇化

从英国的工业革命开始,现代城市崭新地出现了,这些新兴的工业城市可以看成是工业城市的原型。英国、德国、法国等发达国家率先进入了快速聚集的城镇化阶段,仅仅 100 年时间,从 1801 年到 1901 年,英国的城镇化从 32%增长为 78%,成为高度城镇化的国家(表 5-5)。

表 5-5　主要欧美国家城镇化进程　　　　　　　　　　　　单位:%

年份	1801	1851	1901	1921	1930
英国	32.0	50.1	78.0	79.3	80.0
德国	—	—	54.3	62.4	64.4
美国	4.0	12.5	40.0	51.4	56.2
法国	20.5	25.5	40.1	46.7	51.2

(资料来源:中国社会科学院研究生院城乡建设经济系.城市经济学[M].北京:经济科学出版社,2001:17)

正如之前我们构建的框架那样,工业城市产生和发展的原因有农业的发展、工业发展中的规模经济与集聚经济,还受益于交通成本降低、技术进步等。

农业

首先是农业,技术革新提高了农业生产力,为迅速城镇化提供可能条件。有大量的农业剩余人口出现,可以投入工厂之中。

制造业的规模经济和集聚经济

其次是机器生产,新发明和改进的机器(例如珍妮纺纱机、蒸汽机等)使得工人集中在一起劳动,单个工人产量迅速提高,生产中的规模经济增长。在工业中新的生产过程必然导致集聚经济,先是地方化经济,然后是城市化经济,城市的区位优势增强。大量的产业工人脱离了农业生产,集聚在工厂林立的城市中。

曼彻斯特、格拉斯哥、利物浦等英国的工业革命重镇就是在这个时期出现的,在这些城市中,规模经济和集聚经济的出现可以很清楚地观察到。1780 年代,在曼彻斯特诞生了第一家棉纺织厂。1785 年以后,詹姆斯·瓦特改进的蒸汽机在工厂投入使用,从此这里的棉纺业发展得更为迅速。1830 年,曼彻斯特的棉纺织厂已集聚起来,共达 99 家,产量占据英国棉纺织工业的近 50%。与此同时,城市急剧扩张,前后不到一百年,曼彻斯特人口就从 1750 年的 1.7 万人剧增到 1835 年的 30 万人。格拉斯哥则是造船业和火车机车制造的集聚之地,1850 年英国有汽船 100 艘,到 1860 年已达 5 000 多艘,汽轮数量几乎占到全世界的一半,而其中大多数是由格拉斯哥制造的。

城市间的交通

纺织工业、采矿工业和冶金工业的发展引起对改进过的运输工具的需要,运输工具需要运送大宗的煤和矿石,以便为工业提供足够的能源和原材料。蒸汽船和铁路出现了,它们的使用极大地降低了交通成本。货物运输的成本降低了,工业产品的辐射范围增大,农业地区可以更好地利用比较优势,提高生产力。城市间的交通扩大了城市的市场范围,随着贸易的增加,商业制造业更加发展了。甚至,迅速发展的造船工业和航运把某些城市变为世界贸易的中心,格拉斯哥和曼彻斯特附近的港口城市利物浦都成为世界闻名的贸易城市。

城市内的交通

城市的规模是受到城市内部交通成本限制的,当交通成本过大,人们就不再选择这个地点定居。城市内的交通进步扩大了城市可发展的规模,增加了可居住的位置。以美国的波士顿为例,1850年代,城市公共交通进行了一系列革新;1860年代,出现了马力铁路;1890年代,电车普遍使用,取代步行成为人们通勤的重要方式。1850年波士顿的城市半径只有2英里(1英里≈1.609公里),1890年城市半径扩大了3倍,土地面积增长9倍(阿瑟·奥沙利文,2003)。

19世纪的英国和美国,交通是进步的工业化社会的一个组成部分。尤其是在美国,交通逐渐变成占统治地位的郊区化的组成部分,一直延续到1920年代,中产阶级通勤者的郊区都是围绕着火车站或电车站组织的(大卫·沃尔特斯,等,2006)。这个理念在日后推动了"交通导向式开发"(TOD)模式的设计。

卡车的引进也产生了相似的影响,卡车降低了城市间的交通成本,增加了集中生产的优势。卡车使工厂不再依赖铁路终端和港口,使得工厂可以建在中心城市之外。

土地利用

为增加城市的可利用地,除了在用地规模上想办法,还可以在用地强度上想办法。人们对空间的需要导致了对土地集聚利用的需要。建筑方法的革新也扩展了城市规模,建筑建设的密度更大、强度更高,这样,就增加了土地利用密度和城市容量。

1885年,美国芝加哥第一座10层高的摩天大楼——家庭保险公司建成,它是世界上第一座钢框架结构的建筑。它的建成标志着城市往空中发展的时代来临了。

工业革命带来的经济增长和城镇化

1785—1850年,英国的经济实现了飞速的增长。主要的工业产品如棉织品产量增长了49倍,采煤量增长了8倍多,生铁产量增长了1 300多倍。1800年,英国的煤、铁产量比世界其他国家生产的总和还要多。作为率先进入工业社会的国家,1820年,英国工业生产值已占全世界总产量的50%,工业在国民生产总值中占比从24%上升到了34%,农业的占比则从1770年的45%降到1841年的22%。劳动力从农业中向工业迁移,农业劳动力的比重从1801年的35%降至1901年的9%,工业劳动力则从29%上升到45%,这显示着城市的快速发展和扩张。

工业革命和城市规划的起源

工业革命以后,城市规模扩大,城市中的居住非常密集。工人们拥挤地居住在工厂周围,住房狭小,街道狭窄,环境很差。因此引起了建筑师对城市变革的忧虑。

英国的城乡规划法规起源于对公共卫生和住房问题的关注。18世纪末19世纪初,工业化大规模生产导致社会结构的急剧变革,城市中的人口规模膨胀、环境恶化以及住房短缺问题尤为突出。1848年和1875年的《公共卫生法》、1866年的《环境卫生法》成为政府解决环境和住房问题的重要法规。从1870年代开始,各地方政府在不同程度上发展自己的地方住房法规,规定诸如日照间距、居住密度、卫生设施等一些基本标准。1909年英国政府颁布了《住房与城市规划法案》(Housing & Town Planning Act 1909),这标志着城市规划作为政府职能的真正开始。

5.2.2 20世纪初的城镇化——工业城市从兴旺到转型

重建的需求

第二次世界大战结束后,欧洲的许多城市遭受重创,导致战后的大规模重建与更新。在美国,第二次世界大战后大批退伍军人对住房需求骤增,房荒问题严重,也带来了大规模建设的需要。

制造业开始外迁,新兴产业发展

19世纪末20世纪中,美国的传统制造业在内城纷纷走向衰落,工厂和人口外迁,税收减少,就业减少,贫困人口增加,产业结构变化,老工业城市内城衰败。1929—1954年,美国波士顿、芝加哥、底特律、匹兹堡、旧金山等城市制造业就业率普遍下降,其中底特律的就业率从75.2%降到了53.5%。

底特律是这些老工业城市中间比较典型的一座。底特律的别名"汽车之城",随着航运、造船以及汽车制造工业的兴起,底特律自1830年代起稳步成长。底特律地区到处都是开发汽车的创新者,有兰塞姆·E. 奥尔兹(Ransom E. Olds)、约翰·弗朗西斯·道奇和霍勒斯·埃尔金·道奇兄弟(Dodge Brothers)和亨利·福特(Henry Ford)等,各种各样的新工艺和新技术出现,底特律慢慢成为世界汽车工业之都。1896年,亨利·福特在麦克大道租用的厂房里制造出了他的第一辆汽车。1908年,福特"T形车"下线,利用新发明的移动装配线,劳动生产率极高,导致成本下降。1909年"T形车"以900美元的低价推出,1914年降到了440美元,1916年降到了360美元,销售量从1909年的5.8万辆直线上升到1916年的73万辆。工业的发展吸引了来自美国南部的大量居民,使得底特律的人口数量在20世纪上半叶急剧增长。第二次世界大战给底特律的工业带来了极大的发展,但是,到了1960年代和1970年代,底特律经历了痛苦的衰退,曾经占80%财政收入来源的汽车工业逐渐萎缩、裁员,人口急剧减少,直到2013年城市申请破产,此为后话。

第二次世界大战前后,新兴产业——包括商业贸易、金融业、通信信息、科技文教、医疗卫生、饮食服务及旅游等蓬勃发展,在城市经济结构中所占比例不断提高。从工业化的初兴经过大约100年的时间,发达国家城市的工业化后期和后工业时期逐渐来临。美国这些传统制造业城市的转型,需要城市的主导产业更替和城市空间转变。但是,内城衰败成为新兴产业发展和经济结构调整的桎梏,新兴产业纷纷避开城市中心,向郊区发展,成为郊区化和蔓延的重要原因之一。

功能主义和政府投资,城市规划的发展

1933年,由勒·柯布西耶一手起草的《雅典宪章》提出了城市功能分区的规划理论,并整整影响了其后40年的西方世界。在20世纪前半期,勒·柯布西耶、沃尔特·格罗皮乌斯、路德维格·密斯·凡·德·罗,包豪斯里的艺术家和建筑师们,以及现代主义运动的其他先驱人物,成为"国际式"童话故事的倡导者。这些现代主义建筑师认为自己的首要任务是摆脱环境中的社会因素和污染了的工业城市中的社会病,在那里,工人们过着悲惨的生活,在不卫生的贫民窟中拥挤地居住。柯布西耶特别反对那些阴暗泥泞的街道,他把街道称为"沉闷的地沟,愚蠢的小道"。在这种背景下,"取代陈旧、腐化的维多利亚城市,现代主义建筑师想象了一个明亮、崭新、健康的环境,阳光充足、空气新鲜、空间开敞,崭新高大的新建筑没有任何装饰,不再沿袭陈旧的历史式样。多么壮丽的景象,多么完满的职业使命"(大卫·沃尔特斯,等,2006)。从1930年代到1970年代,依托着城市更新运动和城市改造项目,柯布西耶的学生和崇拜者们在美国和英国兴建了大量的"柯布式"板楼,在旧的邻里被夷为平地之后,主干道划分了单一的功能分区,巨大的新建筑孤零零地矗立着。1972年雅马萨奇的"普罗蒂-艾戈"低收入者公寓被炸毁,似乎在隐喻着功能主义和板式高层的没落。

《雅典宪章》在后来的城市规划学者那里遭到了批评:"宪章狭窄地将现代城市定义为四个主要类别——居住、工作、游憩和交通","宪章的文字里,对社会、经济或现有居住区、混合利用邻里的建筑特色没有做任何有意义的讨论","CIAM关于功能城市的模型是那么简洁有力,以至于让人们忽略了城市真正是怎样运行的"。

在这些大规模的旧城改造和住宅新建的背后,是美国联邦政府投资的支持。美国自1930年代大萧条之后,根据凯恩斯的宏观经济研究,颁布了一系列由联邦政府投资在公共项目的政策,如改善贫困、提供食品和医疗、就业再培训等项目,旨在刺激需求、拉动经济的发展。其中一个重要的投资方向就是公共住宅项目。1934年大萧条后颁布的《临时住房法案》,旨在解决失业人口的居住问题,1937年该法案进一步补充为《住宅法》,决定由中央政府出资,地方城市政府建造公共住宅,以供低收入户租用。全美3 000多个地方"公房管理局"(LHA)负责建造并管理这些公共房屋。1949年,美国政府在总结1937年的《住宅法》实践的基础上,重新修订并颁布了称为《城市再发展计划》的住宅法案,1954年扩大的法案改称为《城市重建计划》,由此拉开了美国城市重建或更新的序幕。其主要内容包括四个方面:一是拆除、清理破旧的贫民窟,改造城市中心区;二是振兴城市经济,吸引更多的居民重返城市,恢复城市活力;三是建设优美市区,美化居住环境;四是消除种族隔离,解决社会矛盾。

美国联邦政府以投资拉动经济、振兴城市的良好理念,和建筑师们以改造社会为己任的良好理念结合在了一起,促成了1949—1974年这25年间的大拆大建。由于美国联邦城市更新部门提供了大量的资金,地方政府积极性很高,参与项目当然是有利可图的,改造有钱可拿,不改造没钱可拿,不需要花费地方政府的开支;开发商更是有利可图,可以花很少的钱买到第一流的土地。其结果就是,老城一扫而空,土地从一开始的住宅计划,越来越多地变成有利可图的项目。在此后的反思中,经济学家普遍认为,政府这些公共投资的效率低下,公共住房成本偏高、质量低下。更要紧的是,这些住房计划加剧了贫民中的不公平,并阻碍了劳动力的流动。美国联邦政府的公共投资项目充分地证明了政府失灵的存在。

在现代主义先驱们的影响下,贫民窟被拆除了,但许多本来可以保留和翻新的社区也都毁于一旦,甚至一些具有重大价值的历史建筑物也没能幸免。在英国,查尔斯王子曾评论道:规划师在第二次世界大战之后毁掉的城市,比希特勒的德国空军在整个狂轰滥炸的岁月里干得还要多。与此同时,美国城市更新运动扫平了许多城市中心的黑人区,推土机浩浩荡荡地开进旧邻里的举动也堪称暴行,典型案例如汤姆汉·切特对夏洛特市的研究,详细记述了这段历史[①]。这些规划和建筑形式忽略了外部公共空间的场所感,破坏了社区固有的社会支持网络,导致了贫民陷入更加贫困的状态,增加了城市道路拥挤和交通成本,造成了城市经济财政的巨大压力。

5.2.3 美国1960—1990年的城镇化——波动的城镇化

在这一时期,由于美国的城市化已经到达高度化,美国城镇化增长速度放慢。城市普遍进入了后工业化时期。在几十年中,城镇化呈现波动的状态,1960年代,大城市地区增长速度是非大城市地区的4倍;1970年代,非大城市地区增长速度比大城市地区快25%;1980年代,非大城市地区增长速度下降,大城市地区增长速度上升。

制造业的外移

制造业就业继续分散。随着公路系统的发达,一些劳动密集型产业从大城市地区转移到低工资的非大城市地区,在这里,低工资、低地价降低了劳动成本,为企业的迁入带来了吸引力。此外,工业资本也从美国东部、西部地区转向南部、西南部"阳光带"。

这种工业的"外移"并没有因此停止,而是变成了"全球化"的移动:自1960年代工业资本从美国大城市转移到郊区、从东部和中西部转移到南部和西南部的"阳光带"之后,1970年代工业资本从美国向全球流动,转移到了韩国、新加坡、中国香港、中国台湾四小龙;1980年代末,包括中国沿海经济特区在内的一批亚洲新兴城市成为国际资本转移的目的地;1990年代开始到达长三角(张庭伟,2003)。

后工业化时代来临

就业从制造业向服务业流动的经济趋势大大影响了城市的发展。1947—1994年,美国生产行业的就业百分比(农业、采矿业、建筑业和制造业)从45%下降到24%,服务行业就业的百分比(交通运输业、批发零售业、金融保险业、房地产业、服务业和政府部门)从55%上升到76%,已经是典型的后工业化时代的经济结构。

同时,创意产业飞速发展。目前美国最富裕或快速增长的地区是以创意产业为主的,这些城市超过30%的人口从事创意产业。这种产业对城市空间和生活有要求,占地不大,但产出巨大。

城市规划关注空间的社会利用

英国城市改造和美国城市更新运动席卷之后,无防卫性和私密性的城市空间、机械的城市

---

① Hanchett T. Sorting Out the New South City[M]. [s. l.]: The University of North Carolina Press, 1998: 249-250,描述了这样一个案例:夏洛特市花掉了联邦政府4 000万美元,荡平了市中心的街坊,将黑人街区大幅损毁,1 007个家庭被迫搬迁,社会结构被铲除,小店铺和工作机会消失。替代的用途并不是新居住区,而是任意的、对城市有"好处"的项目,背后推动的夏洛特的商业和政界头目是一丘之貉。从1960—1967年,城市几乎夷为一片平地。转引自大卫·沃尔特斯,琳达·路易丝·布朗.设计先行——基于设计的社区规划[M].张倩,等译.北京:中国建筑工业出版社,2006

分区引起人们的反感,大规模的城市更新更带来黑人社区被扫平,激化了社会的矛盾和贫富差距。反现代主义运动开始了,建筑师和规划师们重新思索,"倡导式规划"开始出现,年轻的规划师们不再跟随自己的导师们,在纸上描画那些大体量的板楼住宅区,而是深入社区帮助解决问题,推进渐进式的发展。随着工业化时代的远走,大规模的拆建也不再是城市发展的主流。这一时期,简·雅各布斯、凯文·林奇等关注空间的社会利用,希望唤起人们的注意,重塑和人们感觉密切相关的、充满活力的城市。

5.2.4 郊区化

郊区化是与城镇化同时进行的过程。第二次世界大战结束后,美国的郊区化形成规模。1947—1972,中心城市生产性职位减少 100 万个以上,而同期郊区却增加生产性职位 400 万个以上;中心城市零售职位减少 50 万个以上,郊区职位增加约 400 万个(阿瑟·奥沙利文,2003)。

这个过程和汽车的普及有很大的关系。1908 年,福特利用改进的生产线生产出了物美价廉的"T形车",改变了美国人使用汽车的成本和体验。1920 年代,美国小汽车开始普及,此后飞速增长。到 1946 年,已有 50% 的家庭拥有汽车。到现在,平均每个美国家庭拥有两辆汽车。

1970—1980 年,美国纽约城市人口增长率为 -10.4%,费城为 -13.4%,底特律为 -20.5%,华盛顿为 -15.6%,等等。英国 1993 年与 1970 年相比,100 万以上大城市人口占总人口由原来的 27% 降为 23%,就业人口也有相应的变化(阿瑟·奥沙利文,2003)。

制造业的郊区化

造成制造业郊区化的原因有如下的一些方面:

市内卡车——降低运输成本,弱化中心吸引力;

城市间卡车——和高速公路系统的互相作用,制造商摆脱了对中心城市的依赖;

汽车——使拥有专业劳动力的企业郊区化;

单层车间——新的生产技术(如流水线和叉车)需要单层建筑,对土地的大量需求使得郊区吸引力更大;

城郊机场——使得工业进一步分散。

人口的郊区化

造成人口郊区化主要有以下的一些原因:

实际收入的增长——土地消费的增加。通勤成本(机会成本)的增加 VS 土地消费的增加(更大面积)不会极大地促进郊区化;

通勤成本的下降——使得可住区位增加,城郊区位相对易达性的增加,提高了郊区人口分布;

中心城市的问题——旧住宅、税收、环境、犯罪使人们想逃离城市,中心城市已经成为低收入的代名词,与此同时,人们心怀美国梦,充满了对郊区中产阶级生活的向往;

此外，人们也可能跟随企业迁到郊区。

零售商业和写字楼就业的郊区化

1950—1970年的20年间，郊区提供了零售和商业部门75%的新工作岗位。触目惊心的例子是，在1950—1970年间的大芝加哥地区，工业用途和商业用途的土地消耗增长了74%，是该大城市带人口增长率的18倍(阿瑟·奥沙利文，2003)。

城市规划

郊区本身是从霍华德的"田园城市"一脉相承的。但郊区大面积单一的开发，开发商的推波助澜，使得郊区蔓延，美好的开始变成问题。人口减少，城市用地大规模增加，住宅千篇一律，小汽车交通严重浪费，这导致新城市主义和精明增长的出现。新城市主义和精明增长强调密度的提高，土地围绕着公共交通节点混合利用，如混合的、尺度适宜的社区等等。

另一方面，文丘里提出"带状商业空间或一般而言的公路传播，是一种更有效的建筑和文化体验，对美国人来说，比传统的欧洲广场围合式空间更站得住脚"。在文丘里和他的合著者眼里，公路沿线最有用的建筑作品其实是商业招牌，而不是房子。如果建筑是一种向大众传达信息的手段，那么，大型招牌的象征意义远比现代主义的抽象美学有效得多。并不是商业立面本身有什么价值，而是打破了现代主义的智力屏障，重新发现了立面的意义，建筑可以再次响应外部公共环境，延续城市文脉。

5.3 城市发展的理论模型

5.3.1 效用与城市规模

在阿瑟·奥沙利文的《城市经济学》(第6版)里，建立了一个工人效用与城市规模的模型。效用(utility)，功效和作用，是指消费者从他们消费的商品组合中得到的消费收益。如果一个人喜欢一种商品组合胜于另一种商品组合，经济学家就说他所喜欢的这种商品组合带来的效用比另一种商品组合带来的效用大。个人在自己的预算约束或者时间约束下，选择的是能让他的效用最大化的商品组合。

效用

效用一词最初来自边沁的"功利主义"，指用来度量快乐或者痛苦程度的指标，在经济学中，是用来度量人的偏好的一个单位。用效用来度量人的偏好，其含义不是特别明确。人们偏好什么、不偏好什么，相当于说人们喜欢什么、不喜欢什么。偏好和喜欢，是非常主观的概念，没有办法度量，也就显得不那么科学。因此，一些经济学家建议，直接以"使用价值"的概念代替"效用"，这样就明确多了。例如，我们说教育设施对一些家庭的效用高，不如说对这些家庭来说，教育设施的使用价值更高，高于其他那些环境、交通等带来的使用价值，这样更加清晰明了。因为使用价值是具体的、能衡量的，甚至能以货币价值去衡量，这些家庭愿意付出更多的货币代价，以换取某一种特定的使用价值，而效用就很难表达清楚。我们可以这样认为，效用是人们对使用价值考量的一种意图,使用价值是真实实现的效用。在工人效用与城市规模的模型中,为了知识的延续性,我们仍然使用效用这个词。在很多经济学著作中,效用也是避不开的一种说法。但在理解时,注意其和使用价值的这种互为表里的关系,才能建立起真正科学的描述。

效用与人们的选择

因为集聚经济提高了劳动生产率和工人的工资,越是集聚的地方,例如大城市,工人的劳动生产率越高,工资就会呈现越高的趋势。由于每个工人都要进行自己的选择,他们会倾向于选择工资更高的地方。另外,他们会考虑到自己所付出的成本,例如交通时间、拥挤程度(以住房大小和房价为指标)、环境污染等。两者相比,如果收益高于成本,那么他们就仍然会向着这个城市集聚。把人们对效用的考虑简单列表,如表5-6所示。

表5-6 人们对效用的考虑

效用增加(收益)	效用减少(成本)
工作机会(刚性)	通勤时间
更高的工资(刚性)	高密度、拥挤
设施水平	污染
可选择的土地区位	房租费用
……	……

人们在居住于这个城市的优缺点中进行权衡取舍,如果收益大于成本,他们就选择集聚,城市继续扩大;如果收益小于成本,他们就选择离开,城市开始缩小。这个模型的意义在于,它揭示了城市的规模,城市集聚与否取决于个人的选择,经济学模型无论大小,其出发点始终在于个体的选择。与其说是城市政府的决策者规划了城市的大小,不如说是个体选择了城市的大小。而城市政府的决策者能做到的是提供公共服务设施或者良好的环境来激励个体的选择。

1) 只考虑收入和通勤成本的城市模型

正如前文所述,集聚经济因为中间投入品的成本节约、劳动力共享和知识溢出等提高了劳动生产率。在一个充分竞争的劳动力市场上,企业间的竞争确保了工人的工资直接反映出他的劳动生产率,因此,在大城市的工人工资水平较高。

在表5-7中,描述了一些简单的工资水平和城市规模之间的关系。在工资一列,工资以增长率递减的速度在增长,这是假设劳动生产率随着工人的总数而增加,但继续的工人增加所带来的增长率下降了,呈现边际收益递减的现象。另一方面,我们假设人口的增加会增加通勤时间(而不造成其他麻烦),通勤时间增加,人们用来休闲的时间也就减少了,这就造成了一些损失,损失都可以以货币的方式来表达。

随着城市规模的增加,工人的劳动收入提高了,但提高的速度是减少的,从200万增长到400万就没有从100万到200万增长得快。随着城市规模的增加,通勤成本增加了,当工人数量从100万增长到200万时,他们的通勤成本翻了一倍,从5美元变成了10美元;而当工人从

200万增长到400万时,通勤以更快的速率增加,增长为22美元。因而总体来说,城市规模增加的时候,效用增加,但增长到一定门槛之后(通勤成本的提高大于劳动生产率的提高,或者说,交通费用的提高大于工人收入的提高),效用锐减。在前一个阶段里,集聚经济效应高于由通勤成本增加所导致的规模不经济,人们计算了自己的得失,是倾向于集聚在这个城市;在后一个阶段里,集聚经济效应低于由通勤成本增加所导致的规模不经济,人们倾向于从这个城市离开(表5-7)。

表 5-7 不同规模的城市效用比较 I

工人总数(百万)	工资(美元)	劳动收入(美元,8小时)	通勤成本(美元)	效用(美元)
1	8	64	5	59
2	10	80	10	70
4	11	88	22	66

(资料来源:阿瑟·奥沙利文.城市经济学[M].6版.周京奎,译.北京:北京大学出版社,2008)

2) 考虑通勤成本边际增长较小的城市模型

在现实中,超过400万人口的城市比比皆是,在东亚地区很多大城市的人口超过了千万,这违反了这个模型吗?原因是,这个模型中人们考虑的成本仅有通勤成本一项,在很多大城市,通勤成本的上升并不会随着人口规模的增多(城市半径增大)而呈加速上升的趋势,相反,很多特大城市都建设了轨道交通等系统,大大地降低了通勤成本,人们出行的边际成本是降低而不是增高。因此,我们修改下列关于通勤成本的数字,可以看出,随着城市规模的增大,因为工资的增加超过了通勤成本的增加,人们还是会选择不断集聚(表5-8)。

表 5-8 不同规模的城市效用比较 II

工人总数(百万)	工资(美元)	劳动收入(美元,8小时)	通勤成本(美元)	效用(美元)
1	8	64	5	59
2	10	80	10	70
4	11	88	15	73

3) 考虑收入、设施收入和通勤成本的城市模型

在城市中,人们考虑的不仅是收入,如果工作机会和收入能保证的情况下,人们还会比较城市的设施条件,倾向于选择公共设施齐全、城市环境优美或者教育医疗水平高的城市。因此,我们继续修改上式,在其中增加设施收入。

由于公共设施的建设有规模门槛,无论是污水处理厂还是歌剧院,城市规模越大,能支付和建设的设施种类就越多,质量越高。例如,小城镇很难建设齐全的排水系统,污水处理厂也很难尽如人意。小城镇没有足够的被服务人口,因此,美术馆、剧院这样的文化设施就会没有或者非常简陋。小城镇的劳动力总量小、工资水平低,难以找到高水平的教育人才,从而拥有高质量的教育。而大城市则拥有各种各样便利的设施,这些设施对人们来说也是无形的收入,

很多人会因为教育质量高或者设施方便而选择一个城市。

假设了设施收入随着工人总数的增长而同比增长之后,我们看到,效用的增加更明显了。这意味着,大城市更受欢迎,城市规模会继续增长(表 5-9)。

表 5-9　不同规模的城市效用比较Ⅲ

工人总数 (百万)	工资 (美元)	劳动收入 (美元,8 小时)	通勤成本 (美元)	设施收入 (美元)	效用 (美元)
1	8	64	5	5	64
2	10	80	10	10	80
4	11	88	15	20	93

4) 通过调整住宅土地价格实现区位均衡

在上述的模型中,我们还没有涉及一个工人在城市内部的区位选择。城市有许多可居住的区位,有的离城市中心近,有的离城市中心远。因为自私的人们会选择成本小的、收益大的,那么,通勤成本比较大的地方(例如城市边缘)会不会出现真空、无人居住?显然,这在真实的城市中是不会发生的。这是因为,土地的价格也会因此而变化,区位好的价格高,区位差的价格低,这样,不同区位上的居民的效用水平就没有差异了。

假设有一个 200 万人口的城市,工人在住所和工作单位之间通勤,每个人的通勤成本差异很大。我们同时考虑他们的土地租金支出和土地租金收益,这就意味着人们拥有自己的土地。为了简便,我们假设他们的劳动收入都是一样的,土地租金收入也是一样的,而土地租金支出在市中心最贵,越远越便宜。由于土地租金的变化可以抵销通勤成本变化所带来的效用损失,因此,居住在城市中心、5 英里之外和 10 英里之外的空间的居民,其效用水平没有差异。

这里的效用＝劳动收入＋土地租金收入－通勤成本－租金支出。

在最后一列可以看出,每一个居住在不同地点的人,他们的效用都是一样的,这就意味着,城市的任何地点都有人选择。更看重环境而愿意付出交通成本的人住在郊区,更看重节省时间而愿意住更贵(或更小)的住宅的人住在城市中心。这一切都视他们自己的选择而定(表 5-10)。

表 5-10　城市内部的通勤成本、土地租金与效用Ⅰ

通勤距离 (英里)	通勤成本 (美元)	土地租金支出 (美元)	劳动收入 (美元,8 小时)	租金收入 (美元)	效用 (美元)
0	0	25	80	15	70
5	10	15	80	15	70
10	20	5	80	15	70

(资料来源:阿瑟·奥沙利文.城市经济学[M]. 6 版.周京奎,译.北京:北京大学出版社,2008)

5) 考虑了设施收入和环境收入的区位均衡

我们继续改变这个模型的假设,这一次,取消租金收入(毕竟到处都一样),加入设施收入和环境收入。这样,居住在城市中心的人能够获得更好的设施水平,例如更好的教育、医疗和文化设施等。而环境收入是远离城市中心的位置效用越高,由于市中心拥挤不堪,越是到郊外,环境越好,环境收入越高。可以看出,结果仍然是效用无差异,在城市的任何位置都有人择居。有的时候,人们考虑教育、医疗等设施更多于环境,有的时候则正相反,这些不同的人群也就居住在了城市的不同的地点(表 5-11)。

表 5-11　城市内部的通勤成本、土地租金与效用 Ⅱ

通勤距离 (英里)	通勤成本 (美元)	土地租金支出 (美元)	劳动收入 (美元,8 小时)	设施收入 (美元)	环境收入 (美元)	效用 (美元)
0	0	25	80	20	0	75
5	10	15	80	10	10	75
10	20	5	80	5	15	75

6) 小结

城市会不会进一步扩大,取决于就业者对工作机会、劳动收入、房租、通勤成本、设施收入、环境收入等的权衡取舍,人们会对自己的选择进行效用的比较,当效用比较高的时候就选择在这个城市定居。在这些条件里,最为决定性的是工作机会和劳动收入,如果没有工作和收入,其他的选择就不存在了,因此我们说它们是刚性的。由于对于不同的人,一些条件的效用是来自于个人的判断,例如,是教育给他带来的使用价值更高,还是环境给他带来的使用价值更高,这使得对不同的人来说,会出现不同的选择,总的来说,在城市的不同区位会呈现效用无差异。

5.3.2　城市形态与大而完整的劳动力市场

丁成日总结了城市发展的形态,他认为主要有三种方式:建新城或卫星城;城市空间扩张(即俗称的"摊大饼");已开发的城市土地的再发展(棕地开发)。前两者的区别在于,建新城、卫星城属于城市空间不连续的开发,这里的新城被定义为和主城相离的、有一定距离的独立发展新城;"摊大饼"属于城市空间连续的开发。而在城市高速发展的时期,城市空间的再开发因为无法满足发展的需求,所以不是主要的土地利用方式。在他建立的框架里,城市要快速发展只能选择建新城或者"摊大饼"。问题是,城市如何扩张才能一方面推动和促进城市经济的发展,以最小的代价,获取最大的经济回报,另一方面保护环境,充分地利用资源,获取最大的社会效益(丁成日,2005)?

"摊大饼"的缺点

人们通常认为,"摊大饼"的城市开发有这样一些缺点:

1) 城市建成区负荷过重,继续"摊大饼"将更加恶化城市交通,因而需要将城市功能向外转移。

2) 城市规模过大被普遍认为是产生城市环境恶化、住房紧张、交通拥挤等城市病的原因,而"摊大饼"加剧了城市病,使城市的规模失控。

"摊大饼"的优点

但是根据丁成日的总结,"摊大饼"的城市开发也有以下的一些优点:

1) 靠近建成区或靠近交通干线的土地开发成本相对比较低。另外，当土地成片地开发，土地开发成本由于规模经济的存在有可能相对的低。

当开发规模增大时，城市基础设施的平均成本下降，即出现规模经济；但当开发规模超过一定时，平均成本随规模而上升，即出现规模不经济。

实证研究表明（丁成日，2002），靠近建成区的土地比远离建成区的土地更有可能被开发。同时，由于基础设施的规模经济效益，城市成块开发的可能性远大于城市分散开发。土地开发成本的空间变化对城市空间发展呈集聚模式起到了积极的作用。

2) 城市边缘带的交通可达性高，因而可以最小的代价将城市居民与城市就业机会连接起来。大而整合的劳动力市场和劳动力市场规模递增性是大城市发展的内在动力。

城市增长的原动力是空间集聚效应。城市空间集聚效应的主要内容之一是劳动力市场的共用（labor pooling）。对企业来讲，有规模和统一的劳动力市场使企业很容易地雇佣到企业扩张所需的劳动力，同时又可以在企业萧条时期廉价地解雇雇员；而对雇员而言，他们在大的劳动力市场中（有很多同样的企业）更容易再找到同样的工作。世界城市发展经验表明，当大城市有更有效的劳动力市场时，大城市的劳动生产率比小城市高。大且整合的劳动力市场和劳动力市场的规模递增性（劳动力市场规模递增性指的是每增加一个劳动力所带来的边际效应是递增的）是大城市存在和发展的内在动力（丁成日，2004）。格莱泽等（Glaeser, et al, 1992）、费尔德曼和奥德斯克（Feldman, Audretsch, 1999）的研究发现，对大都市区中的某一地区，多样化的就业结构推动了该地方的经济发展。亨德森、布莱克、比尔德斯（Henderson, Black, Beardsell, 1995, 1999）提供了证据说明一种工业行业相对高度集中于一个地方，该地方的经济发展速度比其他地方快。

推论就是，只有当新增的城市建设与已有的城市劳动力市场连接起来，新增的城市建设的效率才能达到最大。理论上讲，用最小的交通使每一个就业机会让每个城市就业人口接近，用最小的交通使每个城市就业人口接近城市所有的就业机会，是城市可持续发展的前提之一。

3) 城市就业结构和收入结构要求城市住房的多样化，只有老城能够提供多种多样的住宅。

如果不是"摊大饼"式地发展，就是发展新城或卫星城。这样，新建建筑（如住宅）无论何种户型，市场价格都很高，低收入的家庭很难支付得起。城市边缘地带一般都有很多老的建筑，这些老建筑为低收入的家庭和城市移民（有相当一部分是低收入的）提供了住宅，使他们能以廉价的交通方式接近城市就业机会。

"摊大饼"的注意事项

并不是说城市的发展应是在各个方向上都等同地向外扩展，国际上的经验表明城市比较成功的空间发展是这样"摊大饼"的：

1) 城市在向外扩展时各个方向的发展速度是不等同的；
2) 城市沿着主要的交通通道向外扩展；
3) 就业和住宅的平衡以交通通道为轴线实现区域平衡。

比较成功的案例有丹麦的哥本哈根，其1960年的城市规划，很好地体现了这些原则。哥本哈根的被描绘成指状的空间模式有下面几个具体内容：第一，强调以公共交通为主导的城市发展模式;第二,土地利用模式在交通通道的节点可以是单一的,因而交通流是有规律的;第三,因为实现了交通通道上的就业和住宅的平衡,城市交通设施得到最大的利用,降低了政府在城市基础设施的投入(Cervero,2004);第四,为城市后来填充式发展提供了可能。

跳跃式蔓延

就城市跳跃式发展而言,国际上有两种论点。一种认为,城市跳跃式蔓延破坏环境,增加政府的基础设施投资,提高交通成本,促使城市居民按阶层地空间分离等。另一种观点认为,跳跃式蔓延使城市填充式发展成为可能,使土地的开发强度能够根据后来的高地价来决定。

卫星城

国际城市发展的经验说明,自给自足、相对独立的卫星城市已经是一个过时和乌托邦式的理念,自英国1947—1950年的第一代新城以来,世界上没有一个卫星城市的发展达到预期的目的。根本原因是它们不符合集聚经济的规律,特别是没有一个大而整合的劳动力市场,产业的集聚因而永远不可能达到想象的效率,而这一点并不是设计能解决的,也不是公共投资能促成的。

边缘城市

在发达国家(如美国)过去的30~40年里,城市发展出现了新的形态——边缘城市(edge city)。为区别于卫星城或卧城,美国通用的边缘城市的定义是:500万平方英尺(1平方英尺≈0.09平方米)可以出租的办公面积,60万平方英尺可以出租的零售面积,就业机会高于卧室的床位数。边缘城市承担着双重功能:一方面与城市中央商务区有着强的经济联系,同时又是周边地区的经济实体。边缘城市的出现和发展无疑将单一中心的城市发展成多中心的城市。需要指出的是,边缘城市发展并不能制止城市"摊大饼"式扩延,相反,在某些地方,促进了城市边缘的扩张。

5.3.3 等级-规模法则

我们观察到,一个国家大多数的城市都比较小,而随着城市规模的增大,同一层级的城市数量越来越少。地理学家和经济学家通过规律总结出城市等级和规模之间的关系:

对于任何一个城市来说,城市等级乘以人口数量是一个常数。如果最大的城市(等级1)有2400万人口(24×1=24),第二大城市将有1200万人口,数量是2个(12×2=24),第三大城市将有800万人口,数量是3个(8×3=24),以此类推。这个规律叫作等级-规模法则。

这个关系得到了尼歇尔(Nitsche,2005)的验证。他利用世界各国的数据对城市等级-规模关系的29项研究成果进行了分析,证明这个结果很相似。在真实世界中,人口的分布比等级-规模法则预测得要更均匀一些,这有可能是由于城市人口数据使用的是行政意义上的人口而不是经济意义上的人口,如果把城市定义为经济意义上的边界,其结果将更加吻合。

以英国为例,最大的城市区域伦敦,1998年的人口是720万(ONS,2000)。第二大城市中心曼彻斯特和伯明翰的人口都为230万,而利兹—布拉福德地区的人口为210万,处于第二位序的城市区域总人口接近700万,比较接近等级-规模法则。但第三等级的城市格拉斯哥、利物浦、谢菲尔德和纽卡斯尔等经济区,集聚区加起来是530万,低于等级-规模法则的预测值。

在意大利,1992 年最大的城市集聚区是米兰,人口约 530 万(UN,1992),第二大城市中心为那不勒斯和罗马,人口分别为 360 万和 310 万。一二级城市满足等级-规模法则。但是,第三级的城市都灵和热那亚的人口分别只有 150 万和 100 万,因此和英国的情况一样,随着城市等级的降低,实际观测值开始偏离。

在我国,2000—2010 年我国前 12 位城市的规模指数均低于等级-规模法则的理论值,规模结构相对扁平,但有向首位城市集中的趋势(金浩然,刘盛和,戚伟,2017)①。

另外,世界上还有许多新兴工业化地区的国家城市分布不符合等级-规模法则。例如泰国,第一大城市曼谷是第二大城市中心区的 40~70 倍。还有阿根廷、爱尔兰、丹麦、法国和韩国等,它们的高度偏斜的城市分布不满足任何的等级-规模法则(菲利普·麦卡恩,2001)。因为工业化还在进行中,这种高度偏斜的分布也许只是一个过渡现象,随着经济的发展,它们的空间分布可能会逐渐趋向那种平稳的等级-规模分布。

等级-规模分布既不是规则也是不定律,而只是对现有国家的一个实证研究结果(表 5-12、表 5-13)。

表 5-12 美国城市规模分布

城市等级(万人)	城市数量(座)	乘积(万人)
超过 1 000	2	2 000
500~1 000	4	3 000
100~500	43	10 750
10~100	324	16 200
少于 10	549	2 745

(资料来源:阿瑟·奥沙利文.城市经济学[M].6 版.周京奎,译.北京:北京大学出版社,2008:55)

表 5-13 2000—2010 年中国各等级城市的数量、比重及其变化

城市等级(万人)	2000 年		2010 年		2000—2010 年	
	座数	所占比重(%)	座数	所占比重(%)	座数变化	比重变化(%)
超大城市(大于 1 000)	0	0.0	3	0.4	3	0.5
特大城市(500~1 000)	7	1.0	9	1.4	2	0.3
大城市(100~500)	45	6.8	58	8.8	13	2.0
中等城市(50~100)	68	10.2	93	14.2	25	4.0
小城市(小于 50)	545	82.0	493	75.2	−52	−6.8
合计	665	100.0	656	100.0	−9	—

(资料来源:金浩然,刘盛和,戚伟.基于新标准的中国城市规模等级结构演变研究[J].城市规划,2017,41(08):38-46)

---

① 金浩然,刘盛和,戚伟.基于新标准的中国城市规模等级结构演变研究[J].城市规划,2017,41(08):38-46

5.3.4 雷利法则

雷利法则又叫吸引力法则,是用来描述市场范围的一个经验观察,它来自雷利(W. J. Reilly)1931年发表的"零售吸引力法则"。雷利用了三年时间,通过对150个城市商圈调查分析后说:"具有零售中心地机能的两个都市,对位于其中间的一个都市或城镇的零售交易的吸引力与两都市的人口成正比,与两都市与中间地都市或城镇的距离成反比。"即越大的市场,吸引顾客的能力越强,距离越远,吸引顾客的能力急剧下降。这听起来很像万有引力定律,事实上也被人们称为雷利-万有引力定律。比如,我们可以讨论城市的零售中心,城市有很多个零售中心,市级的、片区级的等等。如果我们想确定其中两个零售中心的市场范围,就可以用下面的方法来进行计算:

$$\frac{A \text{地吸引} C \text{地零售额}}{B \text{地吸引} C \text{地零售额}} = \frac{A \text{地人口}}{B \text{地人口}} \times \left(\frac{B \text{距} C \text{地距离}}{A \text{距} C \text{地距离}}\right)^2$$

或者是:

$$\frac{Ba}{Bb} = \left(\frac{Pa}{Pb}\right)\left(\frac{Db}{Da}\right)^2$$

其中,Ba为城市A对A、B城市中间某地C处顾客的吸引力;Bb为城市B对C处顾客的吸引力;Pa为城市A的人口;Pb为城市B的人口;Da为城市A与C处的距离;Db为城市B与C处的距离。

雷利法则提供了一种简单的模型,为企业投资做参考,当你无法确切地知道更详细的资料,就可以简单地用人口、总产值或者总销售额等对两地进行简单的判断。基本的观点是,当人们在一地购买的商品种类越多,这个地方的吸引力就越大;而人们来买东西的需求会随着距离的加大也就是交通成本的增加而减少。虽然这是一种简单的分析,但确实让我们对市场范围的本质更加具有洞察力。

这个结论对城市来说,意味着规模较大的城市有着更高程度的城市经济,包括更多的产品、商品和劳动力供给,这就能够吸引来更多的人,并且导致这个城市生产的产品往外运输的距离更长。

雷利法则因为过度简化,也有一些问题被忽略掉了,例如只考虑距离不考虑实际的交通通行,人口数有时不能反映真实的购买量等等,这些都可以加以改进。例如,在考虑距离的时候考虑人们的交通时间或者交通通道的真实供给,在考虑数量的时候考虑销售额,这样得出的结论会更为可信。

■ 课堂讨论

讨论题目五:比较"摊大饼"、带状城市、指状城市的经济效用。

■ 参考文献

[1] 斯蒂格利茨.经济学[M].2版.黄险峰,译.北京:中国人民大学出版社,2000

[2] 曼昆. 经济学原理[M]. 3版. 梁小民,译. 北京:机械工业出版社,2003
[3] 李俊慧. 经济学讲义[M]. 北京:中信出版社,2012
[4] 阿瑟·奥沙利文. 城市经济学[M]. 4版. 苏晓燕,译. 北京:中信出版社,2003
[5] 阿瑟·奥沙利文. 城市经济学[M]. 8版. 周京奎,译. 北京:北京大学出版社,2015
[6] FLORIDA R. The Rise of the Creative Class[M]. New York:Basic Books, 2002
[7] 周伟林,严冀. 城市经济学[M]. 上海:复旦大学出版社,2004
[8] 联合国人类住区规划署. 为城市低收入人群的住房筹措资金[M]. 北京:中国建筑工业出版社,2014
[9] 中国社会科学院研究生院城乡建设经济系. 城市经济学[M]. 北京:经济科学出版社,2001
[10] 大卫·沃尔特斯,琳达·路易丝·布朗. 设计先行——基于设计的社区规划[M]. 张倩,等译. 北京:中国建筑工业出版社,2006
[11] 菲利普·麦卡恩. 城市和区域经济学[M]. 李寿德,蒋录全,译. 上海:格致出版社,2010
[12] 张庭伟. 对全球化的误解以及经营城市的误区[J]. 城市规划,2003(08):6-14
[13] 丁成日. 城市"摊大饼"式空间扩张的经济学动力机制[J]. 城市规划,2005,29(04):56-60.
[14] 金浩然,刘盛和,戚伟. 基于新标准的中国城市规模等级结构演变研究[J]. 城市规划,2017,41(08):38-46.

6 城市产业结构和主导产业判断

6.1 城市经济结构

城市经济结构(urban economic structure)是国民经济诸要素相互联系、相互作用的内在形式和方法,它包括国民经济由哪些要素组成,这些要素的性质和特点,它们之间的相互依赖、相互作用、相互联系的方式及其比例关系等方面。我们熟悉的产业结构包含在城市经济结构概念中。

城市经济结构有很多种划分方法,一般认为,城市经济结构建立在一定的生产力水平和生产关系之上,包括了产业结构、消费结构、基础结构、科技结构、劳动力结构、所有制结构、分配结构、管理组织结构等等,如表6-1所示。城市产业结构是城市生产力结构中最重要的一种。

我们研究城市经济结构,是因为城市经济结构关系到城市空间结构。城市经济结构的每一次重大调整都会引起城市空间结构布局的改变,如改变建设的密度、布局、形态等等,一个工业城市和后工业城市相比,城市的面貌可能截然不同,并且各自都具有可识别性。

城市经济结构也和城市经济增长有着互动的关系。经济学家库茨涅兹说,经济增长过程中经济结构转变率很高,经济增长不断改变着产业结构、产品结构、消费结构、收入分配结构和就业结构等,使农业过剩人口转向城市和工业,小业主转向大企业,从而促进农业向非农、工业向服务业的转变。经济结构的转变反过来又推动了经济更快增长。

6.2 三次产业结构和产业理论

在研究城市经济结构(表6-1)时,我们常常使用三次产业结构的方法来进行研究。三次产业(three industries)是城市产业的常见划分方法,各国划分的标准具有可比性,数据也比较容易获取,这为研究提供了便利。抓住了三次产业的特征,也就能够快速抓住一个城市经济发展的特征。

6.2.1 三次产业划分的起源

三次产业的概念可以追溯到17世纪英国经济学家威廉·配第(William Petty),他在《政治算术》(*Political Arithmetic*)一书中,提出了经济发展与产业结构变化的论述,认为一国的经济总是从传统农业为主体的单一经济开始,随着技术的进步和经济的发展,新的部门相继产生,产业主体由低层次向高层次转化,经济将发展成为一种多部门有机结合的多样化经济。

表 6-1　城市经济结构的划分方法

城市经济结构	城市生产力结构	产业结构	第一产业
			第二产业
			第三产业
		消费结构	生存资料消费
			发展资料消费
			享受资料消费
		基础结构	市政公用设施
			园林绿化设施
			防灾设施
		科技结构	活动主体与发展环境
			激发机制和运行机制
			城市化和风险资本
			科技创新
			城市信息网络
		劳动力结构	数量
			质量
	城市生产关系结构	所有制结构	公有经济
			非公有经济
			混合经济
			其他经济
		分配结构	收入分配
			支出分配
		管理组织结构	决策层
			管理层
			执行层
			操作层

(资料来源：丁健.现代城市经济[M].上海：同济大学出版社，2001：85)

新西兰经济学家弗雷希尔(A. Frisher)是最先明确提出并使用三次产业这一概念的人士。1935年，在其出版的著作《进步与安全的冲突》(*The Clash of Progress and Security*)一书中，弗雷希尔提出，人类的经济活动可以按照主要劳动对象的顺序划分为三个大的历史阶段。第一阶段，是主要以种植业和畜牧业为主的初级阶段；第二阶段，工业生产成为主要的经济活动，始于英国的工业革命；第三阶段，各种服务性行业迅速增加并逐渐构成经济活动的主要内容，这一阶段大致始于20世纪初。

随后,英国经济学家克拉克(Colin G. Clark)于1940年出版的《经济进步的各种条件》(*The Conditions of Economic Progress*)中,将农业和制造业分别归入第一产业和第二产业,其余经济活动则全部归入第三产业。他计算了20个国家的各部门劳动投入和总产出的时间序列数据之后,印证和发展了配第的有关经济发展中劳动力由低层次产业向高层次产业转移的产业结构变化论述。克拉克在书中的有关结论被称为"配第-克拉克定律"(Petty-Clark's Law):随着经济的发展,人均国民收入水平的提高,第一产业国民收入和劳动力的相对比重逐渐下降,劳动力开始从第一产业向第二产业转移,第二产业国民收入和劳动力的相对比重上升;当经济进一步发展,第三产业国民收入和劳动力的相对比重也开始上升。

自1970年代起,库茨涅兹等经济学家根据英、法、美等20多个国家近100年的经济发展数据,总结出了三次产业发展的规律,成为人们普遍用来判定一个国家或城市产业发展阶段的依据。

6.2.2 我国三次产业划分的标准

根据社会生产活动历史发展的顺序对产业结构的划分,产品直接取自自然界的部门称为第一产业(primary industry),对初级产品进行再加工的部门称为第二产业(secondary industry),为生产和消费提供各种服务的部门称为第三产业(tertiary industry)。这是世界上通用的产业结构分类,各国的划分大体相同,但可能在个别产业上不尽一致。

根据我国的《国民经济行业分类》(GB/T 4754—2017)标准,我国现行的三次产业划分是:

第一产业是指农、林、牧、渔业(不含农、林、牧、渔服务业)。

第二产业是指采矿业(不含开采辅助活动),制造业(不含金属制品、机械和设备修理业),电力、热力、燃气及水生产和供应业,建筑业。

第三产业即服务业,是指除第一产业、第二产业以外的其他行业。

在三次产业中,又划分了不同的产业门类;在产业门类中,划分出大类、中类、小类。这些产业类别和产业的具体名称,都可以在国家标准中查到。在《国民经济行业分类》标准中,划分了A—T的20个产业门类,每个门类包括了大类、中类、小类,便于人们统计和研究。《国民经济行业分类》这一国家标准于1984年首次发布,分别于1994年、2002年和2011年进行修订,2017年第四次修订(表6-2)。这样,在不同年份的统计资料中,对行业的分类统计就会有细微的差别,这是由于标准的变化而带来的。

表6-2 国民经济行业分类

门类	类别名称	大类	中类个数	小类个数
A	农、林、牧、渔业	农业	9	30
		林业	5	9
		畜牧业	4	14
		渔业	2	4
		农、林、牧、渔专业及辅助性活动	4	15

续表

门类	类别名称	大类	中类个数	小类个数
B	采矿业	煤炭开采和洗选业	3	3
		石油和天然气开采业	2	4
		黑色金属矿采选业	3	3
		有色金属矿采选业	3	15
		非金属矿采选业	4	10
		开采专业及辅助性活动	3	3
		其他采矿业	1	1
C	制造业	农副食品加工业	8	24
		食品制造业	7	24
		酒、饮料和精制茶制造业	3	13
		烟草制品业	3	3
		纺织业	8	26
		纺织服装、服饰业	3	5
		皮革、毛皮、羽毛及其制品和制鞋业	5	15
		木材加工和木、竹、藤、棕、草制品业	4	18
		家具制造业	5	5
		造纸和纸制品业	3	7
		印刷和记录媒介复制业	3	5
		文教、工美、体育和娱乐用品制造业	6	33
		石油、煤炭及其他燃料加工业	4	10
		化学原料和化学制品制造业	8	38
		医药制造业	8	9
		化学纤维制造业	3	11
		橡胶和塑料制品业	2	16
		非金属矿物制造业	9	47
		黑色金属冶炼和压延加工业	4	4
		有色金属冶炼和压延加工业	5	21
		金属制品业	9	25
		通用设备制造业	9	52
		专用设备制造业	9	56
		汽车制造业	7	8

续表

门类	类别名称	大类	中类个数	小类个数
C	制造业	铁路、船舶、航空航天和其他运输设备制造业	9	34
		电气机械和器材制造业	8	38
		计算机通信和其他电子设备制造业	8	36
		仪器仪表制造业	6	17
		其他制造业	3	4
		废弃资源综合利用业	2	2
		金属制品、机械和设备修理业	7	10
D	电力、热力、燃气及水生产和供应业	电力、热力的生产和供应业	3	10
		燃气生产和供应业	2	4
		水的生产和供应业	4	4
E	建筑业	房屋建筑业	3	3
		土木工程建筑业	8	30
		建筑安装业	3	4
		建筑装饰、装修和其他建筑业	4	7
F	批发和零售业	批发业	9	65
		零售业	9	63
G	交通运输、仓储和邮政业	铁路运输业	3	8
		道路运输业	3	21
		水上运输业	3	9
		航空运输业	3	9
		管道运输业	2	2
		各式联运和运输代理业	2	4
		装卸搬运和仓储业	7	11
		邮政业	2	2
H	住宿和餐饮业	住宿业	5	6
		餐饮业	5	10
I	信息传输、软件和信息技术服务业	电信、广播电视和卫星传输服务业	3	7
		互联网和相关服务	6	12
		软件和信息技术服务业	3	15
J	金融业	货币金融服务	5	16
		资本市场服务	7	11

续表

门类	类别名称	大类	中类个数	小类个数
J	金融业	保险业	8	13
		其他金融业	6	8
K	房地产业	房地产业	5	5
L	租赁和商务服务业	租赁业	3	13
		商务服务业	9	45
M	科学研究和技术服务业	研究和试验发展	5	5
		专业技术服务业	9	31
		科技推广和应用服务业	5	12
		地质勘查业	3	5
N	水利、环境和公共设施管理业	水利管理业	5	5
		生态保护和环境治理业	2	15
		公共设施管理业	6	8
		土地管理业	5	5
O	居民服务、修理和其他服务业	居民服务业	9	11
		机动车、电子产品和日用产品修理业	4	13
		其他服务业	3	8
P	教育	教育	6	17
Q	卫生和社会工作	卫生	4	20
		社会工作	2	10
R	文化、体育和娱乐业	新闻和出版业	2	8
		广播、电视、电影和录音制作业	7	7
		文化艺术业	8	9
		体育	4	9
		娱乐业	6	15
S	公共管理、社会保障和社会组织	中国共产党机关	1	1
		国家机构	4	11
		人民政协、民主党派	2	2
		社会保障	3	8
		群众团体、社会团体和其他成员组织	4	10
		基层群众自治组织	2	2
T		国际组织	1	1

(资料来源：GB/T 4754—2017，至大类)

6.2.3 产业结构-经济成长阶段论

库兹涅茨(Simon Smith Kuznets)的经济增长论

库茨涅兹根据英、法、美等20多个国家近百年的经济增长统计分析,总结出现代经济增长的六大特征。经济增长不是一国的独特现象,而是在世界范围内迅速扩大,成为各国追求的目标。

他认为,经济增长过程中经济结构转变率很高,经济增长不断改变着产业结构、产品结构、消费结构、收入分配结构和就业结构等,使农业过剩人口转向城市和工业,小业主转向大企业,从而促进农业向非农、工业向服务业的转变。经济结构的转变反过来又推动了经济更快增长。

库兹涅茨从国民收入和劳动力在产业间的分布入手,对伴随经济增长中的产业结构变化做了深入的研究。他提出了以下的观点:其一,农业部门实现的国民收入,随着年代的延续,在整个国民收入中的比重以及农业劳动力在总劳动力中的比重均不断下降。其二,工业部门国民收入的相对比重大体上是上升的,然而,如果综合各国的情况看,则工业部门中劳动力的相对比重是大体不变或略有上升。其中,在经济发展水平较低的国家,工业部门的劳动力比重呈上升趋势,在经济发达的国家,劳动力和国民收入的比重均有下降趋势。其三,服务部门(第三产业)的劳动力相对比重呈上升趋势,但国民收入的相对比重却未必与劳动力的相对比重的上升趋势同步,综合起来看是大体不变或略有上升。

库兹涅茨还提出了关于收入分配差距的"倒U假说"(库兹涅茨曲线,Kuznets curve),即经济发展进程与收入分配之间形成了一个倒U形曲线。在工业化初期的经济快速发展阶段,收入在各阶层之间的分配差距明显增大,收入不平等现象迅速加剧;到基本实现工业化后,收入分配的不平等现象才逐渐改善。

由于库茨涅兹的论断主要建立在案例的经验统计之上,因此有人批判他提供的理论解释不够充分,是否能对其他国家的发展提供一般经验还待验证。特别是不能把该假说提出的经济发展初期收入分配差距增大作为必然接受下来,而对收入分配不加干预。

以库兹涅茨和钱纳里为代表的发展经济学家,根据三次产业的比例序位关系,结合人均国民生产总值的高低,对经济成长阶段进行划分,如图6-1所示。

经济成长阶段理论通常被人们用来分析和预测一个城市的产业发展阶段,进而认知城市的发展特征(图6-2)。以南京的统计数据为例,工业化前期约从1980年开始,延续到1990年,历经约10年时间。工业化中期经历了反复,第一次第三产业超越第二产业用了8年,在1999年实现了超越;到了2004年前后由于南京市实施了"工业第一"的方略,第二产业又赶超了第三产业;直到2007年,第三产业才第二次超越了第二产业,总共用了约16年的时间(图6-3)。目前,南京市已进入工业化后期。

根据我国国家统计局的数据,在2012年第三产业首次追上了第二产业。2012年,我国GDP为540 367亿元,增长7.9%。分产业看,第一产业增加值50 902亿元,增长4.5%;第二产业增加值244 643亿元,增长8.4%;第三产业增加值244 821亿元,增长8.0%。三次产业的

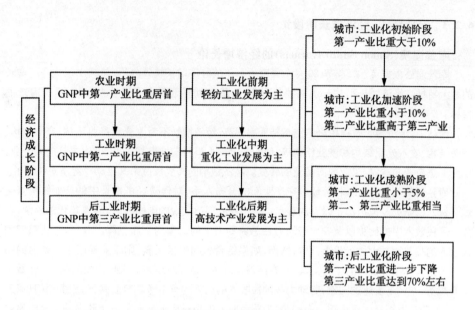

图 6-1　经济发展理论对经济成长阶段的划分

(资料来源:中国社会科学院研究生院城乡建设经济系.城市经济学[M].北京:经济科学出版社,2010:122)

比例是 9.4：45.3：45.3[①]。因而,也可大致判定我国整体正在从工业化加速阶段向工业化成熟阶段转变。不过,由于我国幅员辽阔,地区差异很大,以东部沿海为主的一些城市早已进入了后工业时期(图 6-3),但中西部一些城市可能还停留在农业时期,它们之间的经济发展阶段至少有着几十年的差距。

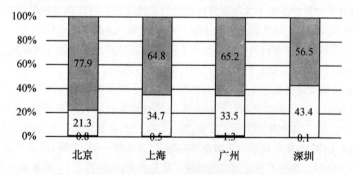

图 6-2　中国第三产业比例最高的 4 个城市在 2014 年的数据

---

① 《中国统计年鉴》(2016)。

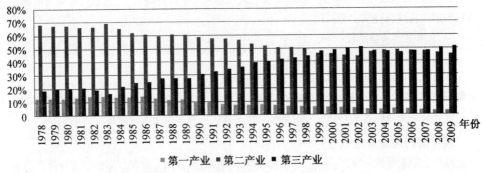

图 6-3　南京三次产业增加值所占比重变化图

罗斯托经济成长阶段论

美国学者罗斯托(W. W. Rostow)在专著《经济成长的阶段》(1959)(*The Stages of Economic Growth*)等著作中提出了经济成长阶段论。罗斯托提出了社会和经济发展一共有六个阶段,分别是传统社会阶段、起飞准备阶段、起飞阶段、向成熟推进阶段和高额群众消费阶段。

1) 传统社会阶段

还没有到达经济起飞的漫长的发展阶段。

2) 起飞准备阶段

起飞准备阶段又叫过渡阶段。农业或开采业和社会经营资本这两个部门在过渡时期发生革命性变化,为现代工业结构准备一个可持续存在的基础。

3) 起飞阶段

在起飞阶段,成长成为社会的正常情况,各种束缚经济成长的传统力量最终被消除了,于是经济就像飞机一样,可以起飞并持续航行了。

罗斯托概括了起飞阶段的三个条件:①生产型投资率由国民收入的不足 5%增加到 10%以上;②有一个或多个重要制造业部门成为主导部门,以很高的增速发展;③迅速出现一个有助于国内筹集资金的政治、社会和制度结构,可以保证成长的持续性。

在他的推断里,主导部门在里面扮演了重要的角色。

4) 向成熟推进阶段

在经济起飞 60 年后,经济将进入成熟阶段,其特征是:①投资率经常保持在国民收入的10%到 20%,使生产的增长经常超过人口的增长;②由于技术的改进,新工业的加速发展和旧工业的停滞,经济结构不断发生变化,工业向多元化发展,新主导部门代替旧主导部门;③经济在国际经济中得到了它应有的地位,即与它的资源潜力相适应的地位。

5) 高额群众消费阶段

到达高额群众消费阶段有两个特征:①人均实际收入提高,众多的人可以在基本的衣食住行之外享用其他消费项目,如各种耐用消费品、家用电器与各种服务;②劳动力结构改变,使城市居民、在办公室工作和从事工厂熟练工作的人在总人口中比重增加。此阶段,与耐用品消费有关的部门将成为经济主导部门。

6) 追求生活质量阶段

最后,社会将发展到追求生活质量阶段。

罗斯托的理论引起的关注是比较多的,特别是发展中国家非常重视他的经济成长阶段论。但是,和任何理论一样,总会出现质疑的声音。对经济发展阶段论的质疑主要是一个线性的发展历程是否是普遍存在的,另外,对投资率上升的数字也有人提出不同意见。

联合国的产业阶段划分

对产业的发展阶段评判,还有一些别的标准。例如,联合国工业发展组织以工业净产值在国民收入中的比重为指标,将经济发展阶段划分为农业经济阶段、工业初兴阶段和工业加速阶段(表 6-3)。

表 6-3 联合国工业发展组织对工业经济发展阶段的划分

工业经济发展阶段	阶段特征值 R(工业净产值占国民收入的比重)
农业经济阶段	$R<20\%$
工业初兴阶段	$20\%<R<40\%$
工业加速阶段	$R>40\%$

(资料来源:中国社会科学院研究生院城乡建设经济系. 城市经济学[M]. 北京:经济科学出版社,2001:121)

6.2.4 H-O 理论和产业的国际分工

H-O 理论

在"贸易能使每个人的状况更好"的章节里,我们简单阐述了绝对优势和比较优势理论。绝对优势理论和比较优势理论证明了贸易对每一个国家都有好处,通过贸易,人们能够以更低的成本获得更多的物品。贸易和分工是分不开的,因为国家(城市)不同的分工,在一个方面的生产就可以更专门化,效率也就更高。回想两位同学交换图纸和模型的那个案例我们可以知道,分工和交换是他们获得好处的两个原因。

那么,也许好学的同学就会进一步追问,比较优势又是从哪里来的呢?为什么会产生分工?比较优势是一成不变的吗?这就要提到 H-O 理论(Heckscher-Ohlin model)了,H-O 即赫克歇尔-俄林,是瑞典的一对师生。1919 年赫克歇尔发表了《对外贸易对收入分配的影响》("The Effect of Foreign Trade on the Distribution of Income")一文,1933 年俄林出版了《区间贸易和国际贸易》(*Interregional and International Trade*)一书,正式确立了 H-O 理论。后来,萨缪尔森补加了收入分配分析,该理论被扩充为 H-O-S 模型。这个理论还根据其内容被称为"要素禀赋理论"。通过 H-O 理论及其分析,我们可以更加本质地看到产业发展依靠的是一个地方自身的禀赋和产业对要素的需要的一个结合,因此,在这里详细讨论 H-

O理论,用以解释为什么产业会有一个从低级到高级的变化,什么样的禀赋适于发展什么样的产业。

在H-O模型里有"要素的丰裕度"(factor abundance)和"要素使用的密集度"(factor intensity)这两个主要的概念。

要素的丰裕度

要素的丰裕度,是指一国某种要素相对于其他国家的这种要素的比例,我们把要素丰裕度高的国家叫作某某要素丰裕国。衡量要素丰裕度有两种方法:一种是衡量一国生产要素的供给与其他国家同种要素供给的比例关系,即对要素进行一种"区位商"的分析。如果一国某要素的供给比例大于别国的同种要素供给比例,我们就说这个国家某要素丰裕。但这种研究需要很多国家的数据,获取不易。还有一种方法是直接考察要素的价格,如果一国某要素的价格比较低,就说明这种要素丰裕。根据"物以稀为贵"的原理,要素的价格已经考察到了供给和需求两方面,简单明了。例如,中国劳动力的价格便宜,那么,中国就是劳动力丰裕国,美国的劳动力价格贵,美国就是劳动力稀缺国。虽然美国的绝对人口在世界上不算少,但与其他资源对比,与全世界其他国家的劳动力资源对比,还是相对稀缺的。

要素使用的密集度

要素使用的密集度,就是一个产业在生产中需要密集使用某种要素的程度,这个概念就是我们常提到的劳动密集型、技术密集型、资本密集型产业的概念来源。比如,纺织业是劳动力密集型产业,因为一般的纺织业需要使用的劳动力数量是很多的,特别是相比于资本的数量来说非常多,而机械加工、装备制造是资本密集型和技术密集型产业,它们需要使用大量的机械设备,只使用少量的劳动力。

比较优势的产生

如果一个国家的要素丰裕度和某种产品的要素密集度相匹配,就产生了这个产业的比较优势。例如美国是资本丰裕国,在资本密集型产品如航空、医药等行业有比较优势,而中国是劳动力丰裕国,在劳动力密集型产品如服装、玩具等行业有比较优势。H-O理论的结论是:国际贸易会使一国的丰裕要素获益,但会使一国的稀缺要素受损。由于丰裕要素本身就是比例大的,所以一个国家整体上是受益的,但是稀缺要素有可能受损,也就是说有小部分人的利益受损了,他们就可能会反对国际贸易。例如,美国是劳动力稀缺国,特别是低端劳动力稀缺,所以在国际贸易中他们是受损失最大的,他们及其工会也就成为最反对和中国贸易的力量。

一个国家或地区在发展初期资本的积累往往是很初级的,这也是为什么在工业化前期的国家和地区会以轻纺工业发展为主,因为劳动力相比资本来说更丰裕、更易得,也就会和轻纺工业这样需要劳动力密集的产业更匹配。通常人们会认为技术密集型和资本密集型产业的附加值高,因此,在地方发展的时候,很多地方都打出了要发展这些产业的目标。但是,一个地方发展的比较优势归根结底是要和自身禀赋相匹配的,如果相比于资本、技术而言,低技术的劳动力丰裕度更加突出,那么在现时发展劳动力密集型产品更有比较优势,也就更能够从地区分工和贸易中获得更大的利益。反之,这种口号就是提一提,从客观规律上也无法一蹴而就地实现。

比较优势的变化

从比较优势的来源来说,和一国的禀赋很有关系。这是不是说,比较优势就会一直在那里,没有变化呢？不是这样的,从两个角度来说比较优势会有所变化：一个是资本积累带来的从劳动力丰裕转向资本丰裕；另一个是生产要素具有流动性,因而会使生产要素价格均等化,也就是改变了要素丰裕度,从而改变比较优势。

先来说说资本积累带来的变化。由于一个国家的丰裕要素获益并且使整个国家整体受益,所以,它从国际贸易上总的来说是赚取了收入,这些收入在一个社会上渐渐积累,就会从劳动力丰裕转变为资本丰裕。从劳动力丰裕转变为资本丰裕需要一个过程,这个过程就是通过原先的比较优势不断贸易以获取收益的过程。查看劳动力丰裕程度的变化有一个简单的指标,就是我们前面提到的劳动力的价格。随着劳动密集型产业获益而不断扩张,对劳动力的需求增多,劳动力就显得比以前稀缺了,他们的工资上涨,也就是劳动力的价格升高了,从而,劳动力的丰裕性也就慢慢降低了。有人会说,像中国这样世界第一的劳动力大国也会变得稀缺吗？如果全世界某些物品的生产都涌向中国的话,相对这样的产业扩张量劳动力就会相对变得稀缺,这是可能发生的而且是正在发生的事件。劳动力工资上涨的过程本身就是资本积累的过程,资本要素的稀缺度在慢慢下降,慢慢变得丰裕。所以,如果一个行业的劳动力工资慢慢齐平甚至高于世界上其他地方的工资,它的比较优势就失去了,与此同时,在别的地方(资本、技术)上又拥有了比较优势。

从这个意义上讲,一个国家或地区不可能既是劳动力丰裕国又是资本丰裕国,它也不可能同时既发展劳动力密集产业又发展资本密集型产业。但是,一个国家内部并不是均质的,像我国这样幅员辽阔的国家,从东到西、从北到南发展水平差异很大,劳动力工资水平千差万别,如果一个国家内部劳动力价格差别很大,说明它的某些地区是劳动力丰裕的,而某些地区是稀缺的,从而可能在不同的地区发展劳动力密集产业和资本密集产业。H-O理论虽然是国际贸易理论中新古典经济学时期的经典理论,但它也能解释地方之间的比较优势,一个城市和另一个城市之间的产业差异和发展状况也能够用这个理论来分析。

第二个会改变比较优势的是生产要素的流动性和要素价格均等化。在H-O-S模型中,默认的是生产要素是不可流动的。它从一个国家的自然禀赋出发,如果是劳动力丰裕的就是丰裕,如果是稀缺就是稀缺。但是,劳动力是有一定流动性的,比如美国,长期有全世界高水平的劳动力流入。在一国之内,劳动力的流动更是常见不过的事。如果一个地区工资较高,劳动力稀缺,就会有其他地方的人来这里务工,从而增加它的丰裕度。比起劳动力,资本的流动性就更大了,如果说跨城市流动的劳动力成本比较高、跨国流动的劳动力成本非常高的话,那么资本的流动可以说是成本低、速度快。

萨缪尔森提出了"要素价格均等化理论"(factor-price equalization theorem),只要两地的要素价格有差异,人们就会买进卖出进行套利,直到价格差消失为止。像劳动力这种流动性比较小的要素,会随着丰裕要素的获利而雇用上升,工资因为供不应求而上升,直到上升为和劳动力稀缺国同样的水平。而资本要素会追逐劳动力和土地等要素的价格低谷,很快地从一国流向另一国,转移到其他资本稀缺的国家的同行业产业中去,使之变得比原来丰裕。这就是为什么世界各国都在积极吸引国外直接投资(FDI),借此可以改变自己国家的比较优势和产业结构。

所以,从资本稀缺到资本丰裕,是需要一定过程的,但并非无法改变。总结上面两个方面,主要的过程是劳动力工资升高、资本积累和外来资本的流入(匹配劳动力丰裕的行业)。

贸易的受损者

贸易都是通过市场竞争进行的,市场竞争会促成生产要素价格均等化,包括劳动力的价格(工资水平)。一个地方的劳动力价格因而会上涨或者下降,上涨还好说,如果工资下降,就会遭到自私的人们很大的反抗。如果在工会或者其他法律条文的支持下,劳动力的价格不变,这个行业就可能在市场上没有竞争力。所以,当一个地方的比较优势一旦发生转变,原来那些优势行业里的劳动力要么工资下降,要么失业(还有更好的办法就是转到其他行业,但难度比较大)。

这种由市场竞争促成的产业结构调整是很痛苦的。但是,发生作用的是经济规律,受益的是大部分人,受益来自市场的贸易活动减少的租值消散,从而经济的组织效率更高了,这是没有办法逆转的(除非进行贸易保护,那就等于是牺牲大部分消费者的利益来保护小部分生产者的利益)。但是这个过程有一些受损者,他们把目标对准虚拟的敌人,如政府、国外竞争者,等等,而归根结底这是一场没有对手的战争。

里昂惕夫悖论和人力资本的考量

里昂惕夫悖论(Leontief paradox)是里昂惕夫 1953 年对美国进出口产品做的验证,他发现美国出口了较多的劳动密集型产品,进口了较多的资本密集型产品,这与美国是一个劳动力稀缺、资本丰裕的国家是矛盾的,似乎违反了 H-O-S 理论。这个研究结果引起了轩然大波,因为 H-O-S 模型在逻辑上看起来是无懈可击的,那么有可能就是里昂惕夫的计算出了问题。因此引发了卷帙浩繁的关于 H-O 模型的实证研究文献,其中,劳动力要素的不同质和人力资本的重要性被慢慢揭示出来,这使人们能够更加清楚地认识到一个国家的资源禀赋特征。解释里昂惕夫悖论的两个主要观点是要素密集度逆转(factor intensity reversal)和要素同质性(factor homogeneity)。

要素密集度逆转是指在里昂惕夫的计算中显示美国出口了大量的农产品,农产品在传统上被认为是劳动力密集型产品,但是在美国却是农场里机械化大生产的产物,只使用了少量的劳动力,因此,农产品从劳动密集型逆转为资本密集型,这导致里昂惕夫的验证出错。这启发我们,同一种产品在不同地区的生产要素密集度可能不一样,有可能是劳动密集型的,也可能是资本密集型的。资本和技术有的时候可以替代多人的劳动,反之也一样,要看到事实本身,而不仅仅盯着数据。

要素同质性是指 H-O 模型里有一个隐含假设,那就是相同的要素在不同国家里的性质或质量是一样的,比如劳动力。可是在真实的世界里,明显劳动力是分为很多层次的,拥有学历、技术的高级劳动力和进行体力劳动的普通劳动力能一样看待吗?一个国家和地区完全可能低技能劳动力丰裕而高技能劳动力稀缺,或者反之,从而进一步造就其比较优势或者比较劣势。还是拿里昂惕夫的美国农产品作为例子,美国的农产品是高技能劳动力生产的,一个低技能人才若要转变为高技能人才,必须投入大量的人力资本,美国农业科技发达,科研里面更是汇聚了很多高科技行业的人才和投资,因此,农产品是资本密集型产品。因此,我们前面简单的结论——美国是一个劳动力稀缺国,就应该更正为"美国是一个低技术劳动力稀缺国,高技术劳动力丰裕国"更为恰当,或者,更直接地指出"美国是一个人力资本丰裕国"。高技术劳动力丰裕匹配机械化大生产的资本密集型农业,使美国在农产品上具有比较优势,成为一个农产品出口大国。里昂惕夫悖论引发的人们对劳动力和人力资本的更深入认识,是他的验证中意外的收获。

6.3　城市主导产业

在认知和分析一个城市的经济发展和产业发展情况时,有一种很常见的研究方法是研究城市的主导产业。在城市经济结构的变动过程中,具有先导性的主体产业的崛起或迅猛发展,会带动相关产业的重组或发展,从而使整个经济结构发生变化,并促进城市经济增长(丁健,2001)。按照产业在城市中的地位,可以把城市产业主要划分为瓶颈产业、支柱产业、主导产业以及先行产业。其中,瓶颈产业是指在产业结构体系中没有得到应有的发展,已经严重制约其他产业发展的产业;支柱产业是指在产业结构体系的总产出中占较大比例的产业;主导产业是指在产业结构体系中处于主体地位,并起着产业发展的引导和支撑作用的产业;先行产业是指在产业结构体系中,因关系到国民经济发展而必须优先发展的产业。

6.3.1　城市主导产业的集聚

按照产业地位划分的城市产业中,城市主导产业的地位尤其突出,在城市发展政策和空间上,会特意为主导产业提前做出安排。主导产业通常都是一个产业群体,会形成产业集聚或者产业集群。所谓产业集聚(industrial aggregation),通常是指同一产业在某个特定的地理区域内高度集中,产业资本要素在空间范围内不断汇聚的一个过程。而产业集群(industrial cluster)是指在特定区域中,具有竞争与合作关系,且在地理上集中,有交互关联性的企业、专业化供应商、服务供应商、金融机构、相关产业的厂商及其他相关机构等组成的群体。城市主导产业通常都会在一定地域内集聚,最终形成产业集群,拉动城市的发展。不同类型的主导产业的集聚区和集聚形态在城市空间上也有明显的反映,例如,一个主导产业是制造业的城市和一个主导产业是商贸流通的城市,在发展动力、城市形态、街区空间、交通组织等方面都会有明显的不同。更大的可能是,城市有多个主导产业,各个主导产业分别形成自己的一个或多个集群,这些产业集群空间引导了未来城市的整体发展方向和形态。

当人们注意到主导产业在空间上的集聚会明显拉动经济增长时,对其的作用就更加重视了。由于城市规划(城镇总体规划)通常要对城市近远期的经济发展和城市空间进行预测,对主导产业的研究有助于抓住未来城市发展的特征,因此也成为主要的研究对象。

资料:阜阳市的主导产业集聚和城市空间发展

　　阜阳是中原经济区的一个内陆城市,沃野千里,人口众多,历来以农业生产为主。2010年,阜阳市的三次产业比例是27.4%:39.2%:33.5%,可以看出,是一个典型的工业初始阶段的城市。随着泛长三角地区的发展,2000年代阜阳6大开发区陆续建立,2010年代的阜阳逐渐走向工业化的加速期。

　　由于地处皖西北腹地,阜阳是皖西北乃至豫东南的商业中心城市,所以第三产业中的批发零售业历来是阜阳的主导产业。第二产业中的主导产业是医药制造、农副食品加工、电力热力的生产及供应等产业,由于还处在工业初始阶段,一些第二产业行业有很大的发展空间。

　　从城市空间的发展过程可以看出,原来的工业都位于密集的老城之中,星星点点,体量较小,行业传统。随着工业的发展,工业用地开始向城市的周边的6大开发区集聚,形成了城市空间外围的轮廓。商业用地原先也集聚于城市中心,为一些拥挤狭窄的批发市场,但逐渐向城市外围迁移,成为专业型的大市场,形成城市的新的空间节点(图6-4、图6-5)。大部分的工业行业都追逐平整宽敞的大片土地、较低的劳动力费用、便利的交通等,而商业对交通便利、通达性好的空间依赖性更强,同时,专业型的大市场也需要充足的大空间。这就造就了如今的城市形态。

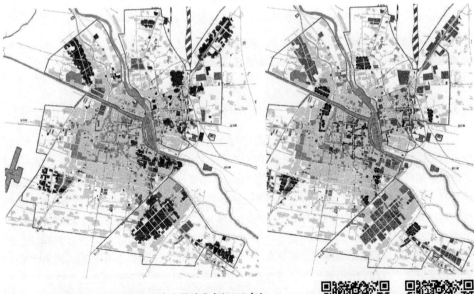

图6-4　阜阳市的工业用地分布和商业用地分布(2010年)

扫码可见彩图

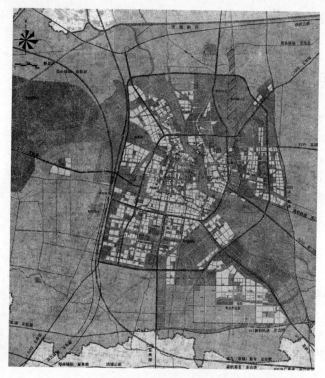

扫码可见彩图　　图6-5　阜阳市总体规划远期土地利用规划图(2030年)

未来的20年中,工业是城市的主要发展动力,批发零售仍会是城市的主导产业之一。在总体规划中,把握这两种产业发展的特征,预留通风廊道,梳理并布局较为充足的工业空间,结合交通规划,在交通节点附近安排专业型的商贸用地。

6.3.2　城市主导产业的判断

对城市主导产业,与其说是选择,不如说先进行判断。一个城市有什么样的比较优势,有什么样的发展条件,处于什么样的发展阶段,已有什么样的发展基础,决定了城市的主导产业。这是众多的厂商在市场中自我选择和竞争的结果,并不是一个城市的决策者大手一挥的结果。换而言之,主导产业是在市场中形成的,而不是由政府主导形成的,产业的升级更新,也是基于产业自身发展的规律,政府不能越俎代庖。但是,作为城市政府,在基础设施上和政策上需要为产业的发展做好准备。如果判断城市将形成一系列的主导产业,为了这些产业集群将做出什么样的空间安排和基础设施建设至关重要。例如,一个以制造业为主导产业的城市需要大量的郊区空间、平整的土地;而一个以创意产业为主导产业的城市需要便利的通勤交通和丰富的城市生活,也许还需要密集而混杂的小型街区;制造业比高新技术产业每劳动力所需要的土地多得多;而商业金融业则需要高度集聚的城市中心空间才能发展起来等等。政府所要做的就是为主导产业及其带来的一切做好充足的准备,并通过维护市场和制定政策来解决转型中的阵痛和问题。

先对一个城市的主导产业进行判断和预测,再研究这种产业集群可能发展成什么形态,形成多大规模,有什么特征,这些工作将对城市规划特别是城镇总体规划的准确判断形成良好的基础。

对城市主导产业判断和预测的方法主要介绍以下的7种。分别是产业规模、经济效益、发展速度、技术进步-生产率上升率、比较优势、产业关联度和波士顿矩阵。

1) 产业规模

掌握一个城市的产业发展数据,对分行业的生产总值等进行比较,就可以了解一种产业的规模在全部产业中的相对位置。这里所说的产业规模包括了产业的绝对规模、在城市内的相对规模及产业在全国或更高层次区域中同类产业的相对规模。也就是说,我们可以把一个城市的产业和城市里的其他产业加以比较,也可以把它放在一个区域内和其他城市进行比较,根据产业的排位了解这种产业的综合实力。在把握一个城市大的经济、产业定位时,可以就一些产业的历史数据先进行这种简单而有效的判断,有的时候主导产业的情况就已经昭然若揭。

2) 经济效益

经济效益,即投入产出率。一个产业具有较高的经济效益才能支撑和推动城市经济的发展,它的投入产出率是不是在区域中比较高,是不是保持了持续上升,决定了它是不是足以成为主导产业。通常对产业的投入有资金的投入和土地的投入,所以,可以从资金的投入产出或者土地的投入产出两个方面去进行衡量,有时也把两者相结合。例如,现在在很多开发区的招商引资中,都设置了地均投入的门槛,在开始就把每单位土地投资过低的企业隔离在外,这样做是为了保证土地的地均产出比较高。

经济效益指标有的时候可以直接用地均产出来衡量,毕竟土地和空间的投入是一个城市投入的最大成本之一。地均产出可以用地均GDP、也可以用地均工业产值衡量,将这些值与区域内或国内其他地区相比较,就可以得知该产业在这里的发展程度如何。

3) 发展速度

产业发展速度的快慢能够反映这个产业是否具有活力,是否在投资者眼中有广阔的发展前景,能否吸引更多的资金、技术以及人才的进入。产业发展速度也反映了该产业能否有足够的市场。因此,发展速度是选择主导产业的判断标准之一。

判断产业发展速度可以直接看它的增长值,或者可以看对它的投资增长速度。产业的发展从基础设施上总是要提前部署,投资的增长速度意味着未来几年这种产业的发展是否有足够支撑,是否能保持快速的增长。

4) 技术进步-生产率上升率

这是日本经济学家筱原三代平提出的,它是指某一产业的要素生产率与其他产业的要素生产率之比,一般用全要素生产率进行比较。全要素生产率的上升主要取决于技术进步,按生产率上升率基准选择主导产业,就是选择技术进步快、技术水平高、技术要素密集的产业。这样,主导产业就能有较高的租值,不容易被别的地方超越。

5) 比较优势

衡量一个地方产业比较优势的重要指标是区位商，也叫专门化率，是指城市某产业在全国(地区)同一产业部门中的比重与城市全部产业活动在全国(地区)中的比重之比。

区位商是由哈盖特(P. Haggett)首先提出并运用于区位分析中。它的公式是：

$$Q = [a/A]/[b/B]$$

式中，Q 为区位商；a 为城市某产业部门的产值、就业人数等指标，A 为全国或全地区同一产业部门的相应指标；b 为城市的总产值或全部就业人数等指标，B 为全国或全地区的相应指标。Q 大于1，表明城市该产业部门越发达，具有比较优势，Q 越大，说明专业化程度越高，比较优势越明显。

例如，南京市统计局对上海、南京、杭州、宁波、苏州和无锡等长三角6个城市的服务业进行了比较优势的分析，分析选取了占6个城市第三产业增加值七成以上的8个主要行业，使用区位商分析法计算。结果是上海具有比较优势的行业最多，为6个；南京仅次于上海，为5个；杭州、宁波、苏州、无锡均为3个，如表6-4所示。

表6-4 长三角六城市服务业比较优势分布——区位商

杭州	金融业(1.17)	房地产业(1.15)	科学研究、技术服务和地质勘查业(1.10)			
宁波	金融业(1.16)	交通运输、仓储和邮政业(1.12)	房地产业(1.06)			
苏州	信息传输、计算机服务和软件业(1.27)	批发和零售业(1.21)	住宿和餐饮业(1.04)			
无锡	批发和零售业(1.66)	居民服务和其他服务业(1.54)	住宿和餐饮业(1.24)			
南京	居民服务和其他服务业(1.20)	交通运输、仓储和邮政业(1.18)	科学研究、技术服务和地质勘查业(1.11)	住宿和餐饮业(1.10)	批发和零售业(1.06)	
上海	科学研究、技术服务和地质勘查业(1.29)	交通运输、仓储和邮政业(1.22)	金融业(1.16)	信息传输、计算机服务和软件业(1.15)	房地产业(1.10)	居民服务和其他服务业(1.02)

(资料来源：南京在长三角领先城市中的经济地位分析与发展路径选择[EB/OL]. (2008-06). http://tjj.nanjing.gov.cn/47448/47462/200806/t20080624_2550040.html)

6) 产业关联度

现代产业内部各产业部门之间存在着一种投入产出联系。由于这种产业联系的存在，在一些部门的个别投资会通过这种联系传导到其他部门，诱发其他部门的投资，从而带动整个经济的发展，这就是产业的带动作用。美国经济学家赫希曼认为，城市应该选择那些关联效应高的产业作为主导产业。

赫希曼(A. O. Hirschman)在其著作《经济发展的战略》中,将产业间的联系称作"连锁效应"(linkage effect),并把连锁效应划分为前向连锁(forward linkage)和后向连锁(backward linkage)。前向连锁,指一个部门和吸收它的产出的部门之间的联系(如种植部门对食品工业部门具有前向连锁效应);后向连锁,指一个部门与向它提供投入的部门之间的联系(如日用化工部门对基本化工、炼油、原油开采等具有一系列的后向连锁效应)。根据产业的连锁效应特征,可以把产业划分成如表6-5所示的四类。

表6-5 不同产业部门的连锁效应特征

产业部门	连锁效应特征
中间投入型初级产品	前向连锁效应大,后向连锁效应小
中间投入型制造业产品	前向连锁效应大,后向连锁效应大
最终需求型制造业产品	前向连锁效应小,后向连锁效应大
最终需求型初级产品	前向连锁效应小,后向连锁效应小

(资料来源:中国社会科学院研究生院城乡建设经济系.城市经济学[M].北京:经济科学出版社,2001:123)

在进行一个城市的主导产业的选择时,要选择能发生最大连锁效应的产业部门——带头部门,把有限的投资优先集中于带头部门,最大程度地发挥其连锁效应,推动城市经济的整体发展。后向连锁比前向连锁的带动作用更强,因此城市主导产业的选择,应主要从后向连锁效应大的部门考虑。美国经济学家钱纳里等对不同产业的连锁效应值进行了计算,表6-6可以给我们在选择产业时提供一些参考。

表6-6 钱纳里等利用投入产出表计算的不同产业部门的连锁效应值

		最终需求			中间投入	
		最终需求型制造业产品			中间投入型制造业产品	
		前向	后向		前向	后向
制造业	服装和日用品	0.12	0.69	钢铁	0.78	0.66
	造船	0.14	0.58	纸及纸制品	0.78	0.57
	皮革及皮革制品	0.37	0.66	石油产品	0.68	0.65
	食品加工	0.15	0.61	有色金属冶炼	0.81	0.61
	粮食加工	0.42	0.89	化学工业	0.69	0.60
	运输设备	0.20	0.60	煤炭加工	0.67	0.63
	机械	0.28	0.51	橡胶制品	0.48	0.51
	木材及木材制品	0.38	0.61	纺织	0.57	0.69
	非金属矿物制品	0.30	0.47	印刷及出版	0.46	0.49
	其他制造业	0.20	0.43			

续表

基础产品	最终需求			中间投入		
	最终需求型初级产品			中间投入型初级产品		
	A 物品			农业、林业	0.72	0.31
	渔业	0.36	0.24	煤业、采掘	0.82	0.23
	B 劳务			金属采矿	0.93	0.21
	运输业	0.26	0.31	石油及天然气	0.97	0.15
	商业	0.17	0.16	非金属采矿	0.52	0.17
	服务业	0.34	0.19	电力	0.59	0.27

（资料来源：中国社会科学院研究生院城乡建设经济系. 城市经济学[M]. 北京：经济科学出版社，2001：123，124）

7）波士顿矩阵

在前面提出的各种主导产业判断方法中，也可以将其中的一些综合利用。例如，同时考虑产业的规模和发展速度，就可以在图中形成一个四象限的划分，这就是波士顿矩阵的应用。原始的波士顿矩阵是用来分析产品的，用纵轴来表示产品的销售增长率，用横轴来表示产品的市场占有率，借以筛选出具有重大价值的产品组合，淘汰掉已无价值的产品品种。在产业分析中使用波士顿矩阵是一个拿来主义的方法，主要借鉴了企业产品的选择方法，在城市的主导产业选择中加以运用。

我们可以把一个城市的产业门类进行汇总和初步的筛选，例如，先筛选出来在城市工业总产值中排名靠前的一些产业门类，然后，分别计算它们在总产值中所占的比例和年均增长速度，根据所评价的情况，定出占工业总产值比重的中值和增长速度的中值，将前者放在横轴上，将后者放在纵轴上，形成一个四个象限的图形。那些占比高、增速也高的产业，即所谓的明星产业，是当仁不让的主导产业；那些占比高、但增速不高的产业，是现金牛产业，为城市的经济现状作出了巨大的贡献，也是目前的主导产业；那些占比低、但增速高的产业，是问号产业，它们是昙花一现还是后劲充足，还要通过其他资料去观察和验证；而那些占比低、增速也低的产业，是瘦狗型产业，已经可以从主导产业的名单里剔除了。波士顿矩阵旨在对城市内部的各项产业构成和潜力进行科学判断。

6.3.3 大城市和小城镇——主导产业选择的思路

如何选定一些城市的主导产业，还要结合城市具体的情况。假如是一个小城镇或工业发展阶段比较初级的县城，产业门类相对少，一些简单的方法就适用了，例如产业规模的横向比较、产业规模的占比等等，简单的排列就足以得出当前主导产业的结论。如果是一个几百万甚至上千万人口的省会大城市，经济非常发达，产业门类极为多样，凭借简单的对比已经无法摸清城市产业的状况，就需要使用区位商、波士顿矩阵等复合方法，甚至一些更加复杂的模型来进行筛选，科学地判定究竟哪一些才是主导产业（图6-6）。

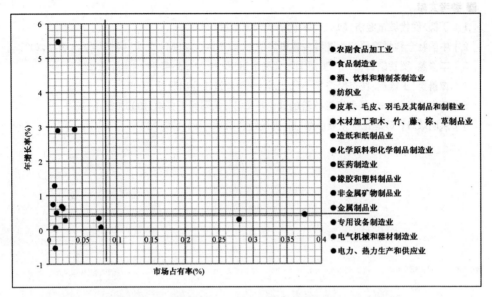

图 6-6　案例：阜阳市临泉县工业产业的波士顿矩阵研究（2012 年数据）

对于经济刚刚起步、产业门类较少的中小型城市来说，虽然判定现状的主导产业比较容易，但预测未来的主导产业却不那么简单。因为越是小的经济体，其产业转型的速度可能越快，越依赖于偶然事件。例如，中部地区的某个经济开发区，目前正在承接来自东部沿海地区的产业转移，因为一个偶然机遇吸引到了锁具的龙头产业，一大批相关上下游产业接踵而至，锁具产业在短短几年内从无到有，一跃成为开发区的主导产业，这样的例子并不鲜见。在经济快速发展的时期，着眼未来，在多种机会集合里寻找主导产业的发展机会，不仅依赖于这个城镇本身的禀赋条件，有时还依赖于区域的环境和区域的发展基础，宜将眼光放到更大的地区去研究，再回头来做判断。

对城市产业发展阶段、主导产业的判断虽然可以作为城市发展的重要参考，但也是有局限性的。我们可以将发展初期的城市比作儿童，将经济发达的大城市比作成人。对于儿童来说，我们只能初步地判断他的资质、个性、天赋，推论他将来可能做什么，但当他长大成人后具体会从事哪种行业，又有谁能够说得清呢？对于成人来说，他已经具备了某种专业知识和能力，推断他将来在哪个行业发展就会容易得多，城市以往的沉淀和积累就好像是这个成人学过的专业和拿到的文凭，其发展方向不难推断，但他究竟能做到多成功、是否会成为行业的翘楚，则无人能够断言。对于一个个体来说尚且如此，何况一个复杂的城市？判断和预测的准确性不可预期是永远存在的。

■ 课堂讨论

讨论题目六：对一个城市来说，第二产业的发展阶段是不可逾越的吗？请结合案例说明。

■ 参考文献

[1] 丁健. 现代城市经济[M]. 上海:同济大学出版社,2001
[2] 中国社会科学院研究生院城乡建设经济系. 城市经济学[M]. 北京:经济科学出版社,2001
[3] 李俊慧. 贸易的真相——重塑国际贸易常识10讲[M]. 北京:中信出版社,2015
[4] 谭善勇,王德起. 城市经济学[M]. 北京:中国建筑工业出版社,2009
[5] 范海洋. 论H-O模型实证检验的理论基础[J]. 国际经贸探索,1997(02):8-12
[6] 洪明顺. H-O理论的发展脉络[J]. 当代经济,2013(18):126-127

7 城市土地市场

7.1 土地的特性

7.1.1 土地的自然特性

土地作为自然的产物，前人总结出了它的一些自然特性，如不可移动性、原始性、不可毁灭性、独特性等等。

不可移动性，是指土地和其他的物品的最大不同在于它是不可移动的，只能就地利用。

原始性，是指土地是覆盖在地球表面的、自然的产物。正因如此，土地覆盖地球表面的面积是有限的，因此土地的自然供给是有限的。人们可能通过局部填海造田、开垦荒地等创造出来一些新的土地，但与总量相比这些增量是微不足道的。

不可毁灭性，是指土地作为空间位置存在时间是非常长久的。虽然大地上的地形地貌会发生变化，沧海桑田，但在几十年、甚至几百年里可能不会发生大的变化，就算是地上物毁灭了，土地作为空间位置还是存在的。土地可以用作很多用途，其中，作为耕地或者林地是有可能毁灭的，土地可能失去肥力而不能耕作，但作为建设空间一般认为很难毁灭。

独特性，是指没有两块完全相同的土地，不能实现完全替代。每一块土地的自然状态是独有的，有了优劣之分，所以出现了级差地租。

7.1.2 土地的人文特性

除了自然特性之外，土地还有一些人文特性，包括用途多样性、社会经济位置的可变性、合并和分割的可能性等。

1) 用途多样性

土地有多种用途，有工业、住宅、商业、混合用途等，我国进行土地利用的用途管制，城市建设用地的用地性质是由城市规划部门会同土地部门共同决定的。城市规划专业一般是根据《城市用地分类与规划建设用地标准》(GB 50137—2011)来进行用地分类。该标准把城乡用地分成了建设用地(H)和非建设用地(E)两大类。在建设用地中，又为分了居住用地(R)、公共管理与公共服务设施用地(A)、商业服务业设施用地(B)、工业用地(M)、物流仓储用地(W)、道路与交通设施用地(S)、公用设施用地(U)和绿地与广场用地(G)等，每个类别中还分了中类和小类。这个分类标准涵盖了所有的城乡各类建设用地，每一块地都可以在标准中找到位置。在这些用地类别中，有的建设用地是能体现很高的经济价值的，而有的用地则纯粹是为了提供公共物品，没有收益。一般来说，土地利用收益从高到低的顺序是：商业服务业、居住、工业、物流仓储等。而公共管理与公共服务设施、公用设施、道路与交通设施、绿地与广场等用地是由政府划拨提供,投入很多而没有直接收益。

由于一个城市的有效运行和良好氛围决定于各类用地的整合,《城市用地分类与规划建设用地标准》还根据大量城市的经验值给出了一个规划城市的建设用地结构表(表 7-1),表中建议城市的居住用地比例为 25%～40%,工业用地为 15%～30%,等等。

表 7-1　规划城市建设用地结构

类别名称	占城市建设用地的比例(%)
居住用地	25.0～40.0
公共管理与公共服务设施用地	5.0～8.0
工业用地	15.0～30.0
道路与交通设施用地	10.0～30.0
绿地与广场用地	10.0～15.0

(资料来源:《城市用地分类与规划建设用地标准》GB 50137—2011)

2) 社会经济位置的可变性

土地的自然地理位置虽然固定不变,但环境、交通、市场距离等都是可变的,并经常处于变化中。在房地产中有一句衡量土地和房产价值的俗语,叫作"区位,区位,还是区位",可见区位(location)对于土地的重要性。区位既指空间位置,也指与社会经济环境的联系。现代城市的建设速度很快,道路、桥梁迅速修建,商业设施、教育设施等都会从无到有,这使得一块土地的区位会发生变化。在城市新区的一个住宅区,刚刚建成的时候可能还属于区位不好的地段,但是随着地铁通车、周边大型商业建成,可能在短短的 10 年内就变成区位较优的地段,这样的例子也屡见不鲜。

因此,正像经济学家奥尔森提出的那样:最优的区位不是自发形成的,而是"区位"生产者根据市场公共产品"投入-产出"利益最大化的原则,有意识选择的结果。这个观点对于城市规划者有重大的意义,因为这等于说最优的区位是可以创造出来的,策划和规划城市发展的决策者和咨询者有很大的能动性。

3) 合并和分割的可能性

作为实体,地球表面的土地都是连结在一起的,不能分割。不过,从土地作为农田的使用开始,就被划分成一块一块供不同的农民耕作,因此也就有了土地权益的分割。在城市中更是这样,土地的产权不仅可以在平面上进行分割,还可以在空间上进行分割;不仅可以在空间上分割,还可以在时间上分割。

例如,多层住宅的土地使用权证上,就标定了这一户住宅所占有的土地使用权面积是其投影面积除以层数,也就是这一小块土地上的居民在空间上分割了使用权。而一户住宅的所有权人可能不止一个,甚至可以写上很多人的名字,那么,相关的土地使用权也就被再一次划分。当这户住宅出租,其使用权中的一年或两年就被让渡,通过租赁合同转为他人暂有。如果这户人家还有贷款没有还完,那么银行就持有土地的"他项权证",拥有一部分的土地使用权。然而这种分割并不影响在一定期限内特定人对土地的使用。这就是土地产权分割的状态。

值得注意的是,这里提到的土地产权既包括完整的产权,即所有权、使用权、收益权和处置权等,也可以仅指使用权。按照张五常和科斯的论证,仅使用权私有,仍然是资源所有权的清晰界定,两权的分离对年限内的土地使用权所有人没有任何影响。使用权所有人的在土地上的合法权利受到土地法明确保护,《中华人民共和国土地管理法》第十三条规定:"依法登记的土地的所有权和使用权受法律保护,任何单位和个人不得侵犯。"①

土地的产权作为权益可以合并或分割,可以通过买卖、互换、赠与、继承、征用、调整、重划等行为对土地予以合并或分割。

7.1.3 地租和级差地租

地租和租值

地租(rent)是西方古典经济学创始人威廉·配第提出的。他提出了劳动价值论和工资理论,他认为商品的价值是由其中包含的劳动时间决定的,从农产品的价值中扣除掉生产费用,余下的部分就是地租,地租是土地的恩赐而不是劳动的产物。

亚当·斯密也研究了地租问题。他认为正如利息是资本的收入、工资是劳动的收入一样,地租是土地所有者的收入。

马克思肯定了这种观点,他说"斯密正确地下定义说,地租是'为使用土地而支付的价格'"②。但马克思是认可劳动价值论的,他认为任何一种物品的价值是生产该物品的工人所创造的,所以物品销售和生产该物品的劳动耗费之间的差额就是企业主对工人的剥削。地租是一种超额利润,是地主对农民的剥削,"那些因为对一部分土地享有权利而成为这种自然物所有者的人,就会以地租形式,从执行职能的资本那里把这种超额利润夺走。至于建筑物使用的土地,亚当·斯密已经说明,它的地租的基础,和一些非农业土地的地租的基础一样,是由真正的农业地租调节的"③。但在现在我们熟知的市场经济中,资本作为一种稀缺要素,本来就是有收益的,土地也是一种生产要素,也是有收益的,同样,劳动也是有收益的。

大卫·李嘉图提出了级差地租的概念,他认为地租的产生有两个前提条件:其一是土地的稀缺性;其二是土地的差异性。级差地租不仅存在于超额利润中,也存在于土地的素质中。

在19世纪末、20世纪初的新古典经济学派兴起后,马歇尔发现不仅仅土地的收入是地租,其实一切生产要素都是这样。资本家提供了资金,这种要素的"租金"其实就是资金借贷应得的利息,是资本家的一部分收入;资本家还提供了经营企业的脑力劳动,这种劳动要素的"租金"是他的另一部分收入。这样,"租金"不仅存在于土地中,还存在于一切生产要素中。这样,地租这个词就扩大化了,可以指"租值",也就是一切生产要素的收入。新古典经济学还认为,地租实际上是一种分配工具,总是把土地分配给出价最高者。

---

① 张五常. 中国的经济制度[M]. 北京:中信出版社,2009:130,142,144,146
② 马克思恩格斯全集:第26卷[M]. 1965年版. 北京:人民出版社,1965:388
③ 马克思恩格斯全集:第25卷[M]. 1965年版. 北京:人民出版社,1965:871

级差地租

在大卫·李嘉图之后,马克思对绝对地租和级差地租进行了进一步阐释。他认为土地所有者凭借对土地所有权的垄断,占有农产品价值中超过平均生产价格的那部分超额利润,由于它不论土地本身条件优劣如何,只要土地所有权与使用权分离了,即向土地所有者租用了土地,就必须支付这部分差额,故称为绝对地租。而因为土地等级不同而形成数量不等的地租,则是级差地租。级差地租又分为两种形式:级差地租Ⅰ,在不同的地块上进行等量投资,但由于土地肥力的大小和土地位置的优劣所形成的级差地租;级差地租Ⅱ,在一块土地上由于连续追加投资而形成的级差地租①。

尽管马克思认为地租是超额利润、是资本家垄断土地资本而带来的这个说法已经被证明是不正确的,但他关于级差地租的思想还是非常有洞见的,对土地价格的差异提出了一种解释方法。后来,人们也经常引用绝对地租和级差地租的概念。

一般认为,全额地租包括以下4类:绝对地租、级差地租Ⅰ、级差地租Ⅱ和垄断地租。

绝对地租,是指城市中最差的土地所要求的最低限度的地租。

级差地租Ⅰ,是指位置较好的城市土地所要求的高于绝对地租的差别地租。

级差地租Ⅱ,是指在同一块土地上连续投资而产生的级差收益。

垄断地租,是指极少数黄金地段所要求的额外地租。

拓展:马克思主义经济学

马克思是最重要的倡导社会主义的学者,他和恩格斯的思想是马克思主义经济学派的起源,他的思想影响到了苏联、中国等社会主义国家,揭开了一个时代的篇章。

作为思想的伟人,马克思的名字一直被人们所铭记,特别是在曾经的社会主义国家,人们对他的思想耳熟能详。但随着经济学的发展,原来马克思的一些观点已被新的经济学理论所取代,该如何评述它们一直是人们感兴趣的话题。

根据斯蒂格利茨的总结,马克思主义主要有以下三个思想观点②。

首先,在什么决定价格、如何决定价格方面,马克思赞同劳动价值论。他认为是工人的劳动创造了物品的价值,耗费劳动多的物品价值也高,反之亦然。资本家和地主获得了工人的剩余劳动,是剥削。然而正如我们课文中分析的那样,劳动是创造价值的唯一源泉这种说法是不正确的。脑力劳动、体力劳动、土地、资金等所有的生产要素都是价值的来源,都能带来收入,产品出售后的收入应该被参与生产的所有要素分享。马克思所生活的19世纪的欧洲,英、法、德等国已经或正在实现产业革命,经济生活远没有现在复杂,人们对经济的观察和认识还比较初步。在现代经济学里,人们认同是供求规律决定了价格,价格并不取决于劳动的耗费或其他因素,用劳动价值论是无法衡量出价格的。

其次,马克思主义认为经济制度影响人类本性。许多马克思主义者相信,在一种不同的社会

---

① 谢文蕙,邓卫. 城市经济学[M]. 北京:清华大学出版社,1996:234
② 斯蒂格利茨. 经济学[M]. 2版. 黄险峰,译. 北京:中国人民大学出版社,2000:858

制度下,人们就不会那么唯利是图,而是互相帮助,更多地将身心投入工作。按照马克思理论剥削的观点推论,只有实现公有制的社会主义才能避免资本主义的种种弊端。在一些国家的战争时期、在欧文的新拉纳克、在我国的1950—1970年代,似乎都能局部地印证马克思所说的那种新制度带来的人们之间互相帮助、努力工作的美好图景。然而,正如新拉纳克并没有成功地持续下去那样,我国的公有制和计划经济也陷入了极大的困境,最终转轨为市场经济,实现了经济制度上的变革。经济制度和人的本性之间的关系究竟如何,人的本性是不是会变化,这不是经济学讨论的范畴。但是新制度经济学家却开创局面,对制度、合约、产权等问题提出了比马克思时代更具洞察力的思考,例如"权力界定(私有产权)是市场交易的必要前提"(科斯,1959),"除私有产权以外的其他产权都降低了资源的使用与市场所反映的价值的一致性"(A. A. 阿尔钦,H. 登姆塞茨,1972),"一个社会的规模变得越大,它就越是会制定一些私有制的安排(H. 登姆塞茨,1988)"[1]等。这些研究对于我们目前复杂的世界更有解释力。

第三,马克思主义强调政治学与经济学之间的联系,事实上,马克思主义的经济学属于政治经济学的范畴。马克思主义者认为,对"为谁生产"这一问题的回答是由权力提供的——垄断者的经济权利和富人的政治权利。富人用政府为他们自己获得在市场上无法得到的利益。时至今日,这种观察仍然有一定的道理,即使在民主选举的国家,政客也经常被利益集团游说,从而帮忙实现他们的利益。不过,这些观点更带有道德评判和价值判断的特征,超出了经济学研究的范畴。在这个话题下,现在还有许多新马克思主义者在不断研究资本主义及其空间发展,如亨利·勒斐伏、大卫·哈维、卡斯特尔等,他们的著作如《空间与政治》(*Espace et Politique*)、《希望的空间》(*Spaces of Hope*)等也为规划者所熟知。与此同时,政治经济学已不再是经济学的全部,甚至不是经济学的主流,经济学学者已不习惯于用政治来解释经济,而是拓展了更多解释的领域。

7.2 市场结构和土地市场

7.2.1 四种市场结构

市场结构(market structure),指市场是如何组织起来的。市场结构从理论上来说分为三大类:完全竞争市场、垄断市场和不完全竞争市场。其中,不完全竞争市场又可以包括寡头垄断市场和垄断竞争市场,所以,一共是四种常见的市场结构类型。

1) 完全竞争市场

完全竞争市场(perfect competition market)是一种假设出来的情况。就像在物理学中,我们会假设摩擦力不存在一样,虽然世界上基本上找不到没有摩擦力的情况,但理论上对其的忽略却可以让我们看到最基本的物体运动规律,而完全竞争市场能够看到最基本的市场规律。

在完全竞争市场上,出售的是一些没有差别的产品,每一个厂商供应的商品完全相同,不存

---

[1] 科斯 R,阿尔钦 A,诺斯 D. 财产权利与制度变迁——产权学派与新制度学派译文集[M]. 刘守英,译. 上海:上海三联书店,1994

在品牌、质量等差别。在这个市场上,有一群理性的、追求自身利益的消费者,还有一群理性的、追求利润最大化的厂商,由于人数太多了,所有的人都是市场价格的接受者。没有人能够自己定价,如果一个厂商定价高出这个市场价格,他就会自动出局,我们就说这些厂商是价格的接受者(price taker)。

在消费者的一方也是一样的,虽然有的人想要以低于市场的价格买到东西,但无奈单个人的意愿影响不了市场价格。如果他出价低,那么厂商就不会卖给他,而卖给其他人。在完全竞争市场上,假设在市场价格下,卖者想卖多少就能卖多少,供需关系恰好处于这样的价格水平。在完全竞争市场上,假设信息也是完全的,每个卖者都知道市场上所有买者的需求,而每个买者也知道市场上卖者的售价。

这样的市场、厂商和消费者的运行也叫作基本竞争模型(basic competitive model)。基本经济模型的经济含义是:如果市场可以很好地用完全竞争市场来描述,那么这个经济将是有效率的,没有资源浪费。每一个消费者都是按照自己的意愿买到了物品,而每一个生产者都是按照自己的意愿卖出了物品。基本竞争模型是真实世界里的市场的出发点,尽管作为一个没有"摩擦力"的世界,不能对市场进行完美的描述,但它描述的这种关系和真实的市场有很好的吻合。

和完全竞争市场比较相近的市场有小麦市场或者牛奶市场,农户的数量非常多,而产出产品的质量很相近。

2) 垄断市场

和完全竞争市场相反,也可能出现没有竞争或者竞争很少的市场,极端情况就是只有一个厂商,根本不存在竞争,这个厂商就可以控制市场上的价格,这种情况叫垄断。垄断中的厂商是价格的制定者(price maker)。垄断的情况在真实的世界出现的几率比完全竞争市场大多了,正因为如此,在世界上的很多国家都针对这种情况有"反垄断法"的出现。

例如电力供应,在很多国家或者地区,电力供应都是有垄断地位的,定价权也就由它们来掌握。

垄断厂商和竞争厂商都追求企业的利润最大化。在决定产量时,都会比较自己生产的边际成本和边际收益,决定要不要增加产量,在这一点上没有区别。每家厂商都在边际收益等于边际成本的产量水平上进行生产。但是,在完全竞争市场上,价格是市场竞争决定的,由于供给者的数量众多,每一家厂商对价格都不能左右;而在理论上的垄断市场,价格却是自己决定的,根据人是自私的这一公理,垄断价格通常是在可能的市场价格之上的,厂商左右价格的理由是实现某一种产品组合的利润最大化。

但是,如果垄断有超高的利润,在全社会其他行业有着平均利润的情况下,一定会吸引别的厂商想要进入这个行业。因此,垄断如果要持续,必定有某种进入障碍,使得其他厂商无法进入这个行业,也就是说,发生了什么阻止竞争产生的事情。

进入障碍(barriers to entry)有着各种形式,有可能是政府的政策法规,有可能是厂商的某种技术机密,也有可能是厂商的某种市场策略。政府政策法规包括了政府授予的垄断地位(专利保护)和对进入的限制(许可证制度);技术机密包括了厂商研发的超过竞争对手的技术优势和商业秘密;市场策略包括了掠夺性定价、过剩的生产能力和限制性定价等。虽然同为进入障碍,造成了缺乏竞争的垄断局面,但上面几个原因不尽相同,也就不能全部一反了之。我们将在后节展开讨论。

有一种情况叫作自然垄断(natural monopoly)，指一个企业生产全部产品比每种产品由几个企业联合生产更便宜，由单一企业垄断市场的社会成本最小。自然垄断的行业传统上有水、电力、燃气、热力供应和电信、铁路、航空等，这些企业有一些共同的特征：效率最高，一家企业供应经济效率反而是最高的，出现了规模经济；形成网络供应，如果离开了产业网络，一家企业就无法将产品供应到市场上；前期的资本沉淀，在经营自然垄断产品时前期要投入大量的资金进行网络建设，资金一旦投入就形成固定资产，很难改成其他用途；提供的常常是日常用品，支撑社会稳定有效运行。因为自然垄断往往带来效率经济，增加社会总体福利，所以也不在反垄断之列。

3) 不完全竞争市场——寡头垄断和垄断竞争

在完全竞争市场和垄断之间，存在着不完全竞争市场(imperfect competition market)。世界上大多数市场都是不完全竞争市场，所以，只要稍加留心，我们就会观察到很多不完全竞争市场的真实案例，从汽车到飞机，从饮料到运动鞋，甚至包括城市土地。不完全竞争市场有两类：寡头垄断和垄断竞争。

寡头垄断，顾名思义，在一个行业存在着数得过来的少数厂商，存在一定程度的竞争。例如汽车、航空公司，由于厂商的数量足够少，每家厂商都很关心竞争对手，对竞争对手的行为做出研究，并且会快速做出反应。寡头垄断的市场上，由于厂商很少，就存在着互相协商、左右价格的可能性，我们把这种行为叫作"勾结"。但是由于厂商都是自私的，只要稍有可能，勾结就会被打破，勾结成功的情况并不是很多见。勾结也是反垄断法反对的内容。

垄断竞争，是指厂商的数量多于寡头垄断，但又没达到完全竞争的数量，如中档运动服装连锁店、运动鞋厂商等等。因为厂商足够多，每家厂商都相信如果自己降价，竞争对手不会降价。而为了在这个行业中具有独特的识别性，也就是有足够的租值，每个企业都做广告，靠品牌吸引更多顾客。在垄断竞争市场中，有许多企业在争夺相同的顾客群体；产品有差别，但这种差别又不是特别大；没有进入障碍，企业可以无限制自由进入(或退出)一个市场。

将上述的几种市场结构用图来总结，如图7-1所示。

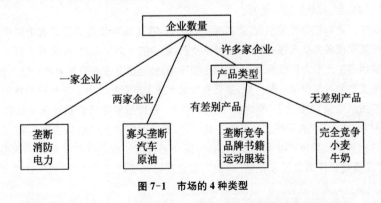

图7-1 市场的4种类型

7.2.2 垄断和寻租

垄断

在传统上关于垄断市场的描述中,认为是厂商进行价格制定(price making)的,因为人们想象的这一个厂商可以通过增减产量间接地影响价格,获得超额的利润。一个厂商获得超额利润,自然有消费者无端付出高额的代价,因而为人们所诟病,这就出现了"反垄断法",政府可以用来制裁那些拥有市场权力(market power)的、占领了很大市场份额的厂商。

但是,垄断的这一个厂商不是无缘无故出现的,因为,只要一个生产领域有较高的利润,就会有其他厂商争先恐后想要进入这一行业,很快就会打破垄断的局面,形成竞争的市场。除非如前文所述,厂商出现垄断是因为有进入障碍,其他厂商的进入被阻止了,才会出现垄断的企业一家独大的现象。根据李俊慧的论述,进入障碍可以分为这样几种:天生的、人为构建的和行政垄断。

1) 天生的进入障碍

天生的进入障碍对于一个人来说,就是他的天赋,例如演员或者运动员,就是利用自己的天赋来获得垄断租值。对于一个城市来说,可能是风景特别优美的某个地块,或者个某个城市本身就处在港口、铁路线交汇处或者有重大的自然、历史文化遗产,因而就具有了垄断租值。因为独此一处,就可以凭借其获得超额的利润,成为经济发展一个独特的推动力。这种程度的垄断是无法模仿,也没有必要反对的。

2) 人为构建的进入障碍

人为构建的进入障碍可能是技术门槛、资金门槛或者市场策略。

技术门槛可能是一个专利、一种保密配方(例如可口可乐),或者像微软这样,是通过研发将对手逐一打败,在竞争中脱颖而出。技术门槛的构建不是天上掉下来的馅饼,而是前期大量的投入加上独到的眼光为自己创造的租值,而垄断收入就是前期这些投入的回报。

资金门槛是因为获得庞大的资金是非常困难的,在有交易费用的现实世界里,不是所有人都有资信能够借到这样一笔资金。例如城市修建地铁,除了城市政府一家,没有他人有能力融到如此庞大的资金,自然形成了垄断。

市场策略是诸如掠夺性定价、过剩的生产能力等,在市场中使用的吓退竞争对手的策略。例如厂商可能有很多条生产线,甚至有空置的生产线,向竞争对手表明:如果有大订单来临,我将毫不犹豫地将生产能力扩张到最大,以便占领市场,挤走想要进入的竞争者。使用过剩的生产能力参与竞争的不仅仅是一般厂商,甚至有作为土地生产者的政府。在激烈的城市竞争中,一些城市开发区会采取接近"零地价"的方式供地,依靠把价格降低到最低点来吸引客商,或者兴建好"七通一平"的平整的空置的工业用地,通过过剩的生产能力去彰显实力,与其他的开发区进行竞争。如果在竞争中获胜的话,这个垄断地位也是依靠了前期的大量投资得来的,这些投资就是厂商自己设定的"门槛",其他厂商也要跨越这个"门槛",才能进入这一领域。

以上的垄断其实都来源于厂商独特的租值,或有能力,或有眼光,或有魄力,因而在竞争市场中获胜(他们也是冒着失败的风险),形成或短或长的一个垄断的局面。只要这种垄断是在市场竞争中形成的,就对大众没有造成什么福利损失。因为,随时会有其他竞争者环伺周围,一旦垄断者采用的不是市场价格而是高于市场价格,就给了其他竞争厂商可乘之机,其他厂商就会立即进入市场占取份额,拉低价格。特别是那些因为研发技术投入而获得垄断地位的厂商,成功的同时风险也是非常巨大的,如果不能够因此有超额回报,怎么会鼓励创新呢? 重要的不是市场之内厂商的数量,而是周围有没有虎视眈眈的竞争者,他们可能在市场内,也可能在市场外,只要有随时准备进入的潜在竞争者,就可以抑制住垄断。

3) 行政垄断

真正有害的垄断是进入障碍是由政府创造的行政垄断。行政垄断是政府的一种管制行为,只允许某一家或某几家企业从事某一种行业,而使这一行业没有竞争的出现。行政垄断有时会打着监管的名义出现,不论行政垄断出于何目的,因为减少甚至消灭了市场竞争,行业里唯一的这一家(或少量)企业就被保护起来了,自然也就失去了降低成本和产业升级的动力,而获得超高的利润。这些利润并不是由于劳动生产力比较高或者有独家创新才赢得的,而只源于政府的分配。比起竞争市场而言,最终消费者会获得高价产品,因而造成整体的福利损失。

由于行政垄断创造了本来不存在的垄断租值(其实是从消费者那里转移来的),为了获得这个垄断租值,自然会激励厂商采取种种手段给政府部门好处,将部分租值分给政府部门,这种行为就叫作"寻租"。寻租所寻的租值不是生产产生的,而完全是由于行政命令被分走的,对社会来说是净损失。

寻租

行政垄断通常会带来"寻租"(rent seeking)。斯蒂格利茨在著作《不平等的代价》中给了寻租一个简单的定义:收入的获得不是因为创造了财富而得到应有回报,而是攫取了大量即便没有他们的努力也会被创造出来的财富[①]。他认为,寻租不仅指政府获取非创造财富的租值的行为,还泛指一切因为政策而获取非创造而来的租值的私营部门的行为。寻租包括了:政府提供的隐蔽的及公开的转让和补贴;减少市场竞争度的法律;现有的竞争法执法不严;允许公司侵占他人利益或将成本转移给社会其他人的法令,以高出市场价的价格把产品卖给政府,等等。也就是说,行政垄断造成了寻租,而寻租的范围很广,不仅仅是行政垄断造成的。

例如,如果政府只允许一家企业从事某种行业,或者把国有资源以低于公平市场的价格卖给一家企业,这都是寻租。如果政府给了某一公司独家权利来进口一定配额的某种商品,那么它就因为拥有这种特权而额外收获了"配额租",这也是寻租。或者,政府对某些行业有公开的或者隐性的补贴,这也是一种寻租,这些补贴某些行业以寻求发展的机会是通过收取别的行业的税收得来的。寻租有的时候看起来非常隐秘,以至于人们并没有发现它的不妥当之处。而归根结底,寻租不创造财富,只转移财富。

---

① 斯蒂格利茨. 不平等的代价[M]. 张子源,译. 北京:机械工业出版社,2013:29-45

为什么政府明知市场竞争的重要性,还会产生这种寻租的行为?因为,政府的监管机构可能会受到利益集团的游说,我们记得曼昆说过的那句话,"政治家也是人"。某些行业的重要人物可能会运用政治影响力或者金钱激励影响监管部门,从而制定出对他们有利的规章制度,这种现象被称为"监管俘获"(regulatory capture)。或者,政府的监管机构并没有受到行业的金钱激励,而是认同了某种思想、某种思维方式,认为确实应该进行这种管制或者发放这种补贴,这被称为"认知俘获"(cognitive capture)。想要按照市场逻辑制定政策并不总是一件容易的事,因为,有很多强大的利益集团在以各种方式影响政策的制定。据统计,每1位美国国会众议院平均被2.5位游说者盯住了。

资料:对乙醇的补贴

通过转化蕴含在玉米(美国一项主要农产品)中的太阳能来取代石油从而减少对石油的依赖,这一计划有着难以抗拒的吸引力。但是要把植物能源转换成为一种为汽车而不是为人提供能源的形式,成本非常高。一些植物比另一些植物更容易转化为乙醇。巴西在蔗糖乙醇方面的研究非常成功,美国为了与其竞争,多年来不得不对巴西进口的蔗糖乙醇课以每加仑54美分的税赋。自从实施补贴的40年来,美国支持的仍然是一种似乎无法长大的不成熟技术。当2008年经济衰退开始后,石油价格跌落,于是虽然很多乙醇工厂享有巨额政府补贴,但还是破产了。直到2011年年底,补贴和关税才终于被终止。

这些扭曲的补贴之所以长久存在,都出于同一个原因:政治。这些补贴的主要的(长期以来也是唯一的)直接受益者就是玉米乙醇的生产企业,其主导者是ADM(Archer Daniels Midland)这家巨大型公司,和许多其他公司的高管一样,ADM的高管似乎也更擅长运用政治而非创新。该公司对美国两党都慷慨捐赠,因此尽管国会议员可能会谴责这种企业捐赠,但是这些立法者都不愿触及乙醇补贴这件事。我们前面提到,企业几乎总是强调说它们所得到的任何补贴的真正受益者是别人而非它们自己。在这个例子中,乙醇的倡导者说真正的受益者是美国的玉米种植者。但通常不是那种情况,尤其是在补贴刚开始的时候。

当然,已经享受大量政府补贴并且一半的收入都来自政府而非土壤的美国玉米种植者们为什么竟然还要得到进一步的援助,这一点令人费解并且难以与自由的市场经济原则相统一。实际上,政府补贴农业的钱大部分没有给予贫困农民或者家庭农场。这项计划的设计揭示了它的真正目的:把我们中其他人的钱二次分配给富有者和企业农场[①]。

7.2.3 三种市场

前面我们讨论了市场的结构。其中列举的小麦、牛奶、运动服装、汽车等,所指的都是产品市场。在产品市场中,把生产者看作供应方,把消费者(个人或家庭)看作需求方。如果反过来

---

① 斯蒂格利茨. 不平等的代价[M]. 张子源,译. 北京:机械工业出版社,2013:44-45

呢？把个人和家庭看作供应方，把生产商看作需求方，市场还存不存在？这样的市场是存在的，即劳动力市场，或者更广义一点，生产要素市场。在市场经济中，每个人都有不止一个位置，有的时候他是供应方，有的时候他是需求方。作为厂商，供应产品的时候是供应方，需要生产要素的时候就是需求方。对厂商来说，用以生产商品的不可或缺的东西就是生产要素，在古典经济学中，生产要素市场包括了土地市场、资本市场和劳动力市场，都是厂商展开生产不可或缺的投入品。后来在新古典经济学中，人们习惯于将生产要素市场分为资本市场和劳动力市场，土地由于其收入是租值(地租)，和资本的收入(也是租值)没有本质的区别，就不再单独提出，而算在生产要素市场之内了。

因而，目前我们认为的三种主要市场是产品市场(product market)、劳动力市场(labor market)和资本市场(capital market)。产品市场是厂商向个人出售产品的市场，劳动力市场是个人向厂商出售劳动力的市场，资本市场是厂商向金融机构借贷资金的市场。在资本市场中，个人也可以通过购买股票等方式，向厂商提供资金的借贷。在产品市场上，个人是消费者(consumers)，在劳动力市场上，个人是工人(workers)，当个人购买厂商的股份或者借钱给企业时，个人是投资者(investors)①。所以，每个个人都有可能参与全部的三种市场。例如，在土地市场上，购买土地和住宅、商铺、厂房等依托于土地生产的不动产的人都是消费者。

虽然进行了这样的划分，但是生产要素和产品并没有本质的差别，在一定程度上生产要素也可能是产品，而产品也可看成是生产"劳动力"的原材料。我们在产品市场上的分析都可以用到生产要素市场上。例如后文会用市场结构理论去分析土地市场，同理也可以用理论分析其他资本市场和劳动力市场。

7.2.4 土地市场的特征

土地市场的均衡包括两个层次，一级市场和二级市场。一级市场，是指土地所有者同房地产开发公司间的市场；二级市场，是指房地产开发公司与房地产需求者之间的市场。

如果粗略地对中国的土地市场进行一个区分的话，中国的土地市场既不是完全竞争市场，也不是垄断市场，而是寡头垄断市场(城市内部)和垄断竞争市场(全国)。

我们对土地市场不是完全竞争市场这一点比较容易接受。毕竟土地表现在区位上的差别非常明显，区位好的和区位差的土地价格和受欢迎程度千差万别，无法把各处的土地看作没有差别的产品，因而也就不会是完全竞争市场。

但另一方面，人们对于中国的土地市场不是垄断市场这一判断却比较难以接受。见诸报刊乃至于专业杂志上有大量的论述是基于中国土地市场是垄断市场，似乎由于中国土地是公有制，它就一定是由政府垄断的。在学习了市场结构的知识之后，我们来回顾一下垄断市场的定义：垄断是指市场上只有一个厂商，它是价格的制定者。

在中国的土地供应制度中，有供地权限的主要是市、县人民政府。从一个城市内部看，一级土地市场名义上是由地方政府垄断的。但是，地方政府是有层级的，一个城市之内有市政

---

① 斯蒂格利茨. 经济学[M]. 2版. 黄险峰，译. 北京：中国人民大学出版社，2000：15

府、县政府、区政府，还有各级开发区、新城政府这些不在行政序列上的行政主体，在城市空间上重叠着各种不同的"地方政府"，它们的权限和能力各有千秋，利益同中存异，因而土地一级市场并没有完全、也不可能被控制在一个垄断的城市政府手中。虽然土地是从城市土地储备中心一个出口出，但区政府对招商引资的话语权相当大，有的时候土地储备中心只负责组织具体的出让过程，并参加分成。只要考虑一个高科技企业在各区之间落户的比较过程，和它所能得到的优惠条件就可以得知，企业有充分的讨价还价余地[1]。另外，由于城市发展的历史原因和阶段性政策，城市供地方面从来都不是一个主体，而长期存在着"多头供地"的情况[2]。假使企业不能跨城市流动，那么城市的土地供应者更像是寡头垄断，有的时候这些行政主体能够形成价格联盟，但大部分时候因为各自的利益，协商根本不能实现。何况，大部分的企业都是能够跨城市流动的，这就使土地市场的性质更加变化了。

扩展到全国来说，全国有土地出让权限的市 661 个，县 1 636 个 (2012 年)，其他拥有供地权限的新城、开发区等难以统计。只要需要土地的企业和家庭能够跨市县流动，就会面对数以千计的土地供应者，这么多的土地卖家根本无法合谋，地方政府很容易成为价格的接受者。由于土地受到空间区位的影响，产品之间存在着差别，因此更接近于垄断竞争市场。很多案例表明，地方政府没有办法左右城市的土地价格。首当其冲的是量大面广的工业用地的价格，在执行工业用地最低地价标准之前，城市的工业用地一般都是低价甚至零地价出让，在执行标准之后，很多地方的工业用地出让就死守最低限价，没有溢价，更不可能随意觅价。其次是经营性的居住、商业等用地，政府通过控制出让的数量来推高价格或者降低价格的举措比在工业用地中有效，在个案中有的时候能影响价格[3]，其垄断性略高于工业用地。但是，即便在经营性用地中也不是每个城市、每个时期政府都能够如愿以偿地对地价实施影响，既有十几家企业推高一块地价的情况，也有无人问津的情况，在不景气的时期政府还需和企业谈好"托底方案"，相当于和企业协议价格，政府对土地推出的速度和底价都受到市场的密切影响[4]。这表明土地价格终究还是市场决定的。

因此，中国的土地市场是寡头垄断市场(城市中)和垄断竞争市场(区域或全国)。把它们和完全竞争市场、垄断市场的特征作比较，如表 7-2 所示。

---

[1] 案例来自对南京市土地储备中心和区政府的访谈。
[2] 汪乐勤等(2007)指出，南京市除市土地储备中心外，还有江宁、浦口、六合新三区，河西、仙林新市区，工业企业布局调整项目等 6 个供地主体。
[3] 作者访谈某县副县长，他提到在两年的时间里，有意每年只发放两块商住土地，从不跟开发商私下接触，达到了每一块土地拍卖单价都比较可观的目的。但与此相对的是，在南京市土地储备中心的访谈中，负责人就表达了对土地价格调控的力不从心。
[4] 参见访谈记录：市场不景气会影响到出让，开发商有意向的我们才拿出来，受到房地产市场的影响，我们会调节房价的平衡。2007 年市场不景气，土地会流标，这对国家是不好的。近年我们实行了托底方案，尽量避免这种情况的发生。(调查者：托底方案是什么意思？)就是有开发商与我们口头协议，如果这块地最终没人要，他们会以当时谈的价格买下，如果有人竞争，还会按照正常拍卖的流程进行。(资料来源：笔者对南京市土地储备中心的访谈记录，2009.05)

表 7-2 土地市场和完全竞争市场、垄断市场的比较

特征	完全竞争市场	垄断市场	城市中的土地市场	全国的土地市场
买者和卖者的数目	买者和卖者众多	只有一个卖者	卖者较少,买者较多	买者和卖者众多
标准化产品	产品没有差别	产品有差别	产品有差别	产品有差别
政府的作用	基本不参与	设置进入障碍	参与市场	参与市场
价格的调节	价格调节是连续的,价格反映市场供求	卖者左右价格	供给短期弹性较小,价格调节是不连续的,可能有一定滞后性	供给短期弹性较小,价格调节是不连续的,可能有一定滞后性

7.3 城市土地供给与需求

7.3.1 一般供需理论

价格

在对市场的分析中,我们无数次看到"价格"这个词。价格是关键信息的传达者,它表明了这个物品有多稀缺,价格越高的时候表示这个物品就越稀缺。价格也是经济系统中对有效使用资源的一个激励,当资源价格高的时候,人们就倾向于少用,当资源价格低的时候,人们就倾向于多用。不要小看价格的作用,有价格意味着有市场、有交易,市场中的资源孰多孰少一目了然,市场上所有的人都可以盯着价格这个风向标,做出自己的决策。

在以往我国计划经济的时代,土地是划拨的,划拨是一种无偿的分配。当有国有企业需要土地,就向政府申请,政府批准后无偿提供给它们使用。因为土地没有价格,自然也就不会有人节约使用,而是能用多少就用多少,政府也不知道提供的多与少边界在哪里,所谓的计划,其实是拍脑袋。在这种情况下,土地使用的效率低下是一定的。在我国,从 1979 年开始对土地有市场化的需求,到 1988 年土地市场初步建立,到 2007 年土地市场逐渐完善,从无到有地建立一个市场花了近 20 年的时间。现在,我国的土地市场有了比较清晰的价格体系。

价格是由谁决定的,生产者还是消费者？人们会说,是厂商涨价了,是政府把土地卖出了高价。然而买卖必然有生产者和消费者两方,如果厂商单方面涨价,消费者也可以不买,这个价格水平上的交易就无法实现。同理,如果政府单方面叫价,别忘了土地市场并非垄断市场,开发商也可以选择另外一个城市,这块土地就不一定会成交。普通人看到的是价格变动了,一定一个人让它变动,而经济学家却说,价格的变化源于与人力无关的供求关系。市场上所有人都盯着价格这个风向标,而价格也是市场上所有参加者共同决定的。正如我们前面分析的,只有垄断的厂商才能决定价格,否则,在市场中看到价格就要想到后面的供给力量和需求力量。要记住这个事实:价格是由供需关系决定的。

需求曲线

需求(demand)是指家庭或者厂商在给定价格下选择购买的一种商品或者服务的数量。在每一种价格下,将一个人购买一种东西的数量统计出来画在图上,将各个价格下的需求点连起来,就成为一条需求曲线(demand curve)。在一个市场中有不计其数的人,我们把每一个价格下每个人对这种商品的需求相加,就得出了市场的总需求,相应的需求曲线就是市场需求曲线(market demand curve)。在其他因素不变的条件下,在一段时期内,价格上升引起需求量减少。把这段话说得更直白一点,即一种东西越便宜,人们买得越多,一种东西越贵,人们买得越少,当然,这是在其他条件都不变化的情况下。需求定律是满足人的自私假设的基本定律。

1) 需求曲线的变化

在需求曲线的图形中,有两种变化:沿着给定需求曲线的变化和需求曲线移动的变化。如果其他因素不变,变动就是沿着给定需求曲线的变化:当价格越低,消费得越多;价格越高,消费得越少。但是,别的条件也可能有变化,例如人们的收入提高了,其他商品的价格变动了,经济形势不好,人们对未来的预期很悲观等,都会导致需求曲线本身变动,它会向右或者向左移动,变成一条新的需求曲线(图7-2)。

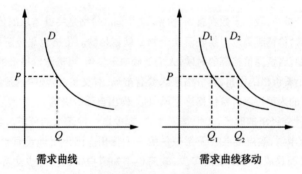

图 7-2　需求曲线和需求曲线移动

2) 导致需求曲线移动的因素

什么会导致需求曲线移动?主要有但不限于以下的几个方面:

① 收入:当个人收入增加,他对商品的购买量通常会增加。社会上人们的平均收入增加,对商品的总购买量也会增加,这时,需求曲线向右移动,在每一个价格下人们购买的物品都增多了。

② 替代品价格:替代品(substitutes)是指特别相近的两种商品,它们可以互相替代。比如羽绒服和大衣、地铁和公交车或者公共交通和私家车。当一种商品的价格上升时,人们就会转向它的替代品,使得另一种商品的需求增加,需求曲线向右移动。例如,羽绒服涨价时,人们就会放弃购买羽绒服,转而买同样能保暖的羊毛大衣;地铁涨价时,人们就会转向未涨价的公交车;而私家车拥堵严重时(时间成本增加了,相当于涨价了),人们就会转向公共交通等等。当

替代品价格上升时,会造成另一种商品的需求曲线向右移动。

③ 互补品价格:互补品(complements)是指相关联的两种商品,它们通常一起使用,比如打印机和打印纸、咖啡和方糖、汽车和汽油。当互补品中的一个价格上升时,会使得另一个的需求下降,需求曲线向左移动。例如,如果汽油价格上升的话,人们对于小汽车的需求会减少,需求曲线左移。

④ 人口数量:由于需求曲线是市场上所有消费者的需求的和,所以当人口增多时,需求增加,需求曲线向右移动。

⑤ 预期:人们对未来的看法会很大地影响到现在的购买行为。如果一个人认为自己会失业,他就会提前减少各种消费;如果人们认为未来房价会上涨,就会增加对住房的购买。后面这一种情况和需求会随着价格升高而减少并不矛盾,人们对房价良好的预期带来的是整条需求曲线的移动,而当这种预期不改变的时候,在一条需求曲线上仍然是贵的买得少,便宜的买得多。

供给曲线

供给(supply)指的是在一个价格下,厂商或者个人愿意并且能够出售的商品和服务的数量。和需求一样,我们可以根据厂商在每一个价格下愿意出售的商品数量画一个厂商的供给曲线(supply curve)。当我们把一个市场上所有厂商和个人能出售的商品数量加总,就得到了市场总供给和市场供给曲线(market supply curve)。在其他因素不变的条件下,在一段时期内,价格上升引起供给量增加,即一种东西的价格越高,越是有厂商愿意提供,市场上这种产品也就越来越多。所以,供给曲线是一条向上倾斜的曲线。

1) 供给曲线的变化

在供给曲线中也有两种变化:沿着给定供给曲线的变化和供给曲线移动的变化。如果其他因素不变,变动就是沿着给定供给曲线的变化。当价格越高,厂商提供的商品越多;价格越低,就会有厂商觉得无利可图而减少生产量。当别的条件发生变化时,供给曲线会发生移动,变成一条新的供给曲线。这些条件可能有:投入品价格、技术的升级、贷款难度、人们预期的变动等(图7-3)。

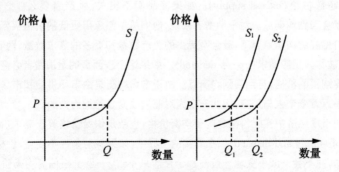

图7-3 供给曲线和供给曲线移动

2) 导致供给曲线移动的因素

什么会导致供给曲线移动？主要有但不限于以下的几个方面：

① 投入品的价格：每一种生产都需要原材料的投入，如果投入品的成本上升，供给者就会减少生产，供给曲线向左移动。

② 生产技术：人们在不断地改造生产技术，提高劳动生产率。技术发生变革的时候，会造成一样产品的成本普遍降低，供给增加，曲线向右移动。

③ 贷款难度：在生产中，大部分的厂商都需要借助信贷来购买投入品，而不是全靠自己的自有资金。当从银行借贷比较容易或者利息比较低廉的时候，有助于厂商扩大再生产，提高供给的水平，供给曲线右移；反之，如果银行紧缩银根，借贷困难重重，或者利息很高的时候，厂商就无法扩大再生产，供给量减少，供给曲线左移。

④ 预期：和消费者的预期一样，厂商对未来的预期也会很大地影响到产品的生产。如果厂商预期市场不景气，就会减少生产，供给曲线左移，反之供给曲线右移。

市场均衡

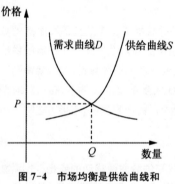

图 7-4　市场均衡是供给曲线和需求曲线的相交处

在竞争市场上，是供给和需求共同决定市场价格。这个过程一般是用图形的方法来说明的。我们将一种物品的供给曲线和需求曲线画在一起，这两条曲线的交点就是市场价格。我们将之称为均衡价格（equilibrium price），相应的数量就是均衡数量（equilibrium quantity）。市场均衡的意思是指，在这一点上，消费者想买的数量和价格刚好和生产者想提供的数量和价格相等，它们达到了均衡（图 7-4）。不会有人想要改变这一结果，无论是生产者和消费者，这一点都在他们自己的曲线上，反映了他们自己的意愿。

自然，每一个生产者都想赚更多的钱，如果一个生产者把价格提高到均衡点以上，会怎么样？在均衡点以上的价格会有更多的生产数量和更少的需求数量，两者之差就是卖不出去的产品，被称为超额供给（excess supply）。如果商品卖不出去，生产者要么任之浪费，要么降价——价格就会回到均衡点。对于消费者来说，他们总是愿意用更低的价格买到商品，如果一个消费者把价格开到均衡点以下，就会有更少的生产数量和更多的需求数量，两者之差就是买不到的商品，被称为超额需求（excess demand）。如果这个东西真的是消费者必需的话，他只能提高自己想要购买的价格，直到回到均衡点。由于市场均衡是由市场供给和市场需求决定的，参与者是千千万万个个人与厂商，因此一个人对此的改变是无能为力的。

在竞争的市场经济中实际价格趋向于均衡价格，也就是供给价格等于需求价格，这就是供求规律（law of supply and demand）。在真实的世界中，如果其他条件不变化，价格会在均衡点附近小幅波动，并不会一成不变地一直在那个点上。只不过，一旦价格偏离均衡价格，就像有拉力一样，会被拉回到均衡点附近，这就是供求规律的意义。

达到了市场均衡之后,一种产品既不存在过剩,也不存在短缺。

7.3.2 土地的供给和需求

土地供给

土地供给是指城市范围内提供给人们可资利用的各类生产和生活用地的数量,其中包括现在已经利用的和将来可供利用的土地数量,以及可供每一项用途的土地数量。

土地的自然供给:指自然所实际提供的各类型的土地数量,无弹性;

土地的经济供给:指土地具有多种用途,各种用途具有相互竞争和相互置换的情况,可通过转换提高经济效益,土地的经济供给是动态和有弹性的。增加土地经济供给的办法有:开发滩涂、围海造地、扩大土地可利用面积;提高单位土地利用率和产出率;实行土地置换,改变用途,提高土地的适用性;调整土地利用结构,将土地配置在最需要的地方。

土地需求

土地需求是一种引致需求,是人们对城市土地产品——生产与生活资料的需求所引起的。

我们把人们必须利用城市土地才能进行各种社会经济活动,以维持生存和发展而对土地的需要称之为土地需求。

土地需求的影响因素有城市人口数量和人口规模、城市经济发展阶段和发展规模、土地质量等等。

在中国,①人们生活水平提高了释放了更多的需求,②城市化加速期城市的膨胀加速了需求,③对投资的需求转向房地产—土地,因此,需求曲线向上的移动是非常迅速的,造成地价快速上涨,也影响到房价。

土地的供求关系

城市土地供应短期呈刚性,中长期有弹性。

如图 7-5 所示,这是一个城区土地一级市场的供求关系图。一开始的需求曲线是 D_1,供给曲线是 S_1。因为城市是分年度、季度去制订土地出让计划的,因此在一个段时期里,土地的供给曲线不会发生变化,是一根垂直线。D_1 和 S_1 在 A 点达到市场均衡,这时土地的供应量是 1 000 公顷,而土地价格是 2 000 万元/公顷。由于经济发展迅速,市场利好消息很多,需求曲线向右移动了,变成 D_2 曲线,而土地管理部门还没有意识到这种变化,土地供给曲线还是 S_1,这时均衡点在 B 点,供应量还是 1 000 公顷,土地价格上涨为 2 400 万元/公顷。到了下一个季度,土地供应市场跟着有所调整,供给曲线调整到了 S_2,均衡点是 C,我们可以看到,尽管供应量上升到了 1 100 公顷,但是,土地价格还是比以往上升了,达到 2 200 万元/公顷。

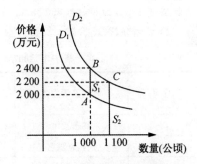

图 7-5 城市土地供求关系图

(资料来源:丁健. 现代城市经济[M].上海:同济大学出版社,2001:155)

在理论上,如果城市政府为了多收取土地出让费用,可以刻意地把供给量降低到一个水平,这样,随着需求的变化就会导致单位价格上升,使得均衡点在一个比原来高的位置。或者,一个城市政府也可以加大供给量,直到把土地价格拉到比原来还低的均衡点。但是,这是发生在一个城市内部的土地供求关系图。如果城市对于住房的需求是有一定流动性的,也就是说,会转向其他城市的土地市场,情况就有所不同了。在更大的土地市场上,一个地方政府对于土地价格的控制是有限的,如果高于市场价格很多会使得人们流出这个城市,选择另外一个城市,需求曲线左移,价格回落。如果低于市场价格很多,则会吸引人们前来购房,这样就会增加需求,需求曲线右移,价格上升。由于迁居会产生很大的成本,所以人们的流入流出并不像选择一般商品那样灵敏,但是,仍然存在着这种可能性,使得地方政府不能够随意操控价格。

如果是在工业用地的供地中,由于土地的同质性更为普遍,而企业的移入移出也是比较普遍发生的现象,因此,在工业用地市场上,单一地方政府通过控制土地的供给量而操控土地价格的可能性就更低了。甚至相反的是,为了争取相对来说更加宝贵的厂商,政府在激烈的竞争中纷纷采取低价策略,例如采取零地价、低地价甚至税收优惠的方法。

资料:2007年度南京市市区经营性用地公开出让计划

为科学合理利用土地资源,加强政府对土地市场的宏观调控,在对我市经营性用地土地市场调研分析,并充分征求市有关部门意见的基础上,经综合平衡,特制订我市2007年度经营性用地公开出让计划①。

1) 供应计划

2007年度全市经营性用地计划供应土地总面积865公顷,其中:住宅用地685公顷(含中低价商品房用地约30公顷)、非住宅用地180公顷。按实际可出让土地面积比率约80%计算,预计实际可出让面积约为690公顷。

2) 计划分解(表7-3)

表7-3 2007年度南京市市区经营性用地出让计划

序号	土地来源主体	用地面积(公顷)		归口部门
		住宅	非住宅	
1	储备土地	150	50	市国土局
2	河西新城区	70	30	
3	仙林新市区	35	10	
4	江宁区	140	30	区政府
5	浦口区	80	10	区政府
6	六合区	60	20	区政府
7	工业布局调整	60	10	市国资委、振兴办

---

① 资料来源:南京市国土局

续表

序号	土地来源主体	用地面积(公顷)		归口部门
		住宅	非住宅	
8	城中村改造用地	40	10	市建委
9	机动	50	10	
合计		685	180	—
		865		

7.4 土地利用模型

7.4.1 范·杜能模型

在城市的土地使用中,我们观察到两个现象。第一是随着距离市中心越来越远,土地的价格越来越便宜,第二是随着距离市中心越来越远,人们使用土地的面积越来越大。

为了理解城市土地的分配和土地价格与位置之间的关系,菲利普·麦卡恩在《城市与区域经济学》(2010)著作里介绍了范·杜能模型(von Thünen model)。范·杜能模型描述的是区位与土地用途之间的关系的最简便的模型,它可以帮助我们了解各类用途土地的用地规模、在竞争中各种用途的土地如何在空间上分配。在此基础上,又能够扩展出来各类的竞租模型,例如常见的单中心城市的土地竞租模型,这就解释了城市土地分配、城市活动和居民分布的一般情况,也解释了每个区位土地价格的生成。

只生产小麦的情况

我们先假设有一个市场坐落在 M 点,农产品在这一点上交易。假设所有的方向上农民生产同样的农产品:小麦,他们的劳动生产率都相同。

一个种植小麦的农民需要的是土地、农具和自己的劳动等,我们把农民投入的劳动和农具的资本投入统一计算,计为非土地要素,这样,农民投入的成本就包括了土地要素和非土地要素两种。我们假设农民的非土地要素是固定的,总共为 50 美元/吨小麦。

假设在市场 M 点,1 吨小麦的价格是 100 美元,将小麦运到市场的运费是 1 美元/(吨·公里),越远的地方,所需要的运费越高(图 7-6)。在 M 点,所需的运费为 0,这样 100 美元的价格减去了非土地要素的成本之后,还有 50 美元可以用来支付土地的租金。距离越远,农民能够剩下来支付土地租金的钱就越少,到了 50 公里处,农民已经将剩余的 50 美元

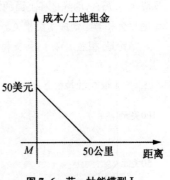

图 7-6 范·杜能模型 I
——只生产小麦的情况下

全都用来支付运费了,已无钱支付土地租金,50公里外就不会再有农民种植小麦了。

这个假设是基于里卡多(Ricardo,1921)的研究,即土地租金只有在其他所有非土地要素和运输费用被支付的情况下才被分配。根据范·杜能模型,每单位土地的最大租金是:

土地租金 = 产出收益 - 非土地支出 - 运输费

里卡多假设还有另外两个条件,即:假设根据最大的可获利用途或该地的最高投标价格来分配土地;假设任何地方的土地供给都是一个固定的量,也就是假定土地的供给是没有弹性的。这些假设被广泛地用在后来的许多土地竞租模型中。

将这个过程画成图形,我们可以看到结论是:农民只生产小麦的情况下,能支付的半径是一个50公里的圆形,这就是这个世界的形态。

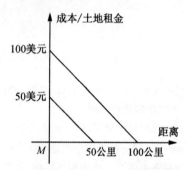

图7-7 范·杜能模型Ⅱ
——只生产小麦的情况下,价格上涨了

只生产小麦的情况——价格上涨了

现在,假设商品的价格出现了变化,小麦的价格从1吨100美元上涨到了1吨150美元。如果非土地要素的成本不发生变化,这时,在M点农民能支付的租金上升了,变为100美元,当交通费用不发生变化的情况下,直到100公里处,农民能支付的租金价格才降为0(图7-7)。这个模型的含义是,当人们生产的物品价格提高(劳动生产率增加了),由于能够支付的租金增加,因此城市变大了。关于租金的推论是,每单位土地租金与市场产出的价格呈正相关。

如果在非土地要素上面发生了改进,结果也会相同,如果非土地要素的成本由于技术进步或者其他原因,极大地节约了,例如非土地要素的成本降为0,那么,曲线也和上面的情况一样,城市的边界将扩大到100公里。关于租金,每单位土地租金和非土地成本负相关。

结论是:租金上涨了,可支付租金的面积增大了。当产品的价格升高的时候,城市变大了。

只生产小麦的情况——运费下降了

如果在这个世界里发生变化的条件不是价格变化而是运费,那么,图形的变化将有所不同。假设运费从1美元/(吨·公里)降到了只有0.5美元/(吨·公里),那么,在M点,需要付出的运费仍然为0,在50公里处,需要付出的运费为25美元,而到了100公里处,需要付出的运费是50美元,这时,农民才会无钱支付租金(图7-8)。随着运费的降低,人们可耕作的面积增大了,城市的面积还是扩大了,扩大到了100公里半径。关于租金,每单位土地租金和运费率负相关。这个图形里,曲线的斜率变化了,也就是说,相对于产品

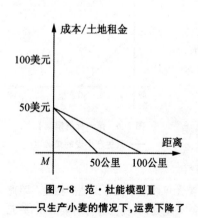

图7-8 范·杜能模型Ⅲ
——只生产小麦的情况下,运费下降了

价格的升高,运费降低所导致的租金的升高不如价格的升高率剧烈。

结论是:当运费降低,也会使可耕作的面积增大。如果运输费用下降,同样城市变大了。

生产小麦和大麦的情况

根据这个分析框架,继续来考虑有两种作物因而发生土地竞争的情况。假设在这个世界里现在有了两种农民,一种种植小麦,一种种植大麦。像前面一样,我们假设这两种作物种植的非土地要素成本都是 50 美元。小麦的价格是 100 美元/吨,运费是 1 美元/(吨·公里)。而大麦的价格要高些,是 150 美元/吨,它的运输成本也比较高,是 2.5 美元/(吨·公里)(图 7-9)。我们看到,由于大麦的价格较高,在 M 点,种植大麦能提供的租金是 100 元,种植小麦能提供的租金只有 50 元,在这个区位,小麦的种植者是竞争不过大麦种植者的,所以在距离市场 M 点近的地方,将全被大麦种植者占领。然而,由于大麦的运费也很高,所以,曲线的斜率下降得很快,到了 40 公里处付出的运费就达到 100 美元,这时大麦种植者能支付的租金降为 0 了。

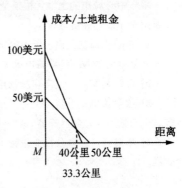

图 7-9 范·杜能模型Ⅳ
——生产小麦和大麦的情况

小麦种植者和大麦种植者的两条曲线在 33.3 公里处相交了,33.3 公里以内,大麦种植者能付出的租金高,因此土地会全部被大麦种植者所使用,在它圈外,小麦种植者能够付出的租金高,因此就会被小麦种植者所使用。这个城市变成了一个两圈层城市,里面大麦,外面小麦。

结论是:如果产品的价格不同,运费也不同,就可能出现土地用途的竞争,城市出现不同功能的圈层。

当大麦和小麦的条件发生变化

如果大麦的运输费用下降了,降为和小麦没有区别,是 50 美元/(吨·公里),而大麦的价格又较高,这时,用于生产大麦的面积就会从 M 点一直延伸到 100 公里处(图 7-10)。也就是说,大麦在所有区位上都能付出较高的租金,因此在这个城市小麦失去了竞争力,所有的土地都会转化为单一的用途。

或者,我们假设运费是不变的,而小麦的市场价格升高了,变成 150 元/吨,这时,我们看到小麦的曲线普遍地升高了,这个城市将会只有单一的作物小麦。

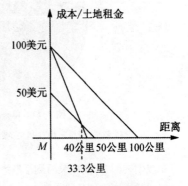

图 7-10 范·杜能模型Ⅴ
——当大麦和小麦的条件发生变化

只有在不同的产品价格不同、运费也不同的情况下,才会产生土地利用的竞争。在两种作物的竞争下,城市在平面上可能是一个双环的同心圆。假设我们继续扩展生产产品的数量,那么,城市可能会变成一个三环的同心圆,或者更多环的同心圆。

7.4.2 单一中心城市的土地竞租模型

单一中心城市的土地竞租模型是阿隆索(Alonso,1964)建立的,他在前人的假设和模型上发展出来了四个关键假设:

1) 中心出口交叉点。所有制成品通过市中心铁路终点站(一个中心出口交叉点,可以假想成就是以前的 M 点)从城市运走。

2) 四轮马车。制造商将货物用四轮马车从工厂运输到交叉点,这种运输慢而昂贵。

3) 放射状电车系统。上下班的人和购物者乘坐电车从住宅区到中心商务区,较快而便宜。电车线路呈放射状布置,成为进入市中心通道。

4) 集聚经济。办公行业依赖于面对面的接触,从不同写字楼来的职员在市中心会面进行交易。

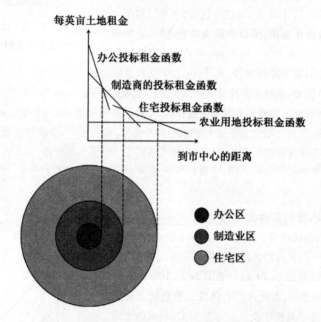

图 7-11　单一中心城市里的投标租金函数与土地利用

(资料来源:阿瑟·奥沙利文.城市经济学[M].4 版.苏晓燕,译.北京:中信出版社,2003)

我们在图 7-11 中又看到了熟悉的不同生产的土地租金曲线,它们斜率不同,彼此相交,最终形成了一个连续的城市的土地价格曲线。

首先在靠近市中心的区位,由于写字楼和零售业的产品/服务售价最高,服务以"人"为载体,交通成本也最高,因此投标租金最陡峭,在土地区位的竞争中,占据了最靠近城市中心的一环。

接下来,制造业产品服务价格次高,而制造业用四轮马车运送货物,运输成本相对低,它们占据了下一环的空间。

工人用电车通勤,相对快而且便宜。有着较低运输成本、较平直的投标租金函数的住宅占据了离市中心较远的土地。

最后,由于假设农业的产品价格最低,运输价格基本没有变化,所以占据了城市最外的一环。

阿隆索的单一中心城市土地竞租模型,很好地解释了为什么世界上大多数的单一中心城市的土地利用会呈现同心圆状,并且土地的价格会呈现从中心到周边剧烈降低的趋势。产品价格较高的土地利用占据城市中心,产品价格较低的土地占据城市外围;与此同时,这些产品的交通费用的差异也在其中产生了很大的作用,正如前文所述,否则城市就会被单一用途的产品区间所覆盖。而在范·杜能模型中的结论,例如产品价格的升高会增大城市的可利用面积、交通费用的下降会增大城市的可利用面积、非土地成本的下降会增大城市的可利用面积等,在此仍然适用。城市的历史很大程度上是单一中心城市的历史,今天的许多中小城市仍然是单一中心的,因此,这个模型为城市的土地利用提供了仍然有效的解释。

7.4.3 有城市绿带的土地地租模型

根据菲利普·麦卡恩的论述,他注意到了世界上很多城市都有在城市外围规划城市绿带的政策。当政府人为地划定城市绿带(环),对土地的价格有何影响?下面来讲解一下他对此的分析。

在很多国家和地区,政府都在大城市的外围规划了大型的绿带,例如在荷兰、英国和韩国。我国的很多城市也有类似的规划,例如在南京和成都等城市,城市的外围都有较宽的绿环设计。城市划定绿色地带的目的,一般是为了界定增长边界,这样,就可以保护农村土地,限制城市无序扩张。在学习此节之前,大部分人会不假思索地认为,对城市设定增长边界是好的,因为可以保护美好的自然环境或者保障农业的安全等等,这些都是我们接受的一种价值观,而不是科学分析。麦卡恩认为,这样的限制政策的动机是在人口密集的国家和地区,由于农村土地相对稀少,保存农村土地被看作一个国家的优先权利。他认为,"从这个观点看,农村土地的价值主要被美学和考古学的观点所定义,而不是简单的经济条件"。

进一步解释这类政策的经济含义,它假设了土地市场(特别是私有土地市场)机制不能根据农村环境的社会成本和收益对农村环境进行正确地估价,也就是对环境的价值低估了;而城市的开发活动将通过私人成本和收益进行定价,有可能估测的私人成本低于社会成本,从而产生过量的开发。因此,为了保住农村环境和绿色地带,政府要出手干预。因为存在着私人可能因为低估成本而开发过量的情况,因而影响了其他人需要付出额外的代价,因此绿色地带的基本原理是一个外部性问题,主要由政府来颁布和策划。另一方面,这样的政策也是一个福利政策。

先看图7-12,这是一个双中心的城市,两个市中心各有自己的中心商业区J和K。在J区更加繁华,它的每平方米租金更高,人们的工作收入也更高。在一开始,如实线线型所示,不同类型的土地竞租,随着远离这两个市中心,土地的价格下降了,另外,农业土地地租在各处都是r_A,是一条平直的曲线,和其他价格曲线相交。所以,从d_2到d_3、d_4到d_5之间都是城市地带,

而 $d_1\sim d_2$、$d_3\sim d_4$、$d_5\sim d_6$ 之间是农业区域。当城市的增长持续发生,人们的生产率更高,收入更高,而土地的租金也随之增长了,变成点划线的线型所示。这时,城市的面积也扩大了,这两个城市的面积成为 d_1 到 d_6 之间连续的区域,由于地价的增长,原先属于城市之间农业地带的区域也都变成城市用途的土地了。

如果这个时候,城市政府为了避免城市融合到一起,为了保持周边的自然环境,划定了两城市边的绿环(图 7-13)。在城市 J 周边,不允许建设用地超过 $d_2\sim d_3$,在城市 K 周边,不允许建设用地超过 $d_4\sim d_5$。在这样的情形下,如果由于集聚经济,城市不断增长,就业人口增加,而面积不增大的话,势必土地更拥挤了,这将减少每一个家庭的平均居住面积。因而每一个城市家庭的竞租曲线都想向上移动,直到其比没有绿色地带政策的竞争土地市场条件下的更高。结果是地区梯度的线向上移动,城市区域的任何区位的土地单价都比没有绿色地带时更高了。

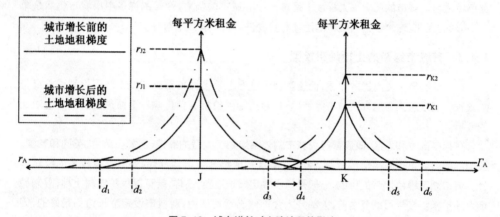

图 7-12 城市增长对土地地租的影响

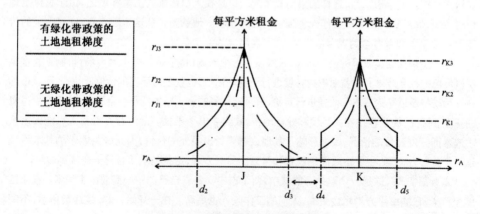

图 7-13 绿带政策对土地地租的影响

(资料来源:菲利普・麦卡恩. 城市和区域经济学[M]. 李寿德,蒋录全,译. 上海:格致出版社,2010:231,232)

因此，从保护城市的环境出发，绿色地带的政策使得所有城市居住者都受到了福利损失。如果政策的制定者们和市民意识到对农地和环境的保护其实使他们付出了更高土地价格的代价，他们还会同意这样的选择吗？这是一个值得思考的问题。

"人们应该限制大城市的发展，以保护自然环境"，这是一个规范研究；"为大城市划定增长边界会导致边界内地价的普遍上升"，这是一个实证研究。任何规范研究都应该以实证研究为基础。无论如何，我们应该意识到的是，城市绿带并不是一个帕累托改进的政策，能无端让人们享受到自然的好处，而不用付出任何代价。人们必须在低地价和好环境之间进行权衡取舍。

■ 课堂讨论

讨论题目七：中国城市的土地市场是什么市场？地方政府是什么卖家？

■ 参考文献

[1] 谢文蕙,邓卫. 城市经济学[M]. 北京:清华大学出版社,1996

[2] 谢文蕙,邓卫. 城市经济学[M]. 2版. 北京:清华大学出版社,2008

[3] 中国社会科学院研究生院城乡建设经济系. 城市经济学[M]. 北京:经济科学出版社,2001

[4] 张五常. 中国的经济制度[M]. 北京:中信出版社,2009

[5] 马克思恩格斯全集:第25卷、第26卷[M]. 1965年版. 北京:人民出版社,1965

[6] 斯蒂格利茨. 经济学[M]. 2版. 黄险峰,译. 北京:中国人民大学出版社,2000

[7] 科斯 R,阿尔钦 A,诺斯 D. 财产权利与制度变迁——产权学派与新制度学派译文集[M]. 刘守英,译. 上海:上海三联书店,1994

[8] 李俊慧. 经济学讲义[M]. 北京:中信出版社,2012

[9] 斯蒂格利茨. 不平等的代价[M]. 张子源,译. 北京:机械工业出版社,2013

[10] 谭善勇,王德起. 城市经济学[M]. 北京:中国建筑工业出版社,2009

[11] 丁健. 现代城市经济[M]. 上海:同济大学出版社,2001

[12] 菲利普·麦卡恩. 城市和区域经济学[M]. 李寿德,蒋录全,译. 上海:格致出版社,2010

[13] 汪乐勤,孙佑海. 经营性土地出让中的博弈分析——以南京市土地市场为例[J]. 中国土地科学,2007,21(04):11-17

8 城市土地制度

8.1 土地的公有制和私有制

8.1.1 土地公有

土地公有的理论出现很早。1870年,英国约翰·缪勒就倡导应由政府拥有土地,这样就可以拥有未来增值的效益。阿尔弗雷德·华莱士进一步发展了缪勒的思想,他在《土地国有》和《为什么并如何实现土地国有》中写道,通过补偿,政府征用所用的土地全部公有,然后应由政府批租给使用者收取租金。

除主张全部公有外,也有些学者提倡部分公有。1942年,英国的厄斯沃特(Uthwatt)报告提出利用土地开发权国有化来实现土地增值收益管理,由政府向现有的土地业主支付补偿金额后,统一征用土地的开发权,补偿金额由政府指定。厄斯沃特报告是推动战后英国规划体系发展的一份关键报告,其目的和一般的土地公有主张类似,希望控制土地投机,减少政府与公众之间的利益冲突,宏观调控城市的发展。但实际上厄斯沃特报告并没有实施,英国的私有化和市场仍在运作。

1974年,澳大利亚学者阿奇尔(Archer)认为土地的绝对所有在英国和澳大利亚带来了问题:土地投机、公共设施投资短缺、土地所有者之间冲突等,尤其在城市边缘地区这些问题更为突出(问题是,土地公有也同样有使用者的产权,也同样会带来土地投机、土地所有者之间冲突等问题),因此他建议采取土地批租制度,这样可以有利于增加公共设施建设和再开发投资,使土地增值的收益为政府和社区所有,并预留大量土地用于城市未来的发展。阿奇尔提出的是一种折中的方案,既不是完全的公有化,也不是完全的私有化。

8.1.2 土地私有

对土地公有理论的批评者有不同的看法,例如美国社会经济学家亨利·乔治认为土地公有化会减缓经济发展,应该采取收取单一税的方法,将土地增值的收益归整个社区所有,可以抑制土地投机和垄断。

公有制会降低土地资源的利用率和价值,这是产权和新制度学派的经济学家们在1950年后逐渐兴起的普遍观点。因为"除私有产权以外的其他产权都降低了资源的使用与市场所反映的价值的一致性"(A. A. 阿尔钦,H. 登姆塞茨,1972)。因而,"一个社会的规模变得越大,它就越是会制定一些私有制的安排"(H. 登姆塞茨,1988)。随着工业化的快速增长,环境从农业与工业及工业生产中吸收了残余,这一需求对环境服务和舒适的需求产生了激烈冲突。对土地的激烈竞争导致了原来被视为免费品的公共资源的经济价值显著上升。为了分配这些原来是公共的或者产权模糊的土地资源,其结果是形成了一些用于区分个人、企业和共同体产权的新制度。

中国从土地公有制到使用权私有的制度变迁证实了这些研究。作为一个相当大的、经济增长显著的经济体,中国的土地产权有极大的变化需求,其变化也导致了资源使用效率的大幅提高。土地产权的清晰是建立土地市场的前提,土地要素市场的建立是改革开放和转入市场经济轨道的最根本问题之一。从计划到市场,制度结构的改变是经济增长的主要动力,产权在这里的重要性无论怎么强调都不为过。我国原有的土地产权不清晰,尽人皆知,到底何人使用、何人收益、怎么退出这些问题都是一笔糊涂账。土地制度有偿出让的改革转变了这一情况,通过市场分配,厘定了每一块经过市场出让的土地的产权,让其可以在市场上交易,同时,使"公家"获得了应有的收益。

8.1.3 土地批租

目前,世界上大多数国家的土地所有制都是私有制,实行公有制的国家不多。但是,即便是土地私有制的国家,也有不少公有土地。例如美国的"公共土地"(public lands),据统计,美国联邦政府拥有 6.5 亿英亩(1 英亩≈4 047 平方米)土地,约占全部国土的 30%[1]。例如,联邦土地占了许多西部州领土的绝对多数,联邦拥有 82%的内华达州、68%的阿拉斯加州、64%的犹他州、63%的爱达荷州、61%的加利福尼亚州以及将近一半的怀俄明州和俄勒冈州[2][3]。土地的公有除了最初在国家和地方政府就拥有的以外,还有通过收储购买获得的。最早实行土地收储的是荷兰,在 1896 年,政府通过大规模的土地收购储备,为城市人口提供价格低廉、经济适用的住房,后来的收储也主要是为了公共利益提供土地空间。为了依法获得土地,各国的法律中都有为公共利益强制征收土地的条款,被称为"强制购买"(英国)、"征收"(法国、德国)、"土地收买"(日本)、"官地收回"(香港)等。

我国实行的土地公有制是所有权的公有制,但当土地的使用权出让,使用权所有人则拥有法律保护的私有产权,土地法和物权法对此都有清晰的表述。因此,可以看出,在很多国家是以不同的方式实行土地的公有制和私有制并存。其中,在土地私有制国家享有公有制优点的很典型的一种办法就是土地批租制度。

土地批租,主要被解释为土地通过补偿收归公有,而后通过收取租金的方式长期租用给使用者。土地批租的目的一般是防止土地投机,将土地增值获取的收益留在政府和社区,为城市提供公共服务和设施。但是,不少土地私有制的国家和地区实行了土地批租(储备)制度,以便

---

[1] Heisel E J. Biodiversity and Federal Land Ownership: Mapping a Strategy for the Future[J]. Ecology Law Quarterly, 1998,25(02):229

[2] Bates S. The Western Public Lands: An Introduction[M]. [s. l.]: Colorado Law Scholarly Commons, 1992

[3] 王德祥,袁建国. 美国财产税制度变革及其启示[J]. 世界经济研究, 2010(05):82-86

同时享受到公有和私有的优点,如荷兰、瑞典(斯德哥尔摩)、澳大利亚(堪培拉)、新加坡、中国香港等,其中,香港的土地批租制度给内地土地使用制度改革以很大借鉴。目前在我国实行的土地经营制度是一种比较特殊的批租制度,是在土地公有制基础上的批租制度。

阿特默(Atmer,1987)认为土地批租制度的优点是:"土地增值的收益归政府所有;政府可以利用其持续控制土地使用;公共设施的土地相对容易安排;能够引导城市发展、影响地价"。

8.2 我国城市土地使用制度改革的进程

8.2.1 土地使用制度改革的背景和意义

在以前的计划经济体制下,我国实行土地的社会主义公有制。政府征用集体用地,将其变为国有土地,再通过行政划拨的方式安排给使用者,无偿、无限期使用,且不可流转。当时宪法中明确规定:"任何组织或者个人不得侵占、买卖、出租或者以其他形式非法转让土地"。使用者通过划拨获得土地的使用权,因为实际的占据和使用,所以具有排他性;但因其不能转让,所以是不完整、不明确的产权。

这种土地使用制度的弊端被广泛讨论,例如:国家作为土地所有者,却无法实现其所有权,没有经济收益,想要回收也极其困难;土地资源配置不合理,利用效率低下,用地单位倾向于多占地、占好地,导致了极大的浪费,由于土地的使用不需要付出成本,所以也难以正确评价企业的绩效;土地不是商品,城市没有直接收益,在大规模基础设施建设的时候缺乏资金,随着经济的快速发展和城市空间发展,不能流转的土地也阻碍了发展的实现和城市规划的实现,等等。

中国经济体制改革进程是一个整体的、复杂的制度变迁过程。在这一过程中,将重新建立市场价格体系,建立资本、土地、劳动力等要素市场,所有制形式和收入分配方式将发生变化等等,其中对城市发展的影响最为深刻的是土地制度改革和住房制度改革。

土地制度改革建立在经济社会的深刻转型的背景下,包括土地经营制度在内的土地使用制度和土地市场的建立是经济体制改革中不可或缺的一部分。而土地制度又从根本上改变了财产权制度,从而改变了最基本的制度安排,促进了——如果不是直接建立的话——市场的效率,使得一个有效率的市场经济真正得以实现。

8.2.2 第一阶段——对中外合营企业征收土地使用费

实行改革开放的决定,是在1978年11月中共中央十一届三中全会上做出的。

国家对于非公有制经济的认识和政策的制定经历了一个过程。一开始,在1979—1982年间,国家提出的是"以计划经济为主,市场调节为辅[①]"(姚会元,2005)。巴里·诺顿(1999)认为,在这个阶段"还没有任何迹象说明要试图超越对指令性体制的修补,种种努力都是被用来

---

① 姚会元.中国模式的市场经济体制改革进程与市场经济发育水平[J].中南财经政法大学学报,2005(03):11-17

改善这种体制而不是抛弃它"。可以说,"市场"二字初露端倪,土地市场也一样,刚开始小小试水。

土地制度的改革并没有和经济体制改革完全同步,而是开始得稍晚一些。改革开放初期,个体、私营经济正如雨后春笋一般逐渐冒头;另一方面,国际投资开始引入,中外合营企业也开始出现。土地产权问题主要是随着中外合营企业的用地需要而浮出水面的,和国际投资休戚相关。1979年7月,国务院颁布《中华人民共和国中外合资经营企业法》,其中提到"中国合营者的投资可包括为合营企业经营期间提供的场地使用权,如果场地使用权未作为中国合营者投资的一部分,合营企业应向中国政府缴纳使用费"①。为了规范中外合营企业的资源使用,第一部法律明文规范了土地的有偿使用,尽管是针对特殊的人群,仍标志了我国土地有偿转让制度的开始。

1980年颁布的《国务院关于中外合营企业建设用地的暂行规定》也指出,"中外合营企业用地,不论新征土地还是利用原有企业的场地,都应计收场地使用费"②。

霍影(2010)认为,中国经济体制一开始的重点是"增量改革"或者"体制外先行",就是不动国有经济,而把改革的重点放在了非国有部门,非公有制经济上,并依托它们实现增长。增量改革获得了巨大的成功,从1978—1990年,GDP保持了12年年均14.6%的高增长,城镇居民家庭人均可支配收入年均增长13.1%③。

和此相应的,非公有制经济面对的主要是增量土地,新冒出头的非公有制经济——最开始是中外合资,随后是个体和私营经济对土地和空间的需求——使得政府必须对此做出安排。它们不是国有企业,因此也不能享有无偿划拨的便利,因此,一开始的土地制度改革主要面对的是新出让的增量土地,主要的政策是收取场地使用费这个非常务实的做法。而后,国有企业开始进入改革进程,对存量土地的政策才在后面渐渐地被明确提出来。

8.2.3 第二阶段——土地使用权有偿出让试点和宪法修订

随着市场经济越来越活跃,对土地的需求大增,土地政策的改革势在必行。在1982—1988年间,各城市的地方土地政策逐渐试验起来。走在改革浪潮前面的城市——如上海和深圳,率先颁布了土地管理和有偿出让的条例,即1987年的《深圳经济特区土地管理条例》和《上海市土地使用权有偿转让办法》。其他城市也紧随其后,在1987—1988年间掀起了一股制定土地转让条例的高潮。这一轮试验的实质性进展以1987年9—12月深圳市第一次协议、第一次招标和第一次拍卖的三块土地为标志。

1987年9月9日,中国首块体现有偿使用原则的商品土地在深圳市售出,定向议价。深圳中航工贸中心,面积5 412平方米,成交价108.24万元,使用期限50年,规定用于住宅

---

① 1979年,《中华人民共和国中外合资经营企业法》。
② 1980年,《国务院关于中外合营企业建设用地的暂行规定》。
③ 霍影.中国经济体制改革及经济增长路径分析(1949—2009)(上):制度经济学层面[J].生态经济,2010(03):37-40

建设。

1987年11月26日，深圳市政府首次公开招标有偿出让土地使用权，深华工程开发公司在九家公司投标的激烈竞争中获胜，此次招标的综合评估办法是：土地标价占总分的50%，规划设计方案占40%，企业资信占10%。

1987年12月1日，深圳市举行了中国首次拍卖土地使用权的活动，一块底价为200万元的地皮，经过十几轮的竞投后，最后以525万元成交。

在1984年10月，标志着中国改革发展重要里程碑的《中共中央关于经济体制改革的决定》中，还认为土地不是商品，并以此作为区别社会主义商品经济与资本主义商品经济的标志之一。到了1987年10月25日，中国共产党第十三次全国代表大会《沿着有中国特色的社会主义道路前进》中改变了说法，"社会主义的市场体系，不仅包括消费品和生产资料等商品市场，而且应当包括资金、劳务、技术、信息和房地产等生产要素市场；单一的商品市场不可能很好发挥市场机制的作用"。

1988年4月12日，通过宪法修正案，删去了原不得出租土地的规定，改为"土地的使用权可以依照法律的规定转让"。

1988年12月，国务院又通过了《中华人民共和国土地管理法》的修改，规定"国家依法实行国有土地有偿使用制度"，土地使用权可以依法出让、转让、出租、抵押等。通过这些法律法规，扫除了法律上的障碍，土地有偿出让开始在全国一些领先的大城市试行了。

8.2.4 第三阶段——制定全国性的土地使用权出让和转让条例

有偿出让权威性的文件是1990年的《中华人民共和国城镇国有土地使用权出让和转让暂行条例》，它详细地规定了城镇土地使用权转让的各种条文，至今还在使用。

1992年，中国共产党第十四次全国代表大会报告首次提到将土地市场纳入全国统一开放的市场体系中，并颁布了《划拨土地使用权转让管理暂行办法》，针对存量划拨土地规定，使用者缴纳出让金后就可以依法进入市场。

到此为止，出让、划拨土地的转让和协议出让各方面的政策使我国土地法律体系逐步形成。一级土地市场的出让方式逐渐明确为四种——协议、招标、拍卖和挂牌，其中挂牌方式是实践中由拍卖出让转化而来的。

在这一时期，市场还是不完善的，行政划拨与有偿出让并存，空间利用效率比划拨时代有所提高，但总体效率还是比较低。因为政策不完善，口子较多，使得大量土地囤积在开发商手中，导致后面的数年许多城市"无地可开发"。一方面城市空间高速扩张，另一方面城市建设用地难以控制。

为了解决划拨和有偿出让双轨制的问题，1998年《中华人民共和国土地管理法》再次修编，与此同时《中华人民共和国土地管理法实施条例》于当年12月颁布。随后，在2000年到2004年，国家颁布了一系列的规定和文件，到2004年为止，经营性用地必须有偿出让的规定基本上已经能够严格执行了。

8.2.5 第四阶段——土地储备机构的建立

1996年,上海在我国最早成立了土地储备机构,包括南京在内的许多省会城市也紧随其后,展开了土地储备的试点。2007年《土地储备管理办法》颁布,这标志着我国进入了土地储备时代。

根据《土地储备管理办法》第二条,土地储备是指"市、县人民政府国土资源管理部门为实现调控土地市场、促进土地资源合理利用目标,依法取得土地,进行前期开发、储存以备供应土地的行为"[①]。《南京市土地储备办法》第三条则规定"本办法所称土地储备,是指经市政府批准,市国土行政主管部门代表政府依法采用收回和收购等方式取得国有土地使用权,纳入政府土地储备库并进行土地整理,形成可供应建设用地的行为"[②]。

可见,狭义的土地储备仅指土地的收储和整理(前期开发)。在实际工作当中,收储和整理之后,南京市土地储备中心承担了组织上市出让的工作,这是土地储备中心的工作重点之一;在土地出让之前,还有一个比较重要的决策阶段。因此总体来说,土地储备—开发有"收储—整理—决策—出让—开发"五个阶段,每个阶段中还包含了具体的环节(图8-1)。

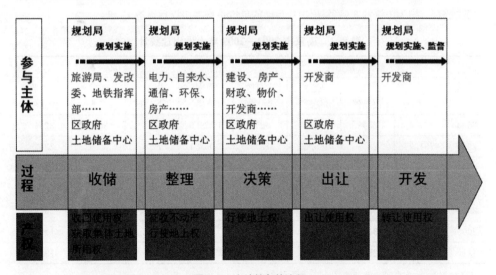

图8-1 土地储备的流程

国有企业改制在整理原来划拨的存量土地上也和土地储备紧密联系在一起,所采用的手法是土地储备中心优先收购,或土地储备中心组织拍卖,然后收取一定比例拍卖款。在其过程之中,零星地实现了城市规划的功能置换,土地的经济效益提高,经济供给发生转变。

---

① 《土地储备管理办法》,国土资源部,财政部,中国人民银行,2007年11月19日。
② 《南京市土地储备办法》,南京市人民政府令第253号,2007年2月1日施行。

8.3 我国城市土地使用制度的特征

8.3.1 招拍挂出让和协议出让

目前,地方政府经营土地的方式共有5种:协议、招标、拍卖、挂牌和土地储备。严格来说,土地储备是政府进行前期开发、储存以备供应土地的前期环节,因此主要的经营方式是前4种,其中招标、拍卖、挂牌又被合称为"招拍挂"。对招拍挂和协议经营,政府有着截然不同的策略,协议是不公开和特定企业(有可能是工业企业、批发零售或其他)议价出让,土地价格较低,量大;招拍挂是通过市场公开、竞争出让土地的方式,价高者得,量较大。

南京市2004—2009年出让用地的统计显示,在这6年间,平均每年通过招拍挂方式出让经营性用地7.3平方公里,年均收益177亿元;平均每年通过协议方式出让用地21平方公里,年均收益41.9亿元(表8-1)。年度出让的土地面积和获得的收益总体十分可观,但招拍挂和协议收益显著不同。协议用地面积是经营性用地的近3倍,然而招拍挂在获取出让费上是最主要的途径,约为协议的3倍多,招拍挂用地的单价平均为协议用地的12倍。

表8-1 南京市2004—2009年土地出让统计

年度	招拍挂				协议			
	面积(公顷)	占总出让比例	收益(亿元)	占总收益比例	面积(公顷)	占总出让比例	收益(亿元)	占总收益比例
2004	462.4	23%	63.3	68%	1 539.9	77%	30.4	32%
2005	791.71	28%	105.22	78%	2 063.1	72%	30.17	22%
2006	756.1	15%	133.7	66%	4 445.9	85%	70.3	34%
2007	1 361.4	30%	386.2	87%	3 205	70%	56	13%
2008	515.3	52%	137.2	80%	479.9	48%	34.5	20%
2009	516.1	34%	236.32	89%	991.23	66%	29.86	11%
总计	4 403.01	26%	1 061.94	81%	12 725.03	74%	251.23	19%

(资料来源:收集整理自南京市国土资源局网站)

南京市市区2010年4月—2011年4月的土地出让资料显示[1],协议用地总计为78.6公顷,共出让92块,用地主要功能是商业金融用地、工业用地、住宅用地、教育科研用地、仓储用地等(图8-2)。

自1987年土地制度改革,土地出让收入逐渐成为地方政府预算外财政收入的主要来源。

---

[1] 南京市国土资源局网站,建设用地供地信息公示,作者收集整理于 http://www.njgt.gov.cn/default.php?mod=article&fid=6216,查于2011。

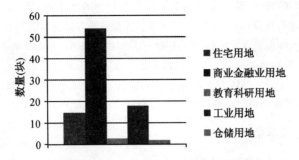

图 8-2　南京市市区 2010 年 4 月—2011 年 4 月协议用地用途

自 1994 年分税制改革,税收收入成为地方政府预算内财政收入最稳定的收入来源,一般占预算内财政收入的 70%。税收和土地出让收入两者分庭抗礼,成为地方财源的两大支柱,受到地方政府前所未有的重视。

1994 年后,税收基本稳定在南京预算内财政收入的 70% 左右,非税收入占 30%;从图 8-3 可以看出,1999、2000、2001、2004 四个年份预算外收入为一般预算收入的 1/2～1/3。

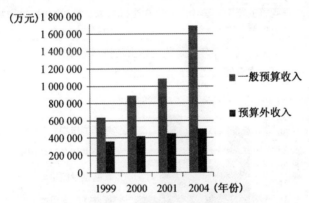

图 8-3　南京市一般预算收入和预算外收入比例

(资料来源:《江苏财政年鉴》2000—2005)

在经营中,土地的招拍挂面对的是商业、旅游、娱乐和商品住宅等经营性用地,土地市场是卖方市场,这从招拍挂常常是几家、甚至十几家开发商竞争一个地块可以看出。因此,竞争机制选择了最有实力、最适合发展的一家开发商,既保证了土地使用的高效率,又保证了商业地块未来的税收,政府就可以毫不犹豫地实现土地收益最大化。协议出让面对的主要是工业用地和批发零售,是买方市场,大量的地方政府竞争相对少的企业,越是能带来税收的企业,竞争也就越激烈。这种吸引企业的竞争发生在市与市之间,也发生在市与县之间,甚至区与区之间(往往以开发区为载体)。为了能在激烈的竞争中招到商,政府首要的策略是低价供地,其他的策略还有提前敷设基础设施,提供政策和服务等。

根据张五常(2009)的计算,市县收取工业投资者17%的产品增值税,其中地方政府分成25%,按照工业用地容积率0.8,劳动力为工业平均密度来估算增值额的大小,除去土地补偿成本和土地开发成本,即使收取零地价,政府仍然有12%的回报率。只要有增值税的存在,地价、甚至可以是负数。特别是如果招商引资的对象是有强大的正外部性的企业(有品牌、行业领导、高端产业等),即使回报率到不了12%,政府也会乐于免费送地加补贴,就是所谓的"抛砖引玉",这是因为未来的经济账是明确可预期的。

8.3.2 划拨出让及其他

除此之外,城市土地经营中还有第三种策略。对土地的经营除了土地出让本身,还需良好的条件、服务和品牌效应,加强基础设施、软硬环境、声誉等,简而言之,增强城市吸引力,才能使"招拍挂出让""协议出让"运行得更好。这在土地经营的框架下主要是通过土地划拨来解决的。

划拨提供的主要是基础设施用地和其他公益性用地。因此,划拨土地主要实现了政府的一般职能,提供公共物品、转移支付(通过保障性住房用地和提供补贴)等。良好的基础设施和城市环境总体来说同时服务于生产和生活,很难剥离开来,很难说清楚哪一块是出于经营的需要,哪一块是城市本身运行的需要。理论上政府在履行基本职能的同时,也增加了城市的竞争力,促进了城市(土地)的经营。

南京市市区2010年4月—2011年4月的土地出让资料显示①,在这一年中,划拨用地为985公顷、129块,主要用于住宅(保障型住宅)、基础设施、公共服务设施等(图8-4)。

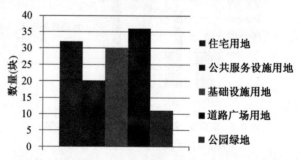

图8-4 南京市市区2010年4月—2011年4月划拨用地用途

但是,同为划拨用地,政府在基础设施的投入中显示出明确的取向。城市中有的基础设施是比较落后的,如大部分城市的城市排水系统、新兴工业城市的绿化系统等;而有的基础设施是明显超前的,如道路等。可以看出,政府的意愿仍然是最大限度地促进经济发展,因而倾向于看得见的基础设施而较漠视看不见的基础设施;倾向于开拓型、生产型的基础设施而较漠视

---

① 南京市国土资源局网站,建设用地供地信息公示,作者收集整理于 http://www.njgt.gov.cn/default.php? mod=article&fid=6216,查于2011。

改善生活型的基础设施。这是在支出预算有限的情况下,扩张型经营的选择。

8.3.3 土地的获取

我国土地公有,城市土地所有权由地方政府代理,但直接储备在政府手里的土地是有限的。城市中原来划拨和已出让土地使用权的大量土地不在政府手上,郊区农村的土地由集体所有。因此,政府要通过农用地转让(增量)和回收、回购(存量)土地的方式获取土地。

增量土地主要来源于农用地转让,自然的结果是城市空间增加而农业空间缩小。2005—2008 年的统计资料显示,南京行政辖区内新增建设用地 72.2 平方公里[1],年均增加 18 平方公里,其中来源于农业用地的有 55.5 平方公里,其他的源于未利用地的改造。城市化表现为城市规模的增加和人口的增加,城市空间大幅扩张的同时,人口也从农村迁移到城市。这几年间南京市总人口共增长 4.8%,建设用地面积增长 4.6%,人口增长与规模增长基本同时进行。

存量土地来自依法回收、回购的城市土地。回收的是闲置、停用、违法查处的土地,一般没有疑义,例如,南京市 2006 年就曾收回闲置土地 5 000 亩,收取土地闲置费 800 万元[2]。回购的是因为公共利益、城市规划调整和使用权人自己申请的土地。

存量土地的运作也协助了城市功能和结构上的变化,土地使用的效率更高,收益更大。城市空间发展有其自身的规律,但在划拨体制和土地使用权不能转换的背景下,发展变化是渐进的、迟缓的,有时候落后于城市发展的需要。土地使用权制度的改革为空间的发展扫平了制度障碍,在这里,土地的经营相当于催化剂的作用,促使城市空间按其应有的规律更快、跨越式地发展起来。在功能方面,工业迅速迁移出去,原有的功能被置换,住宅占据了老城的大部分位置,商业和办公等新经济空间聚集、扩大,在适合的地点成长起来,新的、次一级的城市中心开始出现、壮大,城市由单中心向多中心转变。

8.3.4 城市规划和城市空间发展

土地使用制度和土地开发模式的变化给城市规划带来了深远的影响,因而也对城市空间产生了一定的影响。

以法定规划为例,控制性详细规划的出现和普及与土地使用制度的改革是密不可分的。早在 1980 年代末、1990 年代初,随着市场经济体制初步建立,出让地块附带的控制性详细规划的雏形初现。1991 年颁布的《城市规划编制办法》,在国家城市规划编制体系中明确了控制性详细规划的地位,控制性详细规划迅速普及,在土地出让中提供了规划条件,成为土地有偿出

---

[1] 不仅包括城镇建设用地,还包括城镇外的建设用地。2007 年的城镇建设用地为 763 平方公里。2020 年江苏省下达的土地指标中城镇工矿用地 803 平方公里(预期性指标),折算成城镇建设用地指标约为 886 平方公里(803—矿 16+部分特殊用地 44+城镇内对外交通用地 55)。资料来源,笔者搜集整理自南京市国土资源局网站。

[2] 《南京市国土资源局 2006 年工作总结和 2007 年主要任务》,南京市国土资源局网站。

让中必不可少的控制要素。周岚等(2007)认为,"在对空间的引导控制上,在土地划拨时期,详细规划的编制在项目立项之后,规划成果满足项目需求,覆盖的是随项目而发生的点;但在土地储备时期,控制性详细规划出现在项目开发之前,独立于项目,且覆盖了全部的城市规划建设用地,它的编制反映了一种公共政策的空间表达"[1]。

以城市空间的变更而言,城市有关部门早已认识到原有结构和功能在经济发展和产业发展上的不合理性,也认识到不恰当的功能区位会造成不良的影响。在土地经营成为普遍性的行为之前,1991年的统计南京旧城内(城六区)约有830家工业企业,占地900公顷,占据了宝贵的市中心地段。1985—1991年的6年间,南京市动用行政手段,组织迁出了老城内20余家工业污染企业,仅占当时企业2%,却耗资2亿多,成本十分高昂,速度十分缓慢[2](陈云,2003)。可以想象,如果不是土地资产可以变现的帮助,"退二进三"几无可能在短时间内实现。随后,1990—1998年,借由土地制度的变革,主城内搬迁污染企业141家,腾出开发建设用地约3平方公里,其中用于住房房地产建设和第三产业的用地占73%以上[3](李侃桢,何流,2003)。

1992版南京市总体规划的2001年评价这样认为:"现行总体规划低估了市场经济条件下,土地由原来的计划划拨转为有偿出让后对主城用地结构优化速度的影响,主城工业用地、居住用地的结构调整速度远远快于规划预计,提前实现了2010年规划目标。"

资料:《中华人民共和国土地管理法》节选

第二条 中华人民共和国实行土地的社会主义公有制,即全民所有制和劳动群众集体所有制。

全民所有,即国家所有土地的所有权由国务院代表国家行使。

任何单位和个人不得侵占、买卖或者以其他形式非法转让土地。土地使用权可以依法转让。

国家为了公共利益的需要,可以依法对土地实行征收或者征用并给予补偿。

国家依法实行国有土地有偿使用制度。但是,国家在法律规定的范围内划拨国有土地使用权的除外。

第四条 国家实行土地用途管制制度。

国家编制土地利用总体规划,规定土地用途,将土地分为农用地、建设用地和未利用地。严格限制农用地转为建设用地,控制建设用地总量,对耕地实行特殊保护。

…………

使用土地的单位和个人必须严格按照土地利用总体规划确定的用途使用土地。

---

[1] 周岚,叶斌,徐明尧.探索面向管理的控制性详细规划制度架构——以南京为例[J].城市规划,2007(03):14-19,29

[2] 陈云.南京的旧城改造与工业迁移[J].现代城市研究,1996(05):24-29

[3] 李侃桢,何流.谈南京旧城更新土地优化[J].规划师,2003(10):29-31

第八条　城市市区的土地属于国家所有。

农村和城市郊区的土地,除由法律规定属于国家所有的以外,属于农民集体所有;宅基地和自留地、自留山,属于农民集体所有。

第九条　国有土地和农民集体所有的土地,可以依法确定给单位或者个人使用。使用土地的单位和个人,有保护、管理和合理利用土地的义务。

第二十二条　城市建设用地规模应当符合国家规定的标准,充分利用现有建设用地,不占或者尽量少占农用地。

城市总体规划、村庄和集镇规划,应当与土地利用总体规划相衔接,城市总体规划、村庄和集镇规划中建设用地规模不得超过土地利用总体规划确定的城市和村庄、集镇建设用地规模。

在城市规划区内、村庄和集镇规划区内,城市和村庄、集镇建设用地应当符合城市规划、村庄和集镇规划。

第四十四条　建设占用土地,涉及农用地转为建设用地的,应当办理农用地转用审批手续。

…………

在土地利用总体规划确定的城市和村庄、集镇建设用地规模范围内,为实施该规划而将农用地转为建设用地的,按土地利用年度计划分批次由原批准土地利用总体规划的机关批准。在已批准的农用地转用范围内,具体建设项目用地可以由市、县人民政府批准。

第五十四条　建设单位使用国有土地,应当以出让等有偿使用方式取得;但是,下列建设用地,经县级以上人民政府依法批准,可以以划拨方式取得:

(一)国家机关用地和军事用地;
(二)城市基础设施用地和公益事业用地;
(三)国家重点扶持的能源、交通、水利等基础设施用地;
(四)法律、行政法规规定的其他用地。

第五十五条　以出让等有偿使用方式取得国有土地使用权的建设单位,按照国务院规定的标准和办法,缴纳土地使用权出让金等土地有偿使用费和其他费用后,方可使用土地。

自本法施行之日起,新增建设用地的土地有偿使用费,百分之三十上缴中央财政,百分之七十留给有关地方人民政府,都专项用于耕地开发。

第五十六条　建设单位使用国有土地的,应当按照土地使用权出让等有偿使用合同的约定或者土地使用权划拨批准文件的规定使用土地;确需改变该幅土地建设用途的,应当经有关人民政府土地行政主管部门同意,报原批准用地的人民政府批准。其中,在城市规划区内改变土地用途的,在报批前,应当先经有关城市规划行政主管部门同意。

■ 课堂讨论

讨论题目八:如果农村集体土地可以市场交易,将会怎么样?

■ **参考文献**

[1] 科斯 R,阿尔钦 A,诺斯 D. 财产权利与制度变迁——产权学派与新制度学派译文集[M]. 刘守英,译. 上海:上海三联书店,1994

[2] HEISEL E J. Biodiversity and Federal Land Ownership:Mapping a Strategy for the Future[J]. Ecology Law Quarterly, 1998,25(02):229

[3] BATES S. The Western Public Lands:An Introduction[M]. [s. l.]:Colorado Law Scholarly Commons, 1992

[4] 张倩. 土地经营方式和城市空间发展研究——以南京市为例[D]. 南京:东南大学,2012

[5] 王德祥,袁建国. 美国财产税制度变革及其启示[J]. 世界经济研究,2010(05):82-86

[6] 姚会元. 中国模式的市场经济体制改革进程与市场经济发育水平[J]. 中南财经政法大学学报,2005(03):11-17

[7] 霍影. 中国经济体制改革及经济增长路径分析(1949—2009)(上):制度经济学层面[J]. 生态经济,2010(03):37-40

[8] 周岚,叶斌,徐明尧. 探索面向管理的控制性详细规划制度架构——以南京为例[J]. 城市规划,2007(03):14-19,29

[9] 陈云. 南京的旧城改造与工业迁移[J]. 现代城市研究,1996(05):24-29

[10] 李侃桢,何流. 谈南京旧城更新土地优化[J]. 规划师,2003(10):29-31

9 城市住宅经济

9.1 住宅的特性

9.1.1 住宅的异质性和价格特征

阿瑟·奥沙利文总结了住宅的特征:住宅有异质性,住宅是耐用品,搬迁是有成本的。

住宅有异质性,是指不同的住宅有面积、房龄、户型、公共设施和区位等差异。当人们在选择住宅的时候,同时也在选择它的区位、它附近的服务等等。是什么决定了住宅的价格呢?利用价格特征(hedonics)评估方法,我们可以研究住宅市场,看看住宅价格中包含哪几部分。

1) 基础价格:在一个区位中平均的住宅价格。
2) 易达性价格:到达小区的便利性,附近是否有地铁等,决定了这套住房的价格是比平均水平高或者低。
3) 面积:面积越大的住宅,价格越高。
4) 房龄:随着房龄的增加,住房的价格下降。这一方面是因为住房自身折旧了,另一方面是因为,住房价格中蕴含的土地使用期减少了,也造成价格的下降。
5) 环境:空气质量和环境的好坏,影响到住宅价格的变化。
6) 学校和其他设施:学区对住宅的价格影响是巨大的,同一个区位的两个小区,如果学区有别,价格能差到1/3甚至更多,这是因为,优质的教学资源总是稀缺的,就带来了更激烈的竞争。此外,其他设施也影响着住宅的价格,假如住宅附近有综合性的商业设施,也能增加其价格。

卡因和奎格利(Kain, Quigley, 1970)实证研究了1960年代美国圣路易斯住宅市场的价格特征。他们估计了内部质量、房龄、卧室数量(面积)、浴室数量、临近建筑的外部质量和街区内住宅的外部质量等。研究显示,住宅内部质量每增加1单位,住宅月租金上升2.1%,住宅市场价值增加5.6%。住宅的外部环境质量用1~5之间的数字表示,每提高1单位,会使租金增长3%,市场价值增长5.3%。而这一街区的住宅质量每提高1单位,租金将增长6%,市场价值增长2.9%[①]。按照同样的研究方法,我们也可以对我们城市里某个街区的住宅进行价格特征的评估,看一看住宅价格是在什么约束条件下变化的,它们各自的影响力究竟有多少。

在中国的住宅市场上,因为拥有供暖设施、新风系统和烘干机的住宅不是主流,人们比较

---

① KAIN J, QUIGLEY J. Measuring the Value of Housing Quality[J]. Journal of the American Statistical Association, 1970(65):532-548

依赖自然的采光和通风,因此对住宅朝向和层数格外重视。南北通透、卧室朝南的住宅价格会比较高,在多层住宅中,层数 3、4 层的价格最高,底层和顶层价格最低。因此,在同一个小区的同一幢住宅中,常常呈现一户一价的情况。

由于住宅具有差异性,每一套住宅都提供了不同的特征束。对于择居的家庭来说,每一个家庭都是有不同偏好的,或者几种偏好的组合。他们根据自己搜寻的房地产信息,寻找跟自己需求匹配的住宅。

9.1.2　住宅的耐久性和质量退化

住宅具有耐久性,一套住房如果维护得当,它的寿命可以长达 70～100 年。有些古老的房屋经过适当维修,它的服务年限甚至可以长达几百年。不过,经历时间流逝,住宅的质量也在不断下降,不仅仅是建筑物的质量下降,其相关的公共设施和空间品质也在下降。举例来说,比较老的住房的上下水系统就很容易出毛病,百年以上的房屋如果不是经过翻新改造的话,不可能有现代化的便利设施,也就无法承载现代化的生活。而老房屋如果要更新改造的话,其费用可能占到房屋价格的一个很大比例。建于 1970、1980 年代的很多老公房,都是筒子楼、多户共用厕所的户型,因此不论其面积如何,舒适性都会大受影响,不受人们的欢迎。或者,原先曾流行过的某一种户型已不适应现在的空间使用需求,这些都体现了空间品质带来的住宅质量下降。同样,通过一定程度的更新改造可以改变空间品质,例如,上海 2000 年代初的旧城改造,集中对原来的工人新村进行了大面积的平改坡、加建厕所或阳台等措施,通过维护增加了住宅的质量,同时城市也付出了很大的成本。对住宅的维护决定了住宅质量老化的速度。

在土地私有化的国家,很多政府提供公共服务的财政来源是征收以房产税为主的财产税。因此,住房拥有者的成本包括维护的投入和房产税,而其收益等于住房的租金。如果随着时间的流逝,住宅的质量越来越下降,其维护成本越来越高,而租金越来越低,最终,持有住宅的成本就会超过其赚取的收入,这时,一套住宅就会退出市场。当住宅退出市场时,可能有三种选择:①暂时封闭,也许随着住宅市场价格的上涨,这套住宅会重新回到市场;②转换用途,变成非住宅的办公、商店或者停车场来使用,如果新的使用能带来收益提高、大于转换成本的话;③放弃,如果所有可选择的方案都不能抵销转换产生的成本,那么所有者将放弃住宅的所有权。这样,一些空置的废弃房屋就产生了。

在我国,由于目前还没有普遍地征收房产税,政府提供公共服务的主要来源是土地使用费和其他税收。因此,在使用权未界期满之前,住房的持有成本仅有维护的费用,而收益仍然等同于租金。可见,在我国目前的局限条件下,住宅持有成本非常低,成本超过收入的情况会极大地减少了,因而住房退出市场、废弃的可能性是微乎其微的。一旦开征房产税,必然会造成住房持有成本增加,也会增加老旧住房空置的可能性。

怀特(White,1986)的研究指出,在 1980 年代纽约的财产税是引起住宅废弃问题的最重要的因素。废弃住宅的数量相对于财产税的弹性是 1.65,也就是说,财产税每增加 10%,废弃住宅的数量将增加 16.5%。所以,为了政府的财政稳定,不应该增加财产税,反而应该削减财产税。他的研究显示,如果布鲁克林的布朗斯维尔区的财产评估价值平均被消减6%(财产评估值决定了财产税的收取额度),财产税也会随之下降。这样,住宅的废弃率就下降了,从原来的17%到14.8%,城市将多出来2.2%的住宅留在市场上,可以收取财产税,反而会出现财政盈余。虽然每份财产税的税额在下降,但是,收入的增加也包括了下面两个方面:①可以从现存更大量的不动产中获得更高的财产税收入;②政府更容易通过摧毁或者接管那些废弃的住宅,减少负外部性,提高城市社区的吸引力。因为,更多的废弃住宅会带来更大的负外部性,极大地影响还在市场上的住宅的价格水平,而将这个范围控制在最小,有利于政府集中精力进行改造,如果废弃的住宅多到一定程度,政府对这个街区也就回天乏力了。总的来说,减缓住宅退出市场的速度比加快它们好。

在中国,虽然少见这种废弃住宅的问题,但住宅质量的下降无疑也会有很大的负外部性,降低一个城市或者一个街区的吸引力。因此,政府的政策应该鼓励人们维护自己的住宅,或者付出一定的财政支持来帮助社区维护住宅的质量。一方面,这较住宅毁坏了再重建的成本小得多,另一方面,这带来了很大的正外部性,提升了城市和街区整体的价值,其价值实际上也能够在周边土地出让中收回。这就是为什么上海城市政府对旧城改造进行大规模投入的原因之一。

9.1.3 搬迁成本的考量

出于某种原因,例如孩子上学、家庭需要更大面积的住宅等,一些家庭需要搬迁到城市的另外地点。而出于工作机会变动等原因,一些家庭可能选择了另外的城市。除了搬迁本身需要成本以外,离开熟悉的环境、朋友、学校、购物条件等产生了巨大的成本,人们可能需要很多时间才能够适应这样的转变,这些时间和精力的成本是高昂的。

人们对于住宅的需求会随着收入的增加而增加。根据埃尔伍德和波林斯基(Ellwood, Polinski, 1979)的研究,收入增加10%,将使住宅消费的规模增加7.5%。当收入增加时,人们对理想住宅的需求就越来越高,和自己实际居住的住宅相比之间的差距越来越大,这就产生了搬迁的动力。如果面临着较大的搬迁成本,只有拥有新住宅的效用增加到足够大,大于这个搬迁成本,人们才会采取行动。

所以,家庭不会立即对收入增长或者住宅质量下降采取行动,而是存在着一定的容忍空间,这个空间的大小取决于搬迁的成本有多大。另外,当家庭决定搬迁时,为了消除住宅间的效用差距,住宅的消费变化会很大,人们不会为只增加10平方米的面积而搬迁,为增加30、50平方米才值得考虑。

同理,从一个城市搬迁到另一个城市,其搬迁成本更大。因此,除非发生效用的很大增加,才会促使人们做出换一个城市生活的决定。例如,工作机会非常好,搬迁之后收入增加的幅度非常高;或者,原来所在城市环境恶化得太厉害,生活成本一下子提高了一大截,等等。如果是很小范围的效用变化,还不足以促使人们搬离一个城市,这和其他商品的选择有很大的差别。

9.2 城市住宅的供给和需求

9.2.1 城市住宅的需求及其决定因素

住宅需求是指人们在一段时间之内,在一定的价格水平下愿意而且能够购买的住宅商品数量。影响住宅需求的决定因素很多,有住宅价格、家庭收入水平、城市人口数量和结构的变化、利率、人们对未来的预期、其他商品的价格等。

和其他的需求曲线一样,住宅需求曲线是一条向右下方倾斜的曲线。这条线表示的是在其他条件不发生变化的情况下,人们的需求量随着价格的升高而降低的过程。在一条需求曲线上,改变的条件就只有价格了,价格高,需求少,价格低,需求多。如果其他条件也发生了变化,那么,需求曲线就不在原来的位置了,变成了另外一条需求曲线,我们说,需求曲线发生了移动(图9-1)。

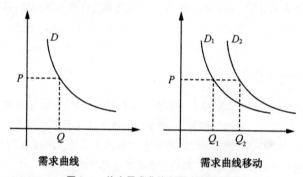

图9-1 住宅需求曲线和需求曲线移动

住宅价格

对于不同的人群,需求曲线是不一样的。有的人群对价格很敏感,那么他们的需求曲线就会很平缓,一点点价格的变化就会带来需求很大的变化;有的人群对价格不太敏感,那么他们的需求曲线就会比较陡峭,价格的变动带来的需求变化比较小。我们把这种变化的倾向称为住宅价格弹性。如果将人群分为房东和租户、高收入群体和低收入群体,同时又分为结婚群体和非结婚群体,分别进行统计的结果如下:

1) 对所有收入群体,住宅需求的价格弹性小于1,缺乏弹性,这说明住宅产品属于生活必需品,所有人群对住宅价格反应不敏感;

2) 随着家庭收入水平的增加,住宅需求的价格弹性在逐渐增加,但一般租户反应比较小,房东(投资者)反应比较敏感;

3) 结婚家庭的需求价格弹性一般大于不结婚家庭的需求价格弹性,对价格的反应更为敏感。

家庭收入水平

需求是指人们愿意且能够支付的需要。如果不受支付能力的约束,人们对住宅的需要是越大越好,越舒适越好。然而,住宅作为一种昂贵的消费品,购买在很大程度上取决于人们的支付能力。尽管人们对于居住的需要总是存在的,但如果没有购买能力,就不能成为真正的需求,有时也把人们的需要称为潜在需求,它们并不是真正的需求。

当其他条件不变时,家庭收入的增加促使人们对住宅的需求增多,需求曲线向右移动。这时,如果住宅供给曲线暂时不移动,将产生新的均衡点,价格上涨。价格的上涨将吸引更多的卖房者进入市场,很快,供给曲线也会向右移动,均衡点又会产生一些下降。

城市人口数量和结构的变化

由于需求曲线本身就是一条把许多人的需求叠加的曲线,加入的人口越多,曲线越是升高(或者右移),因此,城市人口增加带来了需求曲线的右移。

城市人口是有结构特征的,例如人口的年龄结构、受教育程度结构、家庭结构等等。如果一个城市老龄化的程度加重,老年人比例增加,对住宅的需求会下降;反之,青年比例高的城市,对住宅的需求则高昂;高素质人才比例增加,对城市中住宅的需求也会大大增加。家庭人口结构也对其产生影响,如家庭小型化、分散化,家庭平均人口减少,都会引起住宅的需求曲线向右移。

利率

由于很多人是利用银行贷款去购买住房的,因此,利率的变化对需求曲线也有非常直接的影响。利率对居民的住宅需求和投资需求具有负向影响,当利率升高时,需求曲线向左移动,当利率降低时,需求曲线向右移动。

1)利率降低,一般的储蓄变得不划算,人们会降低储蓄而转向消费或进行其他投资,可能会扩大住宅的消费或投资;

2)利率降低,住宅抵押贷款利率同时降低,实际上降低了融资和购买住房的成本,对住宅需求曲线的影响是非常灵敏的。

人们对未来的预期

在人们购买住宅时,自住和投资行为是分不开的,购买住宅很多时候同时是投资行为。例如,市场上的学区房价格比非学区房价格高得多,如果学区房每平方米的单价比其他住宅高1万元的话,那么100平方米的住宅就需多付100万元。人们也许会计算,用这100万元去择校或者上质量同等的私立学校也是足够的,说不定还会节省不少,因此完全没必要去购买学区房。然而事实是,购买学区房的行为是非常普遍的。这是因为学区房除了自住和给小孩上学之外,还可能是投资,当上学的需求满足之后,几年后再卖,仍然有很大可能会有额外的收益,这就使有经济能力的人们很普遍地采取了购买学区房的方式。不过,按照对前文住宅搬迁成本的分析,学区房的解决方案可能会造成搬迁成本,贷款融资也会有融资成本,如果将这些都计算在内,假设搬迁成本是10万元,融资成本是10万元(全部贷款利息中的6年的贴现值),那么选择学区房的成本是20万元,而同时,随着学区房房价上涨,收益可能是50万元,那么6年之间购买学区房的净收益在−20万元到+30万元之间(尽管获利的可能性比较大,也存在着因为学区调整而损失的风险)。人们会对成本和收益进行比较,根据对风险的承受能力去选择购买或不购买学区房。由于学区的调整是小概率事件,所以有能力的人们倾向于购买,但也会有一部分人不愿意面对风险,选择了支付择校费的方式。

自用和投资本来就是可以互相转换的,在一般商品上如此,在住房上更是如此,因为住房的耐久性使得它的投资属性更为明显。在一般商品中,那些具有耐久性的,例如古董相机,很容易在自用和投资品之间转换,只要价格足够高,人们就会倾向于从自己使用、欣赏而转向出售。人们购买住房通常都兼顾自住和投资两种目的。即便是只有一套住房的人,如果房主一时周转困难或者住房的租价足够高,也会诱使一些房主将住房出租,自己转而租用更小更廉价的房子来赚取差价,这就将自住转为了投资,等到困境过去,他又会将其转为自住。在中国目前没有房产税的局限条件下,住宅作为投资用途比有房产税的国家和地区更有利可图,也就鼓励了住房的投资需求。在住房的需求中,区分自住还是投资的意义不大。

在住房的需求中,人们由于期待住宅的未来升值而考虑现在的购买行为非常普遍,对未来的预期很大程度上影响了住房的需求曲线。如果人们预期未来的住宅升值,需求曲线右移,如果人们预期未来的住宅贬值,需求曲线左移。由于人们的信息局限和知识局限,对住房未来升值与否的判断经常建立在过去的经验上,因此容易形成"追涨不追跌"的局面,房地产市场的动态本身就对需求曲线形成了很大的影响。

宏观经济形势对人们的预期也起到很大作用。根据我们之前介绍的弗里德曼"永久收入假说",决定人们消费的是对未来收入增加的预期。如果经济一直保持增长,人们对自己未来的收入预期很乐观,也会增加对住宅的需求,使得曲线右移。

9.2.2 城市住宅的供给及其决定因素

住宅供给是指住宅出售者在一段时间内,在每一价格水平上愿意生产而且能够销售的住宅商品的数量。我们通常会把住宅供给者想象成开发商们,一提到住宅的供给,就会想到土地一级市场上拿地的那些开发商以及他们开发的楼盘。然而,住宅的供给者是非常众多的,既包括生产新住宅的开发商,也包括市场上所有的二手房出售者,住宅市场是一个供给者众多的垄断竞争市场。实际上,在住房的供给中占主导地位的并不是开发商,尽管新楼盘的新闻总是引起人们更多的注意,但是,新房无论租售,都是住宅供给中较小的一部分,有一种估计是约占城市中全部供房量的10%。在阿瑟·奥沙利文对美国的估计中,他认为一年内新建住宅的数量占总住宅存量的比例在2%~3%之间,如果把10年当一个研究期限,这一时期内,新住宅占住宅存量的30%,其他70%都是旧住宅。

住宅过滤

住宅市场中存在着过滤模型,又被称为滤下过程。因为随着时间过去住宅会折旧,经过几年使用后,住宅质量下降,也包括技术、设计和平面布置的过时,其价格逐年下降,最后就为低收入家庭所能负担。过滤模型描述了家庭如何根据住宅质量和收入水平的变化来选择自己的住宅。一方面,随着时间的推移,住宅的质量和服务都有所下降,呈现一个阶梯状;另一方面,当住宅沿着质量阶梯向下移动时,它就会转移到那些收入较低的人们的手中。

住宅过滤很有洞察力地揭示了城市中住宅的供给是如何运作的,以及各种不同价格的住宅是如何产生的。根据过滤模型,我们可以清楚地看到新城或卫星城为什么无法形成各种品质的住宅——因为新建的住宅无论面积多大都是较为昂贵的,只有老城区才可能有经历了过滤而形成的阶梯下端的住宅,也才会形成真正的多样化住宅市场。

通过观察经过过滤的存量住宅市场,我们也很容易发现,住宅的价格和土地出让的价格无关,而只关乎供求关系。因为现在在市场上出售的各种各样的住宅,它们下面的土地经历了从划拨到出让的整个政策巨变过程,有的土地是划拨的,有的土地是出让的,有的土地出让时价格低,有的土地出让时价格高。但上面所建住宅价格的表现却和其他国家的住宅一样,呈现过滤后的阶梯状。存量住宅中很大一部分是房改房,当年的土地是划拨土地,没有或者仅交纳过很少的土地使用费,在房地产市场中,这些住宅的价格和其他通过土地使用权转让的住宅价格差别不大。如果住宅价格真的是由土地价格决定的话,那么,那些拿地较贵的住宅售价就应该比拿地便宜的住宅售价高。然而,在对住宅价格特征的分析中,却很难看到土地价格这一因素有任何影响。这说明了,商品的价格是由供求关系决定的,并不取决于成本。

住宅价格

和其他商品的供给曲线一样,住宅的供给曲线是一条向右上方倾斜的曲线。在这条曲线上,代表着其他条件不变动而仅有价格的变动。当价格升高,供给增多;价格降低,供给减少(9-2)。

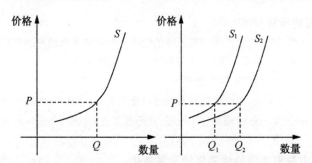

图 9-2　住宅供给曲线和供给曲线移动

由于新住宅的生产是需要一定时间的,从拿到土地开始,一个楼盘从建设到售卖至少1、2年的时间,大型的楼盘通过分期,可能会生产10年以上。因此,市场上的火爆或者冷遇不会立即反映在房地产市场上,而是有一定延迟。在短期内,住宅供给缺乏价格弹性,住宅价格变动导致供给量的较小变动;从长期看,由于房产用途的可替代性,住宅供给价格弹性较大,价格变动导致供给量的较大变动。

土地使用政策

城市住宅的供给能力受城市土地政策影响。在一个城市中,政府制订的土地使用计划的多少直接影响住宅市场上新增的那一部分住宅的供给量。如果土地使用计划增加,新开发住宅的量增多,会影响到未来1、2年住宅供给曲线向右移动;如果土地使用计划减少,新开发住宅的量减少,会影响到未来1、2年住宅供给曲线向左移动。由于政府的土地使用计划有年度计划和季度计划,所以通常每季度会根据市场情况加以调整。在经济不太景气的时期,如果参加招标的单位较少,政府的土地管理部门就会会同区政府一起决策,减少土地的供给,反之则会增加土地的供给,以应对市场的火热。这些动作经过一个短暂的时间延迟,就会反映到住宅市场上。

由于新增住宅只占住宅供给的一个较小的部分,在一个城市中新增土地的供给量增加与减少对供给曲线的整体移动影响也就比较小了。

税收政策和利率政策

和需求曲线一样,利率和税收的变化也会影响到供给曲线。

税收对供给者的影响——政府如果对住宅业实行优惠的税收政策,就会直接降低开发成本,吸引更多的开发商投入,曲线向右移动。相反,如果对住宅业增税,就会直接增加住宅开发成本,引起开发商缩小投资规模,甚至将资本转移到其他行业,导致住宅供应量减少。

利率对供给者的影响——住宅开发需要巨额资金投入,离不开银行的资金支持。因此,银行利率高低直接影响到住宅市场的供应量。如果国家采取紧缩的货币政策,银行减少对住宅开发商的贷款,提高市场利率,这样,借贷成本提高,住宅供给减少;相反,国家采取宽松的货币政策,银行扩大放款,市场利率下降,住宅开发成本降低,就会刺激住宅开发商增加住宅供给。

利率对需求者的影响——银行利率高低会影响到住宅需求,需求的变化也会影响到开发商供给的变化。

住宅开发商的投资预期

新住宅由开发商提供,作为市场供应主体的住宅开发商对未来预期的好坏影响市场供给。住宅开发商对未来的预期是多方面的,主要包括:经济发展形势、利率水平、通货膨胀状况、住宅价格水平、住宅需求状况、国家税收政策等。

由于住宅生产周期较长,对未来的预期就显得至关重要。核心问题是投资回报率,如果预期投资回报率高,开发商一般会增加住宅投资,从而增加住宅供给,曲线向右移动,反之亦然。

资料:南京市政府主导的住宅供给及其变化

我国在1978年之前,由于对生产性建设投资的重视,非生产性包括住宅建设投资受压抑,住宅供需严重失调。

如南京。1960—1978年,南京由于长江大桥通车等条件,成为国家重点重工业投资区。这期间,南京生产建设投资占总投资的87%以上,而非生产性建设投资只占13%不到,其中直接用于住宅建设的投资只占5%。非生产性投资不足,加上"文化大革命"初期下放的20余万知青、干部在"文化大革命"后期大规模返城,使得1970年代末1980年代初南京住房供需严重失调。

1978—1990年,重点解决居住问题,至1989年南京用于非生产性建设的投资比例已上升到27%。

1990—2000年,重点转向"以道路建设为重点的基础设施建设",城市环境改善。此后住宅转向以社会投资为主[①](表9-1)。

---

① 何流.中国城市空间扩展与结构演进研究——以南京为例[D].南京:南京大学,2000:48-51

表 9-1 南京历年住宅投资表

年份	1950	1960	1970	1980	1990	1991	1992
住宅投资（万元）	536	566	2 435	125	38 781	57 803	91 800
年份	1993	1994	1995	1996	1997	1998	1999
住宅投资（万元）	157 500	293 800	367 700	432 800	483 600	730 000	750 000

9.3 我国城市住房制度改革

一般而言，住房制度改革也被划分为和土地制度改革时间段近似的三个阶段。改革总体而言有两个特别重大的转变：①住宅由分配变为商品；②房地产业成长为支柱产业。

9.3.1 第一阶段(1980—1992)：房地产市场产生，土地需求出现

住房制度改革开端的重要事件是 1980 年 4 月 2 日邓小平的讲话，值得长篇援引如下："从多数资本主义国家看，建筑业是国民经济的三大支柱之一，这不是没有道理的。过去我们很不重视建筑业，只把它看成是消费领域的问题。建设起来的住宅，当然是为人民生活服务的。但是这种生产消费资料的部门，也是发展生产，增加收入的重要产业部门。要改变一个观念，就是认为建筑业是赔钱的。应该看到，建筑业是可以赚钱的，是可以为国家增加收入、增加积累的一个重要产业部门。在长期规划中，必须把建筑业放在重要的地位。建筑业发展起来，就可以解决大量人口就业问题，就可以多盖房，更好地满足城乡人民的需要。关于住宅问题，要考虑城市建筑住宅分配房屋的一系列政策。"①"城镇居民个人可以购买房屋，也可以自己盖。不但新房可以出售，老房子也可以出售。可以一次付款，也可以分期付款，10 年或 15 年付清。住宅出售后，房租恐怕要调整。要联系房价调整房租，使人们考虑到买房合算。"②邓小平的讲话基本涵盖了后来住房政策调整的思路：房地产业可以成为国家支柱产业，住房可以像商品一样出售。

1984 年，第六届全国人民代表大会的政府工作报告中提出：城市住宅建设要"推行商品化试点，开展房地产经营业务"，开始了商品房作为分配住房的补充部分。1984 年，《国务院批转城乡建设环境保护部〈关于扩大城市公有住宅补贴出售试点的报告〉的通知》，将城市公有住宅补贴出售给个人，使得房地产市场从小范围的商品房扩大了，更奠定了房地产市场形成的基础。

1988 年，公有住房提租改革，使人们意识到了"住房"也应体现价值，迈出了住房商品化的

---

①② 《邓小平关于建筑业和住宅问题的谈话》发表纪实[EB/OL]. [2012-04-30]. (2010-04). http://news.163.com/10/0430/12/65H3DRDC000146BD.html

第一步,并同时出现了出售旧公房的浪潮,至此,房地产市场可以说从无到有,基本形成。

人们对土地的需求是"引致需求",也就是,需要生产、生活空间引起的需求。可以说,1980年代房地产市场的出现,导致了市场对居住用地需求的出现。这种需求和企业对土地的需求一道,构成了土地市场初始的推动力,但在这一阶段居住的需求比企业的需求小得多。原因是在这个阶段里,我国的居民住宅主要仍然是传统的实物分配的形式,人们仍习惯单位分房,只有极少数先富起来的人才会购置商品房。大范围的房地产开发还没有在全国形成规模,土地供应不显吃紧,土地供应对房地产业的影响也不显著。

9.3.2 第二阶段(1992—1999):房地产市场粗具规模,土地需求大增

1992年,邓小平南行讲话后,十四届三中全会明确规定了规范发展土地市场的要求。

邓小平提出的"建立社会主义市场经济体制"这一要求大大促进了房地产市场的发育,推动了房地产业的发展,改革开放以来第一次房地产热出现了。

具有代表性的文件是1994年《国务院关于深化城镇住房制度改革的决定》(国发〔1994〕43号):"城镇住房制度改革的根本目的是建立与社会主义市场经济体制相适应的新的城镇住房制度,实现住房商品化、社会化;加快住房建设,改善居住条件,满足城镇居民不断增长的住房需求。"

城镇住房制度改革的基本内容,把住房投资由国家和单位统一建设分配的体制,改变为国家、单位、个人共同合理负担的体制;改变住房实物福利分配的方式,替换以按劳分配为主的货币分配方式;建立以中低收入家庭为对象的保障性经济适用住房体系,以及以中高收入家庭为对象的商品房供应体系;建立一个规范化的房地产市场,促进房地产业及其相关产业的发展①。可以说,在这一时期的住房政策中,就已对各个层面的住宅都有所照顾。

住房改革的速度很快,从1992年到1999年底的短短7年间,我国基本上已经取消了福利分房制度,住房分配货币化广泛地实施,并逐渐深入人心。中国住宅市场从无到有的建设可谓是"跑步前进",速度惊人。

1998年,《国务院关于进一步深化城镇住房制度改革加快住房建设的通知》(国发〔1998〕23号)提出:要"加快住房建设,促使住宅业成为新的经济增长点","停止实物分配,逐步实行住房货币化分配;建立和完善以经济适用住房为主的多层次城镇住房供应体系;发展住房金融,培育和规范住房交易市场"。通知提到住宅不仅是满足人们"住"的需求,而且要成为产业和经济增长点。

总体来说,这一阶段的特征是城镇住房实物分配和房地产市场交易并存,住宅产业成为经济增长点,经济适用房的需求开始提出。

住房建设的主体开始从以政府为主向多元化的方向发展,由城市政府和地方单位直接建设的住房在萎缩。政府主导建设的住房由1997年的25.4%下降至2000年的18.6%,单位主导建设的住房由1997年的26.6%下降至2000年的13.8%;同时,房地产公司负责开发建设的

---

① 1994年,《国务院关于深化城镇住房制度改革的决定》。

住房不断增加,由 1997 年的 48.0%上升至 2000 年的 67.6%①。

停止住房实物分配和住房货币化,使得房地产市场需求大增,房地产市场在 1998 年开始变得异常火热。大量市场资金进入房地产市场,这也使得对土地的需求大大地扩张了。

9.3.3 第三阶段(2000—2008):房地产市场不断完善,土地市场分化

2000 年以后,由于市场交易量大增,中国房地产市场迅速成长起来,市场规则也日益完善。土地市场交易活跃,存量房地产市场开放。市场需求主体从原来的外资、单位等发生了根本性的转变,居民成为住宅投资和消费的生力军,人们的住房消费能力得到迅速释放,房地产成为社会的消费热点和投资热点。

根据高波(2009)的研究,2000 年以来,中国房地产开发投资呈 20.9%～30.0%的高速增长态势,房地产开发投资总额占 GDP 的比重在 1986 年仅为 1%,到 2007 年已高达 10.13%;从 2000—2007 年,全社会固定资产投资增长率、房地产开发投资增长率均高于 GDP 增长率,房地产开发投资成为固定资产投资增长的重要来源和经济增长的动力源泉,房地产业成为国民经济的支柱产业②。

由于房地产业大发展,对土地的需求骤增,城市空间扩展速度加快。在老城区改造的同时,空间不够使用,各城市也纷纷加速新城、新区建设。在价格相差较大的老城区与新城区间,开发商进行土地与资本的替代,导致了不尽相同的开发密度。

这期间由于存量房产可交易,土地可以自由在市场上流动,促进了土地二级、三级市场的建立发展,使得土地市场形成得比较完善。

9.4 美国的住房政策与评价

出于对低收入家庭提供帮助以使他们摆脱困境的理念,很多国家都对低收入家庭进行住房补贴,这是一种转移支付和收入再分配政策。这是因为有一些经济学家和社会学家们相信,拥有安定的居所可以使低收入人群更好地融入社会,减少社会问题,增加他们的收入,当人们住上比较体面的住宅的时候,也可能会找寻比较体面的一种生活。

对低收入家庭进行住房补贴有很多种方法,例如直接建造公共住宅,鼓励开发商建造公共住宅,给低收入家庭直接提供经济补贴(如住房券,housing choice voucher)等。美国联邦政府每年要花费 300 亿美元为低收入家庭提供公共住宅、补贴私人建造的住宅和提供住房券。联邦政府还实施了许多社区开发项目,用于改善地方的住宅环境和重新使社区恢复活力。对于中等收入和高收入家庭也有一定的住宅补贴,主要体现在削减抵押贷款利息税的政策来实现,这部分每年联邦政府相当于支出了 660 亿美元(阿瑟·奥沙利文,2008)。

---

① 吴缚龙,马润潮,张京祥. 转型与重构——中国城市发展多维透视[M]. 南京:东南大学出版社, 2007:244,147,195,271,276,55

② 高波. 转型期中国房地产市场成长[M]. 北京:经济科学出版社,2009:6,10-13,39,93

资料：美国住房概况

根据2000年全美人口普查的简报，全美人口2.8亿。到1997年底，美国共有1.15亿套住宅，平均每套住宅居住2.4人。以住宅形式来分，约65%的住宅为独立式住宅，28%为多层和高层公寓，不到8%为移动式住宅。全部房屋绝大多数为私有（包括私人拥有自住的住宅及私人拥有出租的住宅），只有1.6%（按住宅套数）是政府所有的公共住宅，加上4%（套数）由政府补贴建造、而由住户自管的老年公寓。

全美人均居住建筑面积约为63平方米/人，合为居住面积约36平方米/人。居住水平的分布是不平均的。大城市的人均居住水平低于大城市周围小城镇。美国住宅的44%建在城市郊区的小城镇，32%在城市市区内，22%在非城市集中地区的小城镇。这是自1960年代开始的郊区化的结果。这个趋势仍在继续，建立郊区的住房日益增多。

从1970年到1999年，30年内平均每套住宅的面积增加了30%，新住宅有更多的厕所（一般每套房2.5个厕所），更多的车位（一般每套房2个车位），且更加节能。

美国是世界上私人拥有住宅率最高的国家之一。今天，65.6%的美国人住在自己的房子里，31%的人租房而居，3.4%的人住在政府为低收入者建造的公共住宅里，当然，他们也都是租房者。虽然美国的均拥房率达到65%以上，拥房户的分布同样不平均。以种族来划分，白人拥房率最高，为71.8%，黑人为44.9%，拉丁美洲人后裔为43.5%（1999年统计）。以地理空间划分，大城市的拥房率最低，如纽约市的拥房率为34%，远低于全国平均水平。而郊区小城镇的私人拥房率则大多达到80%以上。这是由于大城市中有较多低收入家庭，也有不少高收入的单身户，都是租房而居①。

9.4.1 建造公房供低收入者居住的政策（1930年代）

在针对低收入人群的公共住宅上，最早开始的做法是政府直接建造这些住宅。1934年，美国大萧条后制定了最早的住房法案——《临时住房法案》，解决失业人口的居住问题。1937年，该法案进一步扩充为《住宅法》（United States Housing Act of 1997），由中央政府出资，地方城市政府建造公共住宅供低收入户租用。全美3000多个地方"公房管理局"（LHA）负责建造并管理这些公共房屋。到1982年该法令中止，共建公房130万套，供400多万低收入者居住②。到1990年代中期，公共住房的保有量最高达到了140万套，之后就不再上升，到了2004年减少到了110万套③。这些住宅解决了几百万低收入者的居住问题，看起来取得了不错的社会效益，而其经济效率如何呢？

---

① 张庭伟. 实现小康后的住宅发展问题——从美国60年来住房政策的演变看中国的住房发展[J]. 城市规划,2001(04):55-60

② 张庭伟. 实现小康后的住宅发展问题——从美国60年来住房政策的演变看中国的住房发展[J]. 城市规划,2001(04):55-60

③ 王佳文. 美国的住房状况与住房政策[J]. 国际城市规划,2015(01):49-55

正像很多政府直接操办的事情一样,当我们比较建设新的公共住宅和私人住宅的成本,会发现公共住宅更加昂贵。原因有两点:①因为缺乏市场竞争,公共部门在建设新的住宅时效率更低下;②新住宅无论面积如何,因为没有经过过滤,其最低成本都要高于城市里的低质量旧住宅,用全部建设新住宅的方法来解决低收入人群的居住问题,是成本最高昂的一种。

根据格林和马尔佩奇(Green,Malpezzi,2003)的研究,公共住宅的生产效率是0.50,这就是说,其成本是市场价值的两倍。根据奥沙利文的模型,如果政府花费1 080美元,可以生产出价值540美元的住宅,那么为得到该住宅所需付出的预算成本为840美元(这等于1 080美元减去承租人付出的租金240美元)。由于给租房者200美元的现金补贴与给他们公共住宅补贴的效用是无差异的,因此每套公共住宅可以产生相当于200美元现金补贴的影响,也就是说,1美元的公共住宅的补贴相当于0.24美元的现金影响效应(即200美元/840美元)①。既然政府建造公共住宅的效率这么低下,既低于私人建造住宅的效率,也低于现金补贴的效率,那么,政府建造公共住宅的行为必然会向着上述两个方式转变。

在低收入住宅的租户(消费者)方面,他们得到了租金较低的新住宅,当然是受益了。对公共住宅的长期研究显示,由于政府修建的新住宅进入市场,增加了低收入住宅的供给量,这导致供给曲线右移,供需均衡点也移动了,住宅的价格下降。这样,原来在市场上出租的低收入住宅业主就受到了冲击,他们成为受损者。随着时间流逝,一部分原来的私人住宅业主退出了市场,另外,中等质量住宅的业主努力维护他们的住宅,以防其过滤到低收入住宅的市场。因此,一段时间后供给量逐渐地减少了,住宅供给曲线左移,住宅价格又有所回升,但比起最开始的点来说还是价格较低的。在中长期,私人住宅业主仍然是受损者。

9.4.2 直接补贴低收入者的政策(1970年代)

针对公共住房政策实施中的问题,联邦政府在1974年修订了1937年的《住宅法》,推出了《房屋及社区发展法》(The Housing and Community Development Act of 1974)。特别是修订了第8条款(Section 8),为低收入人群提供住房券。

在这个政策帮助下,低收入住户只用支付其税前收入30%比例的部分,政府提供的住房券可以支付剩余部分租金,因此,这部分租金就直接补贴给了所需要的人群。我们可以形象地说,如果原来是"补砖头",那么现在就是"补人头"。其补贴户数占美国住房与城市发展部总补贴户数的比例从1993年的30%上升到2008年的42%,成为美国针对低收入人群住房政策中最重要的一项②。到2009年,总共有220万户家庭得到了住房券的补贴,超过了其他所有的公共住房项目。

从短期来看,住房券可以让低收入人群"融合"进普通的社区,避免了他们集中在公共住宅的情况;从长期来看,美国各种族和贫富人群的融合实际上并不明显。那么,从经济角度看,在资助效率上又如何呢?

---

① 阿瑟·奥沙利文. 城市经济学[M]. 8版. 周京奎,译. 北京:北京大学出版社,2015:295
② 王佳文. 美国的住房状况与住房政策[J]. 国际城市规划,2015(01):49-55

根据格林和马尔佩奇(2003)的研究,这种补贴产生的效率在 0.61 和 0.85 之间,中间值是 0.75,这个数值高于新建公共住宅的效率,但还是低于私人建造住宅的市场价值。尽管补贴总是会损失效率,不如市场运作来得效率高,但是如果一定要实施转移支付和福利政策的话,在选择之下人们还是认为住房券是较好的办法,至少优于政府直接新建住宅。上述的数字也说明,它逐渐占据了美国针对低收入住房政策中最重要的位置。

从经济学的角度看问题,时刻要记住的是人们会对激励产生反应。住房券补贴的后续结果是:由于政府大量的补贴进入了市场,推动了租房需求的增加,短期内市场上住房供给的数量变化不大,其结果是使得房屋租金上升了。由于过滤现象的存在,住房券不仅导致低收入住宅需求的增加而增加了其价格,而且也提高了其他质量的住房价格。苏辛(Susin,2003)的一项对 90 个最大都市区的研究表明,住房券使低收入住宅的价格提高了 16%,使中等收入住宅的价格提高了 3.2%,对高收入住宅的影响几乎为 0。当房价上升,经过一段时间的影响,住房的供给量增加,这样,中长期的住宅价格又会回落一些,但总的来说比起初没有住房券补贴时升高了。

由于并不是所有的低收入人群都得到了住房券,更别提那些收入在低收入之上一点点的中等收入人群了,这些人普遍都要面对更高的房租,他们的境遇变差了。

■ 课堂讨论

讨论题目九(1):当住宅用地使用权到期,上面的住宅该怎么办?请根据《中华人民共和国物权法》和《中华人民共和国土地管理法》的政策做出预测和设计。

讨论题目九(2):如何帮助穷人?

■ 参考文献

[1] 阿瑟·奥沙利文. 城市经济学[M]. 4 版. 苏晓燕,译. 北京:中信出版社,2003

[2] 阿瑟·奥沙利文. 城市经济学[M]. 8 版. 周京奎,译. 北京:北京大学出版社,2015

[3] 周伟林,严冀. 城市经济学[M]. 上海:复旦大学出版社,2004

[4] 吴缚龙,马润潮,张京祥. 转型与重构——中国城市发展多维透视[M]. 南京:东南大学出版社,2007

[5] 高波. 转型期中国房地产市场成长[M]. 北京:经济科学出版社,2009

[6] 何流. 中国城市空间扩展与结构演进研究——以南京为例[D]. 南京:南京大学,2000

[7] KAIN J, QUIGLEY J. Measuring the Value of Housing Quality[J]. Journal of the American Statistical Association, 1970(65):532-548

[8] 张庭伟. 实现小康后的住宅发展问题——从美国 60 年来住房政策的演变看中国的住房发展[J]. 城市规划,2001(04):55-60

[9] 王佳文. 美国的住房状况与住房政策[J]. 国际城市规划,2015(01):49-55

10　城市基础设施经济

在第2章中,我们提到,城市政府有提供公共物品的责任,因为在外部性和公共物品的情况下,市场不能提供某些东西,因此就需要政府来承担。

从另一个角度来看,在城市竞争中,政府提供公共物品不仅是一种责任,更是城市发展的策略。也就是说,大多数城市政府都同时肩负着推动经济、促进发展的责任,而进行公共物品和基础设施投资就是主要的手段之一。

在城市开发和重建中,政府经常会提出一些城市开发和重建政策,以增加这些地区的投资吸引力,也增加这些地区的房地产开发价值。城市政策会放宽或者改变一些制度和法律法规,对这些地区的发展给予特殊的优惠。例如,直接进行一些投资(通常是基础设施和公共服务),或者动用行政手段帮助建立一个快速的办事通道,或者在税收政策上进行减免等。

在区域政策中也经常会提出提高欠发达地区投资吸引力的政策,例如鼓励制造业和商业贸易的发展。为了达成这个目的,和城市政策一样,区域政策可能会放宽或者进行特殊的制度设计。例如,提供公共资金支持的基础设施,或者进行税收(和土地费用)方面的优惠等。对于这些政策,都可以分析其社会边际成本和收益,以便查看其效果是否理想。

10.1　城市基础设施和交通设施投入的经济分析

10.1.1　供应学派政策及其微观经济影响

供应学派政策是区域政策中最普遍的类型。供应学派政策是通过提升当地生产要素的投入质量,来提高当地的投资环境。这些投资最好是当地特殊的要素投资,因为,在一个跨区域的经济体中,资本和劳动力都是可以流动的,而当地生产要素例如本地的原材料投入、土地和基础建设投入等是不可流动的,投资后收益不会外流。所以,区域投资的重点常常集中在当地基础设施投入的质量和多样性上,另外一个方法则是直接降低当地土地投入的成本。

基础设施投入的两种效果

根据菲利普·麦卡恩的总结,基础设施的投入有很多种类型,但总的来说最重要的部分首推交通运输基础设施的质量(Vickerman,1991)。进行交通运输基础设施建设,可以降低进入该地区的成本,这其实就是我们俗称的"要想富,先修路"。

在规划时需要分析在区域联系中最具战略性的交通通道以及改进方法。交通基础设施的投入有两个作用:第一,交通运输的投入是所有工业和商业活动中必需的投入,交通运输基础设施投入的提高可以看成是当地技术的增强,因此,就会促进所有涉及城市间贸易往来的所有当地产业活动的总的要素生产力的提高,鼓励了现有当地产业基础通过提高生产率来进行扩张。第二,对于一些可以移动的产业,在交通成本方面的空间变化对它们进入一个区域的吸引力影响很大。如果改变了不发达地区的运输和进入成本,就能够更好地招商引资,吸引来新的企业。也就是说,鼓励了当地产业基础通过引入额外的资金来进行扩张。

这些基础设施建设中的大部分或者一部分是通过公共部门的投资来实现的,其中,一些是本地政府的投资,一些是转移支付。这些投资政策能否产生理想的效果,则要看交通基础设施的提供、运输成本的变化,以及本地企业和流入企业运输成本变化的边际价格和收益效应之间的关系。例如,在特别落后的地区修建了新的道路,会降低这个地区产品的价格(因为交通费用节省了),这样,在同类产品的竞争中,就有可能提高这个地区产品的销售总额,扩张生产和销售,这就是道路交通基础设施投资想要达到的结果。

另一方面,如果打算鼓励外来企业到本地投资,降低运输成本将会在给定区域间劳动力和土地价格的情况下,增加企业重新选址的可能性。但能否实现还取决于企业是不是会做出重新选址的选择,因为毕竟搬迁的成本是巨大的,现实中企业很少进行频繁的搬迁。

用交通基础设施投入来促进开发政策的结果是很难预料的。在第一个层面上,它一定会降低运输成本,有极大的可能扩大本地原有的生产;在第二个层面上,它有可能吸引来外来企业,但不确定,当然,如果加上土地要素成本的变化等条件,就会进一步增加这种吸引力。还有第三个层面,那就是随着运输成本下降,外来商品也以更低的成本进入了,如果恰好和本地企业产生竞争的话,也许会有少量的本地企业会受到一定冲击,带来一些负面影响。因此,在做出这种投资决策的时候,应该谨慎地评估各个方面的影响①。

10.1.2 投资基础设施的福利效应

同样是投资交通基础设施,选择将路修在哪里,需要进行一番考量。虽然"要想富,先修路",可是如果投资有限,而一个广大的区域中都缺少道路呢?仍要做出抉择,基础设施修建在不同地区所带来的公共政策的效益是不一样的。

我们假设有两种情况,一种是人口很少、高度分散的区域,一种是人口密集的区域。在人口很少且分散的区域,修建新的高速公路将大大减少在任意两个地点间的交通时间,这就会减少与商业交易相关的运输成本,从而大大减少在该区域生产和消费的边际成本。不过,因为总人口少,涉及的生产也很少,生产的边际成本的减少总体来说是很有限的。如果在人口密集的区域,因为人口密集的区域已经有比较发达的道路交通网络了,因此新增的一条道路只会导致任意两个地点之间的交通时间有限减少,因此,也会造成该区域生产和消费的边际成本有限减少。既然修建新的高速公路对两个地区都造成交通成本的有限减少,那么它们之间相比效率有没有什么不同呢?我们可以用下面的图来进一步说明。

在图10-1中,高密度地区交易中所获得的总的效率福利是T_H线,低密度地区交易中所获得的总的效率福利是T_L线。我们看到,T_H比T_L斜率小。这说明,在高密度地区,交通运输成本变化对T_H线的影响不太明显,而在路网不密集的情况下,交通运输成本的变化对T_L

---

① 菲利普·麦卡恩. 城市和区域经济学[M]. 李寿德,蒋录全,译. 上海:格致出版社,2010:234-236

线的影响就更加明显。在开始时,我们假设两个地方的交通运输成本都是 C,这时它们的社会福利都是 Q。在低密度地区引入了新的交通设施,这时,T_L 线上的交通成本从 C 降低到了 C_L,有一个比较明显的变化,再看它引起的社会福利增加,随着商业交易量的增长,从 Q 增加到了 Q_L,是一个比较小的增加。在高密度地区引入新的交通设施又会怎样呢? 在 T_H 线上,交通成本从 C 降低到了 C_H,但是,在人口密集的地区商业交易量却有大量增加,社会福利从 Q 升高到了 Q_H,这说明,在高密度地区较小的交通成本减少,会带来比较大的社会福利的增加。因此,在大型

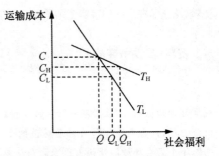

图 10-1　区域基础设施的福利效应

(资料来源:菲利普·麦卡恩. 城市和区域经济学[M]. 李寿德,蒋录全,译. 上海:格致出版社,2010:236-238)

人口密集的地区,在交通基础设施投入上带来的社会边际收益会比小型的人口分散的地区更高。同理,其他基础设施也有类似的结论,在地广人稀的地区投入基础设施建设的社会福利效益远远不及人口密集的地区。

公共政策的实施无疑会带来对空间的影响,在什么样的空间进行投资也决定着影响的大小。讨论到政策合理性的时候,我们看到,虽然道路交通设施可以明显地改善那些原来交通条件差的地区的经济福利条件,但是,同样的投资投到中心区,带来的净收益会更大。如果我们只考虑经济效率,就应该选择在人口更加密集的地方修建道路设施。而如果我们做出在城市郊区和外围偏远地段建设基础设施的决定,主要是出于政治和社会的角度去考虑的,希望偏远地区的人们得到某种福利,而不是仅是出于经济考虑。

但是另一方面,从土地的角度来看,在城市郊区和外围偏远地区,其土地成本也比较低(土地建设的机会成本低,包括里面的拆迁成本也低),所以,建设同样一条道路,其成本也会更低。而在城市密集地区,土地成本无疑提高了许多。另外,如果在长期增长效应中,外围地区的增长由于公共设施的建造被激发,也可能会带来很大的乘数,使得外围地区社会福利极大增加。如果加上这些情况,曲线 T_H 和 T_L 可能发生翻转,它们的社会福利变化则会指向在外围地区进行基础设施投入更为划算。由于每一个城市地区都有它具体的条件,究竟是投资在中心区合适还是外围合适,还需要对其各种潜在因素进行仔细评估,来获得可信的判断①。

在上述的模型里,我们假设是同一个投资者(例如城市政府)在进行投资决策。但在实际的城市投资中,城市外围的区域交通设施和一些大型基础设施的投资者往往不是城市本身,而是省级或者更高级别的政府在进行决策和投资,而城市内部的道路是由城市自己投资为主,其财政支出的来源不同。由于两者的出资者不同,城市倾向于在宏观层次争取一切可能的机会落实对自己有利的基础设施,所需的成本仅为说服上级相关机构的成本;而在城市层面仅需考虑城市道路交通网络和基础设施的福利效应,城市政府并不需要在两种投资之间进行选择和

---

① 菲利普·麦卡恩. 城市和区域经济学[M]. 李寿德,蒋录全,译. 上海:格致出版社,2010:236-238

比较,这显示在空间的落实上则是中心区与外围地区的基础设施齐头并进。

资料:高铁争夺战

邓州和新野是河南两个相邻的县,联系一直很紧密,用两地老百姓的话来说,"打断骨头还连着筋"。如今,为了高铁站将来能落在自家地盘,这两个邻居的关系变得"紧张"起来。新野民间高调地掀起了"保卫高铁"运动,还组成了"新野保路联盟领导小组"。他们唱着"变身蜡烛燃烧自己,只为高铁你",将贴着标语的宣传车开进了田间地头。而邓州的老百姓则发起"反击",不少远在外地的邓州人迅速联合起来,拉起横幅声援家乡"争夺高铁",在百度的"邓州吧"里,一篇题为《高铁到我家,希望靠大家》的帖子也被挂在醒目的位置。面临郑万铁路这个"历史性机遇",两地政府同样没有置身事外。从官方的回应来看,在争取这条联系西南和中原地区客运快速通道的博弈中,双方手中都握有"底牌",各持理由和优势。

随着站点规划选址即将"收官",无论是政府还是民间,邓州和新野两个亲密邻居之间的高铁"争夺战"也逐步进入白热化阶段。11月5日,中国铁路总公司鉴定中心组织专家对郑州至万州铁路可行性研究报告进行了评审。在这份评审意见中,专家提出"南阳至襄阳段,补充研究二广高速公路东侧"。对于邓州来说,这是一个巨大的变数。作为原先的一个比选方案,高铁站设在二广高速公路西侧,则经过邓州境内。尽管只是一字之差,却意味着高铁站可能落在新野境内。而按照国家铁路建设的流程,这已经是铁路项目规划论证的最后阶段,站点选址最终会在这个环节尘埃落定。

眼看郑万高铁站点选址进入冲刺阶段,邓州市政府没有打算静观其变。11月20日,邓州市印发〔2014〕184号政府文件,"恳请省政府支持郑万铁路沿二广高速西侧建邓州东站"。该市发改委一位官员透露,"市领导和发改委负责人已去省里向领导汇报情况"。此前,还有来自市发改委工作人员的消息说,"领导正在去北京找专家的路上"。置身于日渐胶着的高铁"争夺战",新野官方没有透露他们将如何发力。新野县发改委副主任刘玉生向《中国青年报》记者表示,"新野的态度是尊重专家在全面深入论证基础上形成的科学意见,服从上级决策部门确定的选站方案"。

除了网络,"保路运动"也延伸到了现实生活。王红勇回忆,9月2日上午,"下了几天的雨刚停,约有四五千新野老百姓走进文化广场",在印着"祈盼高铁引站家门,打通天道我要出行"的横幅上签名。而邓州民间也不甘示弱,连一些分散在全国各地的邓州人也行动起来。他们在各大城市的火车站和地标性建筑前拉起横幅,有人还运用图像处理软件为图片里的上海东方明珠和北京鸟巢添上写着口号的标语,为声援家乡造势。

作为豫西南一个83万人口的县,新野至今还没通铁路。在新野工作30年的刘玉生看来,"新野在交通动脉上相对边缘化"。而来自新野民间的声音是,没有铁路不仅使老百姓出行不便,还阻碍了当地的经济发展。相对而言,邻居邓州在交通设施上显得更"宽裕",该地经过焦柳线,还在国道上。用刘玉生的话说,"多一条郑万铁路对邓州来说是锦上添花,对新野来说则是雪中送炭"。邓州显然不会拒绝郑万铁路的"锦上添花"。闫庆吉介绍,在邓州未来的"大交通"格局中,作为"两铁"之一的郑万铁路,对提高当地城际间的交通能力来说不可或缺。除了打库区"政策牌",邓州还试图以自身的政治优势来压倒对手。拥有180万人口的邓州是河南第一人口县,同时也是全国第一移民县。闫庆吉着重强调的是,邓州市2012年被国务院确定为丹江口库区5个区域中心城市之一。在2011年,邓州列入河南省直管县(市),享有省辖市的所有权力①。

邓州和新野的高铁争夺战只是一个案例,类似的激烈争夺战还在娄底、邵阳、十堰、襄阳、万州、达州、固始、潢川等等城市之间反复上演。

10.2 城市基础设施供给的方式

10.2.1 城市基础设施的特征

城市基础设施(urban infrastructure)是为整个城市服务的,主要指城市的工程设施和有形资产,广义还包括文化、教育、科学技术等无形资产部门。城市基础设施既包括生产方面的服务,也包括生活方面的服务,在很多基础设施中,服务于生产和服务于生活同时起作用,无法区分开来。城市基础设施包括了道路交通系统、给排水系统、电力系统、供热系统、防灾系统、邮电通信系统、环保环卫系统等。我们通常在总体规划中进行市政设施专项规划的都属于城市基础设施,"市政设施"是由于归口于城乡和住房建设部行政主管部门的一种特殊叫法。

城市基础设施的外部性和内部性

城市基础设施是不是经济学意义上的公共物品?在公共物品的章节我们分析了公共服务和公共设施并不一定都是公共物品,是否是公共物品取决于它是不是有竞争性和排他性,特别是排他性,那些没有排他性或者排他性很低的公共设施才属于公共物品。例如道路,根据收费与否(排他性)、拥挤与否(竞争性),它有可能是公共物品,也有可能是私人物品。回顾了公共物品的定义,再来看上述所有的基础设施,它们中间有属于(准)公共物品的,例如自来水、公共广场绿地、公共交通和地铁等,也有属于(准)私人物品的,例如加油站、液化煤气站、集装箱码头、电信服务等。从这个定义的分析可以看出来,并不是每一种城市基础设施的提供都要全部落在政府身上,由城市政府主导提供,有些应该由政府主导提供,有些则可以由市场提供,还有些是政府和市场的某种组合来提供。

那些有很大外部性、具有公共物品和准公共物品特征的基础设施,最容易出现"搭便车"现象,市场是无法供给或者供给不足的,就由政府来负责提供。那些具有内部性、能够获得合理收益的基础设施,就可以全权交给市场。还有一些介于两者之间的基础设施,是政府来主导,引入市场竞争和市场主体来实施,政府提供一定的优惠条件和补贴。在基础设施的供给中,我们要最大限度地利用市场的投资和市场竞争对效率的提升,同时,在市场到达不了的、外部性

---

① 中国青年报,2014-11-26(009)节选

很大的地方由政府来主导,这样,就能够充分发挥市场和政府各自原本的作用。

成本的聚集性和收益的长期性

城市基础设施是服务于大量市民的公共服务项目,其规模一般都惊人地大,建设初始的投资规模非常大,并呈现高度聚集状态。不仅如此,在项目服务运营的过程中,其管理、运营和维修的费用也很高,并且不能间断。这就要求投资者有一个非常稳定的资金来源。因此,城市的很多基础设施资金的筹集都只能由城市政府来进行,这不仅是因为政府的财政状况稳定,还因为政府的资信最高,在大规模的融资中比较有利。例如上海地铁,2010年上海世博会前,上海轨道交通总投资近2 000亿元,政府主要负责安排资本金670亿元。此外的1 000多亿元建设资金均需融资而来,由上海申通地铁集团有限公司负责融资事宜。上海申通地铁集团有限公司是国有资本控股的公司,由上海市国资委直接管理,其资金来源主要是政府投入、中长期贷款、债券等。类似这样的融资渠道是一般私人企业很难获得的。

另一方面,基础设施的收益是长期性的,可能在后续的几十年内都有一个有保障的收益过程,因此,只要这个项目有一定的内部性,还是会吸引很多的社会投资,毕竟,有城市人口的大量需求为这样的投资项目做保障。

需求的周期性和供给的连续性

城市基础设施还有一个特征就是需求是周期性的,无论是城市交通还是城市电力都有高峰和低谷。设计标准如果就高的话,设施不能充分利用,会产生浪费;如果就低的话不能满足高峰时的需要。通常在规划设计规范里会有一定的计算方法,按照高峰期的一定比例折减,来确定一个折中的使用量。这种自然形成的使用周期所造成的有些时段闲置是非常正常的,也没有办法完全解决。不过,从经济供给的角度,可采用限时或高峰加价等办法来进行一定的调节。

例如,南京市的供电就是采用峰谷电价和居民生活用电阶梯式电价的方法:早上8:00到晚上9:00为峰值,电价是0.55元,晚上9:00到次日8:00为谷值,电价是0.35元,从而鼓励市民在夜间多用电。居民月用电量分为三个档次:第一档为230度及以内,维持现行电价标准;第二档为231度~400度,在第一档电价的基础上,每度加价0.05元;第三档为高于400度部分,在第一档电价的基础上,每度加价0.3元。以此鼓励市民节约用电,也希望借此削平峰值。

10.2.2 城市基础设施供给的方式

在前文我们提过,政府决定应该做某件事情,可以有4种选择:1)直接做某件事,例如,直接建设道路。2)提供激励让私人部门去做某件事,利用直接补贴或税收补贴等方法。例如,补贴给开发商去建设道路,或者让渡某种投资回报让开发商去建设道路。3)强令私人部门去做某件事,例如,让开发商在开发商品住宅的时候,提供一定的道路等基础设施。4)将前三种办法进行某种组合。

事实上,我们可以根据基础设施公共物品属性的高低来区分政府提供的方法,那些外部性最强、公共物品属性最高的就只好由政府来全权提供,那些外部性较低、私人物品属性较高的就可以由市场来提供。我们因此把基础设施的供给分为以下 4 种①。

公办公营式

这一类城市基础设施外部性最高,公共物品性质最浓厚。

由政府通过直接开办、控制、经营的机构或企业供给公共物品。采取这种方式供给的公共物品,一般是无利可图又关系民生,具有极显著"外部性"的,如自来水、部分道路、隧道、机场、邮政等。政府根据财政能力和实际需要统筹安排。

例如香港自来水供应由政府设立的水务署专职处理,它的主要任务是制定政策、拟定计划、具体实施、提供自来水,政府每年对这种特殊公共产品的补贴达十几亿港元。这一净赔的产品供给,离开政府的供应是不可能实现的。又如我国的邮政服务,虽然现在民营的快递服务在短短的几年内迅速发展壮大,在很大程度上取代了邮政包裹的服务,并且在时效性和经济性上都有所提升,受到人们的青睐,但偏远地区的邮寄服务还主要依赖于邮政。因为民营企业去做这种投递是亏本的,只有国有的邮政可以不计成本地去解决这些问题,把网络覆盖到所有乡及乡以下地区,普遍地进行支撑服务。

公办商营式

这一类城市基础设施外部性较高,公共物品性质较浓厚,即政府拥有全部或部分股权,由法人团体以商业形式经营,自负盈亏。其中,政府机构可能是某地方政府、某开发建设指挥部、某管委会或某国资委等,企业可能是某国资公司或者国资控股的股份有限公司。主要对象是那些盈利率不高、前景不明朗而投资庞大的公共项目,如地铁、轻轨等。

经营这些公司的董事局成员均由政府委任,政府的运输和金融等相关单位的官员是其董事,但它们既不是政府部门,也不是依据《中华人民共和国公司登记管理条例》成立的有限公司,属于半官方性质的独立法人团体。采用这种方式,一方面及时解决巨额投资问题,一方面提高商业运作方式的效率,降低风险和尽快收回投资。

专利经营式

这一类城市基础设施外部性较低,公共物品性质不明显,经营能够带来一定的长期收益。

在政府监管下由私人资本通过投标取得政府特许的专利经营权来经营某项公共物品。项目包括公交、轮渡、电力、海底隧道等。在这一类项目中,政府会:①规定专营期限内必须提供一定标准的公共项目;②干预专营企业董事会的任命及构成;③给予这些企业一定年限的专利经营权,保障它们的盈利率;④政府监督经营机构的行政及财务活动,并规定其向政府交纳专营费;⑤对经营机构的收费标准严格监督,调整收费要经批准;⑥转营权不具有"终身制",政府有权中止不满意的专营公司,公开招标。

在特许经营权中有一种比较常用的方式是 BOT,即 Build-Operate-Transfer,建设—运营—移交。政府为项目的开发经营者提供一种特许经营权,作为项目的投融资基础。当特许期满后,(外商)投资者将该基础设施项目无偿移交给政府。BOT 投融资方式以引进外资为主,适

---

① 丁健.现代城市经济[M].上海:同济大学出版社,2001:176

用于发电站、高速公路和其他有投资回报的大型城市公共建设项目。

私商经营式

这一类城市基础设施基本无外部性,接近私人物品,所以,也就可以由私人机构按照市场规律来经营。如煤气供应和集装箱码头,其收费标准完全由市场供求关系和竞争调节,不必经过政府批准。

10.2.3 发展城市基础设施的时序

先行论——优先发展基础设施

英国经济学家罗森斯坦·罗丹在1943年《东南欧国家工业化问题》一书中提出了社会分摊资本和超前建设基础设施的观点。

实践:英国——交通运输网的形成要比工业化高潮早20~30年。

滞后论——优先发展直接生产部门,滞后建设基础设施部门

美国经济学家阿尔伯特·赫希曼(不均衡增长理论的主要倡导者)认为资本和资源有限,首先发展一部分产业,以此为动力,逐步扩大对其他产业的投资,带动其他产业发展。

实践:苏联,中国1950—1980年代。

同步论——基础设施和国民经济各部门按比例投资,同时发展

经济学家纳克斯在1953年《不发达国家的资本形成问题》一书中主张,对国民经济各个部门同时按不同比例进行大规模投资,平衡增长。

实践:美国——1950年代美国铁路建设发展迅速,运输网络和资本主义发展同时形成(表10-1)。

表10-1 先行、同步和滞后的基础设施投资效果比较

类型	代表国家	基本特点	对经济发展的影响	部门投资效果	国民经济效果	综合分值
先行	英国	基础设施超前	促进经济	较差	较好	一般
同步	美国	基础设施与生产平行	协调发展	较好	较好	较好
滞后	苏联	基础设施落后于生产需要	阻碍发展	较好	较差	较差

在现代经济中,城市基础设施建设主要是在城市扩张和城市新区、开发区建设中遇到的,考虑到基础设施对经济发展的拉动作用,其建设一般是优先于生产的。此外,越是规模小的案例越容易筹集资金超前建设基础设施,也容易起到较好的效果。

资料:上海江湾机场到江湾新城

上海江湾机场,曾是1939年所建的远东最大的军用机场,1994年以后停飞,逐渐废弃,1999年交还给上海市人民政府。由于其处于上海中心城区的北部,北临黄浦江,其区位由原来的城市外围到被城市所包围,逐渐呈现重要的价值。

2000年以后，这片9.45平方公里的土地被规划开发为"江湾新城"。江湾新城采取了先规划、先基础设施、后出让的方式。在9平方公里多的土地上，先炸毁原有的跑道，建立了一个水泥厂进行水泥售卖，然后，统一展开高水平的基础设施建设，开挖的0.77平方公里水面和1.89平方公里公共绿地、道路和公共建筑等都先于出让之前全部建好，极大地提升了每一块土地的出让价值。

10.3 城市交通的供需调节

10.3.1 未能如愿的预备队伍

城市交通供给包括了道路网的供给和公共交通的供给。在道路网的供给中，包括路网总体的规模、路网的级配结构、道路交通管制和路段干扰因素等；在公共交通的供给中，包括公共汽车、出租车、地铁和轻轨等供给。

城市交通需求是指人的出行和物资的流动需求。影响城市交通需求的因素有城市人口数量、人们的收入水平、交通价格水平等。在人们的交通选择中，存在着"路径依赖"的现象，如果城市的空间已经向着分散化和小汽车机动化的方向发展，那么，就很难再改变为密集的和以公共交通为主的空间发展。人们的交通需求受到整个社会和空间发展方式的影响。

既然在城市交通供给中包括了道路网的供给，为了改善交通拥堵的问题，常见的方法是直接增加道路网的供给，也就是多修路。但是，人们会对激励有所反应，在对道路交通的需求上，增加道路容量在长期动态中能否减少高峰期的交通拥挤还要进行进一步的思考。

按照安东尼—道恩定律，在城市化的进程中，新建道路仅能暂时缓解交通，不久以后由于会诱导其他交通方式的转移和伴随着沿途开发产生诱增交通，交通的改善程度往往并非随人所愿。因为，道路交通存在着一种"未能如愿的预备队伍"，也就是人们对道路畅通的激励极为敏感，会很快根据道路的增加做出购买私家车或者多开私家车出行的选择。高峰期行车需求是"高弹性"的"潜在需求"，这些需求目前因道路的拥堵而被抑制了，一旦道路容量增加，行驶速度提高，这个未能如愿的预备队伍就会转到以前交通拥挤的道路上来。不过，从反面来考虑，拥挤本身就是一种负激励，当出现拥堵的时候，也会激励人们减少开车。

这主要是因为，城市内部的道路使用通常是不收费的，交通的成本主要由固定费用（汽车折旧、汽油费、停车费等）和时间费用组成，人们出行主要考虑自己的这些成本和使用小汽车所带来的时间节省和舒适度。道路设施的增加节省了人们的出行时间和增加了出行舒适度，但却不需要付出太多的额外的成本，付出很少的价格就会获得很大的收益，极大地激发人们的出行需求。而增加道路交通设施的成本则由政府、也可以推广为所有纳税人或者土地购买者承担了。

道路的增加影响行车需求的过程如图10-2所示。为了方便，用行车价格 P 来代替行车成本。拥挤程度越大，行车速度越慢，行车成本越高，行车价格也就越高。

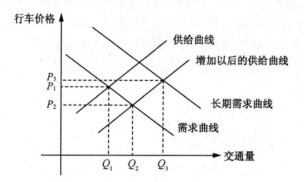

图 10-2　增加道路的长期效应分析

(资料来源:周伟林,严冀.城市经济学[M].上海:复旦大学出版社,2004:252)

在道路增加以前,供给曲线和需求曲线相交点的均衡交通量为 Q_1,均衡行车价格为 P_1。道路增加后,短期内需求曲线不移动,此时的均衡交通量增加到 Q_2,均衡价格下降到 P_2,说明交通拥挤程度也下降了。

长期情况下,由于道路容量增加,行车速度提高,许多新的用户会选择开车出行,潜在需求成为有效需求,使得需求曲线右移,形成长期的均衡点。长期均衡价格比道路增加之前还高($P_3 > P_1$),这表示道路更加拥挤了。

10.3.2　交通拥挤税的调节作用

汽车是外部性特别巨大的一种物品。开车产生的三个外部性:拥挤、空气污染和交通事故,会给城市的其他人带来很多影响。因此,在讨论汽车交通的时候,我们会关注这些外部性的问题。

由于行车价格也就是开车人的成本,会影响到人们开车出行的选择,因此,交通拥挤税是纯粹采用经济学方法来调节需求、使得道路能够畅通利用的一种方法。采用交通拥挤税调节的思路是:①道路交通资源总是稀缺的,就算增加了道路交通的供给量,也会诱发出新的交通出行,道路交通设施的增长永远不能满足人们充分使用的愿望,因此,需要采用合理的手段将出行控制在一定的程度;②由于交通拥堵具有外部性,每一个人拥堵在道路上的时候都同时给自己造成了额外的成本和给他人造成了额外的成本,每个人只考虑自己的行车成本而忽视了给别人增加的额外成本,这使得道路的拥挤程度总是超乎我们想象;③如果能够把每个人对其他人造成的拥挤的外部性进行计量和收费,就能激励人们适当减少开车,收取费用后每个人所付出的成本应该恰好等于社会行车成本,这样,在一条道路上行驶的车辆就能够被控制在最优水平。

阿瑟·奥沙利文(2003)建立了一个比较简单的、一条道路的交通拥挤税模型。在这个模型中,假设条件是:

1) 辐条状公路:有一条从郊区通向中心城市的两车道公路(10 公里距离);

2) 行驶货币成本:汽车行驶的货币成本为 0.2 美元/公里,不考虑加速和减速的额外油耗,所有的汽车行驶的货币成本都是 2 美元;

3) 时间成本:行驶时间的机会成本为 0.1 美元/分钟,如果拥堵,时间增加,人们付出的时间成本就会增加。

所以,10 公里行程的私人行车成本为货币成本与时间成本之和,如果人们在这条路上开了 20 分钟,时间成本是 2 美元,总私人行车成本是 4 美元;如果人们在这条路上开了 30 分钟,时间成本是 3 美元,总私人行车成本为 5 美元。时间耗费越长,私人行车成本越多。

但是,这不是全部的成本,因为每一辆车拥堵在路上,它不仅仅增加了自己的行车时间,还稍微地增加了其他人的行车时间。尽管对一个人来说,这种对别人行车时间的增加是微不足道的,但是,很多个人耽误的很多秒加在一起,就造成了其他人在路上拥堵时间极大地增加。而这些增加都是可以计量出来的,也能够转换为用货币衡量的成本。我们把考虑了所有外部性的行车成本叫作社会行车成本,显然,社会行车成本更大,它等于私人行车成本加上他们没有考虑到的外部性给别人增加的行车成本,如图 10-3 所示。

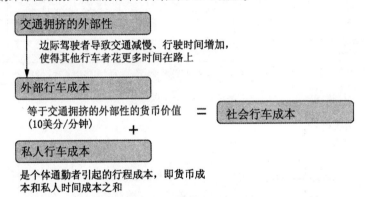

图 10-3　交通拥挤的外部性和行车成本计量

我们对发生在这条道路上的车行情况进行计量,分别衡量了路上汽车数从 200 到 2 000 辆之间的每一辆车的行驶时间和行车成本的增加(表 10-2)。各栏的含义如下:

A. 总行车数;

B. 行车时间 = $12.0 + 0.001($行车量 $- 400) + 0.000\,015 \times ($行车量 $- 400)^2$;

C. 每位行车者增加时间;

D. 所有车辆总行车时间增加 = $A \times C$;

E. 外部行车成本 = $D \times 0.1$ 美元/分钟(是行车者给别人造成的外部性损失);

F. 私人行车成本 = $3.20 + (B - 12) \times 0.1$(多出来的行车时间成本 + 原来的成本,是行车者自己多出来的成本);

G. 社会行车成本 = $E + F$;

H. 边际收益 = 边际行车者的需求。

表 10-2 交通量、出行时间和拥挤的外部性

A 交通量 (汽车数,辆)	B 行车时间 (分钟)	C 行车者对他人增加的行驶时间 (分钟)	D 总行车时间的增加 (分钟)	E 外部行车成本 (美元)	F 私人行车成本 (美元)	G 社会行车成本 (美元)	H 边际收益（需求） (美元)
200	12.0	0	0	0	3.20	3.20	31.10
400	12.0	0	0	0	3.20	3.20	27.44
600	12.8	0.007	4.2	0.42	3.28	3.70	23.78
800	14.8	0.013	10.4	1.04	3.48	4.52	20.12
1 000	18.0	0.019	19.0	1.90	3.80	5.70	16.46
1 200	22.4	0.025	30.0	3.00	4.24	7.24	12.80
1 400	28.0	0.031	43.4	4.34	4.80	9.14	9.14
1 600	34.8	0.037	59.2	5.92	5.48	11.40	5.48
1 800	42.8	0.043	77.4	7.74	6.28	14.02	1.82
2 000	52.0	0.049	98.0	9.80	7.20	17.00	—

(资料来源:阿瑟·奥沙利文. 城市经济学[M]. 4 版. 苏晓燕,译. 北京:中信出版社,2003:203)

根据这个计量的情况,我们把它画成如图 10-4 所示。

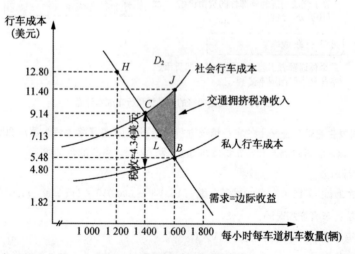

图 10-4 交通拥挤的行车成本分析

从图 10-4 可以看出,社会行车成本是高于私人行车成本的一条曲线。在左端,道路不拥挤的时候,这两条线是相交的,没有拥堵的外部性的情况下,社会行车成本等于私人行车成本;而随着拥堵的增加,外部性越来越大,社会行车成本也就越来越高于私人行车成本。私人行车成本和开车者的边际收益的均衡点在 1 600 辆车,这时的私人行车成本是 5.48 元,而社会行车

成本和开车者的边际收益的均衡点在 1 400 辆车，这时的社会行车成本是 9.14 元。所以，如果将外部性的部分作为交通拥挤税收取的话，就会降低道路上开车的数目，将会有 200 辆车离开这条道路，从而减少道路的拥堵程度。

行车者的均衡数量是多少？

如果一个人的行车的边际收益大于私人行车成本，行车者就会选择这条道路。直到边际收益等于边际成本的时候，这个人就要离开这条道路了。

需求曲线与私人行车成本在 1 600 辆车的位置相交，因此车辆均衡量是 1 600 辆车，私人行车成本均衡为 5.48 美元。第 1 601 位行车者使用公路的边际收益小于行车成本，因而他不会选择公路。

行车者的最优数量是多少？

规律：只要某种活动的边际社会收益大于边际社会成本，这种活动的数量就会增加，而最优水平，就是边际收益与边际成本相等时的水平。

边际社会收益由需求曲线反映，边际社会成本由社会行车成本曲线反映。两者相交在 1 400 辆车，最优行车量也就是 1 400 辆车。对于前面 1 400 位行车者来说，社会行车收益大于社会成本，因此公路是高效利用的；对于第 1 401 位行车者来说，社会成本大于收益，因此公路的利用是低效的。

在不干涉的情况下，均衡量＞最优量。这是因为行车者忽视了他们给其他车辆带来的成本。每多出的一个行车者都使交通减慢，使其他人花费更多时间。这一部分就是外部行车成本。

交通拥挤税的收取

政府可利用交通拥挤税来调节以达到最优交通量。在数量上等于外部行车成本的税收可以将交通拥挤的外部性内在化。现在，我们收取交通拥挤税，在 1 600 辆车的水平上，我们收取 5.92 美元，在 1 400 辆车的水平上，我们收取 4.34 美元，拥挤程度越高，税收越高，拥挤程度越低，税收越低。税收水平刚好等于外部行车成本。这样，加上了外部行车成本，人们就会重新考虑自己出行的选择。对第 1 600 辆车的车主，我们收取了交通拥挤税后，他的行车成本达到了 11.40 美元，而他的收益只有 5.48 美元，这时，他就会选择离开这条道路，使这条道路的拥挤减少了一点点。根据图形的曲线，我们看到，社会行车成本和边际收益的均衡点在 1 400 辆车，这说明有 200 辆车的车主会离开这条道路，使得道路的拥挤程度下降，达到最优值。

对个人行车者来说，征收交通拥挤税是好事也是坏事。征收交通拥挤税后继续使用公路的人须付税，但也有了较低的时间成本；征税减少了交通量，也缩短了交通时间。停止使用公路的人可以避税，但同时也放弃了使用公路带来的收益。

同时，政府的税收用在资助公共服务上，或支付最优公路费用。

城市中大部分人因为交通拥挤税而受益，也有一些人因为交通拥挤税而利益受损，因为行车成本的节约部分和转移支付不足以抵偿交通拥挤税或损失的消费剩余。但总的来说，收益方的收益大于受损方的成本。社会的净收入就等于图中阴影区的部分。

使用实例

新加坡在 1998 年实行电子公路收费制度(ERP)：行车者在中心城市地区的不同点、不同时间经过时交费不同，最拥挤地区的高峰期收费最高。这个收费制度利用了机车内的电子装置，每一辆车都装了一个异频雷达收发机，通过沿途的传感器识别出来。它接受现金储值卡，经过电子公路收费站时扣除相应的费用。没有安装电子装置或卡上没有足够余额的车将被拍照，收到账单。

多伦多的第 407 高速收费公路收费视一天中的时间和行车里程而定，高峰期每公里 10 分，周末 4 分，其他时间 7 分。这个制度采用行程收费制，每辆车都有雷达收发机，显示何时何地汽车进入和离开收费公路。未装雷达收发机的偶然车辆被拍下牌照，收费单将寄给车主。

美国的 HOV，即高承载率车道，车内至少有三个以上的乘客。利用 HOT 技术，让高承载率汽车和其他付费汽车都可使用，如加利福尼亚州河畔高速公路线、圣地亚哥 15 号州际公路。通勤车辆装载雷达收发机，根据时段不同实时收费。

10.3.3 交通拥挤税和其他方式的比较

交通拥挤税对土地利用模式的影响

交通拥挤税解决的不仅仅是交通问题，在评估中人们发现，它还可以对城市空间和城市效率施加一些影响，在解决交通问题的同时，可能促进城市经济的发展。

其主要的影响可能有以下的两个方面：

1) 使城市更密集

因为交通拥挤税的收取，增加了通勤人群的交通成本，也就增加了住宅投标租金函数的斜率。

征收交通拥挤税之后，城市人口的很大一部分居住在离市中心城市有一定距离的范围内，因而它的通勤距离和行车时间都缩短了。交通拥挤税使城市更密集。

2) 使城市更有效率

交通拥挤税可增加劳动力供给总量，因为它提高了城市交通系统的效率，并提高了城市居民的福利水平。由于交通拥挤税使城市居民总体上获得了净收入，相对增加了城市的吸引力，从而增加了劳动力的总供给。

交通拥挤税分析对城市问题和政策提供了重要认识。特大城市交通拥挤问题通常十分严重，从这个意义上讲，交通拥挤确实是一个城市问题。然而征收交通拥挤税的城市可能发展而不是衰退，因为交通拥挤税使交通拥挤的外部性内化，它提高城市交通网络的效率，从而增加城市的相对吸引力。

交通拥挤税减少交通量的四个方面

交通拥挤税用来减少交通量，主要有以下四个方面的作用：

1) 方式替代

与小车共乘和公共交通(公共汽车、地铁、轻轨)相比，收税增加了汽车行驶成本，使更多行车者转向其他方式。

2) 行车时间

高峰期的收费最高,因而一些行车者选择其他时间出行。通勤者和学生的出行计划比较固定,可能不好改变,不过,可能有更多公司改变上班时间,避免员工在高峰期出行花费太多。不必要在高峰期出门者也会因为拥挤税改变他们的计划。

3) 行车路线

交通拥挤税在交通最拥挤路线收费最高,使一些行车者转而选择其他替代路线。这样,路网就能够得到充分利用。

4) 位置选择

交通拥挤税增加了单位行车成本,促使一些通勤者减少通勤距离,如换工作或换住所。

汽车使用税的影响

针对交通拥挤而提出的政策还有多种。可以增加汽车行驶的费用来减少汽车使用,例如选择汽油税、停车费等相关收费。汽油税、停车费都属于汽车使用税。

1) 汽油税

它的原理是如果行车变得更昂贵,交通量就会降低。

但汽油税增加了所有汽车行驶的成本,而不只是在高峰期沿交通拥挤线路的行车成本。与交通拥挤税改变了行车时间和路线相比,汽油税并不能鼓励行车者改换成其他的时间和路线行车。不过,汽油税有可能鼓励人们转为公共交通方式出行。

2) 停车费

停车费阻碍人们自己开车到中心商业区工作。

停车费减少了交通量。因为:①一些通勤者转而改为小车共享或乘坐公交;②一些人更改了行车时间。

采用停车费来减少交通拥挤存在着三个潜在的问题。①停车费只应该向高峰期的通勤者征收,在非高峰期停车应被排除在外。这个问题可以通过高峰期附加费来解决。②与增加了单位行车成本和减少行车距离的交通拥挤税相比,停车费与行车距离无关,因此,通勤者没有足够的动力通过靠近工作地点居住来节约行车成本。③由于大量的交通拥挤问题是由不在交通拥挤区停车引起的,此税并没有迫使所有高峰期行车者为他们造成的交通拥挤付税。

容量扩大和交通设计

道路交通的容量扩大通常是人们解决交通问题的第一步。在一些城市,由于道路交通用地占比太低,道路网络构成不合理,使得交通问题非常严重,在这种情况下,确实需要进行容量扩大和交通设计。

不过,无论是交通设施如何先进的城市,仍然会出现拥堵。根据前文得知,由于未能如愿的预备队伍存在,其解决交通问题的影响是有限的。出行的"潜在需求"容易被诱发,并且迅速占满新修、拓宽的道路。

公共交通补贴

收取的交通拥挤税可以用在公共交通补贴上,这是一种非常公平而有效的方法,即增加了全体市民的福利。公交补贴减少了小汽车交通量,缩小了交通均衡量和最优量之间的差距。它使得交通方式向人们希望的方向变化,不过,对出行时间、出行路线和区位选择有直接的影响。

实施公交补贴后,低廉的费用可能使乘坐人数增多,而这里面仅有一部分是由小汽车车主转移而来的,其他的是低票价诱发的乘客。总体而言,低收入家庭中乘坐公共交通的人数较多,而这些人有相对较低的小汽车拥有率。

■ 课堂讨论

讨论题目十:比较各种各样解决交通问题的方法的优缺点,从道路网的供给和结构的改变到经济的方法。

■ 参考文献

[1] 丁健. 现代城市经济[M]. 上海:同济大学出版社,2001
[2] 菲利普·麦卡恩. 城市和区域经济学[M]. 李寿德,蒋录全,译. 上海:格致出版社,2010
[3] 阿瑟·奥沙利文. 城市经济学[M]. 4版. 苏晓燕,译. 北京:中信出版社,2003
[4] 阿瑟·奥沙利文. 城市经济学[M]. 8版. 周京奎,译. 北京:北京大学出版社,2015
[5] 周伟林,严冀. 城市经济学[M]. 上海:复旦大学出版社,2004
[6] 谢文蕙,邓卫. 城市经济学[M]. 北京:清华大学出版社,1996
[7] 谢文蕙,邓卫. 城市经济学[M]. 2版. 北京:清华大学出版社,2008
[8] 金卫忠. 上海轨道交通建设投融资模式探讨[J]. 中国市政工程,2006(04):74-75
[9] 孙玉敏. 上海轨道交通融资之路[J]. 上海国资,2010(07):27-29

术语索引

1 经济学的基本原理

理性选择,rational choice 2,13
局限条件、约束条件,constraint conditions 2, 5,6,8,10,25,29,174,178
稀缺性,scarcity 6,137
竞争,competitive 7,14,16~18,21,25~27, 29~32,37~45,49,62,65,83,95,104, 125,126,128,139~147,150~153,155, 156,158,161,164,166~168,173,178, 185,187,188,191,194
预算约束,budget constraints 9~11,103
时间约束,time constraints 9,103
机会集合,opportunity set 9,10,13,133
成本,cost 10~18,20,22,27,30~32,34~40, 43~48,55,60,62,68,71,80,86,89~93, 95,97~102,104~109,111,122,124, 129,141,143,144,148,150,152~157, 162,168,170,173~175,177,179,180, 185,187~189,192,193,195~201
机会成本,opportunity cost 11~13,15,90, 102,189,197
沉没成本,sunkcost 12,13
边际成本,marginal cost 12,13,40,43,105, 140,187,188,199
边际收益,marginal revenue 12,13,104,140, 189,197,199
效用,utility 2,14,18,19,103~107,111,175, 185
比较优势,comparative advantage 14,15,82, 88~90,97,122~126,128~130
绝对优势,absolute advantage 13~15,90,122

双边贸易,bilateraltrade 15
多边贸易,multilateraltrade 15
市场,market 2,7,9,11,14,15~33,35~37, 39~49,54,62~64,66,68,70,72,76,82, 86,89~97,104,107~109,111,117,125, 127~129,132,135~137,139~147, 149~155,157~167,169~175,177~ 183,185~187,191~194
市场经济,markete conomy 16~18,23,26,29, 30,43,48,66,137,139,144,145,150, 161~163,169,170,182
混合经济,mixed economy 18,32,114
通货膨胀,inflation 18~21,49,72,180
通货紧缩,deflation 19
菲利普斯曲线,Phillips curve 20
奥肯定理,Okun's Law 21
实证经济学,positive economics 22
规范经济学,normative economics 22,67
实证表述,positive statements 22
规范表述,normative statements 22

2 市场和政府,政府的作用

帕累托改进,Pareto improvement 25,26,159
帕累托效率,Pareto efficiency 25~27,30,68
交换效率,exchange efficiency 26
生产效率,production efficiency 14,17,18,26, 29,81,89,90,185
产品组合效率,product-mix efficiency 26
税收,tax 6,28,34,43,49,51,53~56,59~62, 66,67,71,86,99,102,143,152,167,174, 175,180,187,192,199

转移支付, transfer payment 28, 32, 49, 65, 168, 183, 186, 188, 199

市场失灵, market failures 21, 25, 29~33, 35, 36, 39, 42, 49

完全竞争, perfect competition 30, 139~141, 145~147

垄断竞争, monopolistic competition 30, 139, 141, 145, 145, 178

垄断, monopoly 30, 43, 138~143, 145~147, 160, 178

寡头垄断, oligopoly 30, 139, 141, 145, 146

重商主义者, mercantilist 32, 191,

搭便车, free-rider 35

外部性, externality 29, 35~37, 39, 42, 45~47, 49, 55, 80, 86, 89, 95, 157, 168, 175, 187, 191~194, 196~200

租值, rent 18, 36, 37, 41, 44, 45, 125, 129, 137, 141~143, 145

共有品, commons 37, 38, 41

交易费用, transaction costs 6, 36, 37, 47, 48, 142

制度费用, institution costs 37, 47

公共物品, public goods 29, 30, 35, 37~39, 41~43, 45~52, 55, 60, 61, 67, 86, 135, 168, 187, 191~193

非竞争性, nonrivalrous 37

非排他性, nonexcludability 37

公共, public 2, 3, 8, 18, 27~39, 41~43, 45~53, 55, 56, 58~63, 67~69, 79, 81, 85, 86, 93, 94, 98, 100, 101, 103~105, 108, 109, 118, 135, 136, 148, 160~162, 168~170, 173, 174, 183~189, 191~195, 199~201

私人物品, private goods 37~39, 191, 192, 194

纯公共物品, pure public goods 38, 46

产权, property right 29, 30, 36~41, 44, 47, 48, 67, 82, 136, 137, 139, 159~163, 172

科斯定理, Coase Theorem 39, 40

"企业家"式, entrepreneurialism 44

企业化思想, entrepreneurialism 44

管理主义, managerialism 44

管治, governance 44

政府, government 1, 4, 6, 8, 16~23, 25~39, 41~56, 59~68, 70, 71, 73, 80~83, 84~87, 98~101, 104, 109, 125, 128, 136, 139, 140, 142~147, 151, 152, 157~169, 171, 174, 175, 179~181, 183~195, 199

3 城市财政

横向公平, horizontal equity 55

纵向公平, vertical equity 55

累进制, progressive 55

累退制, regressive 55

个人所得税, individual income tax 53, 54, 60, 67, 79

公司所得税, corporation income tax 60

财产税, property tax 60, 61, 69, 169, 172, 174, 175

赠与税, gift tax 60

房地产遗产税, estate tax 60

工薪税, payroll tax 60

消费税, excise tax 60, 67

罪孽税, sin tax 60

受益税, benefit tax 60

奢侈品税, luxury tax 60

销售税, sales tax 60

增值税, value added tax 53, 54, 60, 61, 67, 168

印花税, stamp duty 67

福利经济学, welfare economics 67, 68

4 城市经济增长

国内生产总值, GDP, gross domestic product 70, 73~75, 85

总消费,consumption 70
总投资,investment 62,64,70,180,192
政府支出,government spending 70,86
出口,export 15,70,83~86,125,126,146,156
名义GDP,nominal GDP 29,72
实际GDP,real GDP 72,76~78
国民生产总值,GNP,gross national product 72,98,119
国民总收入,GNI,gross national income 73,74
购买力平价,PPP,purchase power parity 73
人力资本,human capital 80,81,88,125,126
资本深化,capital deepening 80,81,88
技术进步,technical progress 80,82,88,97,129,154
经济结构变化,economic structure change 80,82
经济基础模型,economic base model 82,85
基础部门,export or basic sector 83,84
非基础部门,local or non-basic sector 83,84
乘数原理,multiplier principle 84~86
挤出效应,crowding out effect 84~86
永久收入假说,permanent income hypothesis 86,87,178

5 城市的产生和发展

规模经济,economy of scale 8884~8695,97,108,141
集聚经济,agglomeration economics 88,91,92,94,95,97,104,105,109,156,158
地方化经济,localization economics 88,91,92,94,95,97
城市化经济,urbanization economics 88,91,9384~86,95,97
中间投入品,intermediate input 91~93,104
劳动力市场共享,share of labor pool 91~94
知识溢出,knowledge spillovers 91~93,104

思想导向型产业,idea-oriented industries 93
创意产业,creative industries 94,101,128
非完全替代品,non perfect substitutes 95
互补品,complementary goods 95,149
效用,utility 2,14,18,19,103~107,111,175,185
劳动力市场的共用,labor pooling 108

6 城市产业结构和主导产业判断

城市经济结构,urban economic structure 99,113,114,126
三次产业,three industries 80,113~115,119,121,
配第克拉克定律,Petty-Clark's Law 115
第一产业,primary industry 114,115,119
第二产业,secondary industry 114,115,119,127,133
第三产业,tertiary industry 114,115,119,120,127,130,170
库兹涅茨曲线,Kuznets curve 119
HO理论,Heckscher-Ohlin model 13,122~124,134
要素的丰裕度,factor abundance 123
要素使用的密集度,factor intensity 123
要素价格均等化理论,factor-price equalization theorem 124
里昂惕夫悖论,Leontief paradox 125,126
要素密集度逆转,factor intensity reversal 125
要素同质性,factor homogeneity 125
产业集聚,industrial aggregation 88,91,93,126,127
产业集群,industrial cluster 93,126,128,129
连锁效应,linkage effect 131
前向连锁,forward linkage 131
后向连锁,backward linkage 131

7 城市土地市场

区位,location 22,23,83,90,93,95,97,102,104,106,107,123,130,132,136,145,146,153,155,156,158,170,173,194,202

市场结构,market structure 30,139,141,145

完全竞争市场,perfect competition market 30,139~141,145~147

价格的接受者,price taker 140,146

基本竞争模型,basic competitive model 140

价格的制定者,price maker 140,145

进入障碍,barriers to entry 140~143,147

自然垄断,natural monopoly 30,38,141

不完全竞争市场,imperfect competition market 139,141

价格制定,price making 142

市场权力,market power 142

寻租,rent seeking 82,142~144

监管俘获,regulatory capture 144

认知俘获,cognitive capture 144

产品市场,product market 86,144,145

劳动力市场,labor market 91~94,104,107~109,145

资本市场,capital market 54,62,117,145

消费者,consumers 16~18,26,30,32,67,68,83,86,95,103,125,140,142~145,149,150,185

工人,workers 17,18,21,81,82,90~93,97,98,100,103~105,137,138,145,157,174

投资者,investors 44,62,63,82,129,145,168,176,189,192,193

需求,demand 4,15,24,34,41,48,58,83,84,86,87,90~92,95,96,99,100,102,107,111,123,124,131,132,140,144,145,147~152,160,161,163,170,174~178,180~183,186,192,195~199,201

需求曲线,demand curve 148~152,176~178,180,196,199

市场需求曲线,market demand curve 148

替代品,substitutes 99,148,149

互补品,complements 95,149

供给,supply 2,3,16,24,30,35,52,62,83,111,123,135,140,147,149~152,154,165,176~180,185,186,191~193,195,200,202

供给曲线,supply curve 149~151,177,179,180,185,196

市场供给曲线,market supply curve 149

均衡价格,equilibrium price 150,196

均衡数量,equilibrium quantity 150,199

超额供给,excess supply 150

超额需求,excess demand 150

供求规律,law of supply and demand 27,138,150

范·杜能模型,von Thünen model 153~155,157

8 城市土地制度

公共土地,public lands 60,61,161

9 城市住宅经济

价格特征,hedonics 173,179

住房券,housing choice voucher 28,31,32,183,185,186

10 城市基础设施经济

城市基础设施,urban infrastructure 63,69,108,109,171,187,191~195,197,199,201

内 容 提 要

本书针对城市规划及相关专业本科生,将城市经济学课程所需的三个层次内容深入浅出地糅合在一起:首先是经济学的基本原理和工具及其应用方法,使学生建立基本的经济学的世界观;其次探讨城市经济学和城市规划领域结合最紧密的几个专题,包括城市的形成和发展、政府和市场、城市财政、城市经济增长、城市产业结构、城市土地经济、城市住宅经济、城市交通和城市基础设施等,并示范分析的方法;最后以案例和前沿研究拓宽学生的视野。本书还可应用于城市规划专题研讨课,有一些思考题目的设置和解析,拓展学生实际应用的能力。

本书适用于各类开设城市规划专业的院校,特别是可供建筑学背景的城市规划专业的本科生、研究生及相关专业技术人员、爱好者学习参考。

图书在版编目(CIP)数据

城市规划视野下的城市经济学 / 张倩著. —南京:东南大学出版社,2019.4

东南大学城市规划专业系列教程 / 阳建强主编
ISBN 978-7-5641-7537-5

Ⅰ.①城… Ⅱ.①张… Ⅲ.①城市经济学-高等学校—教材 Ⅳ.①F290

中国版本图书馆 CIP 数据核字(2019)第 033313 号

城市规划视野下的城市经济学
CHENGSHI GUIHUA SHIYEXIA DE CHENGSHI JINGJIXUE

著　　者:	张　倩
出版发行:	东南大学出版社
社　　址:	南京市四牌楼2号(邮编　210096)
出 版 人:	江建中
网　　址:	http://www.seupress.com
电子邮箱:	press@seupress.com
经　　销:	全国各地新华书店
印　　刷:	兴化印刷有限责任公司
开　　本:	700 mm×1 000 mm　1/16
印　　张:	13.75
字　　数:	335千字
版　　次:	2019年4月第1版
印　　次:	2019年4月第1次印刷
书　　号:	ISBN 978-7-5641-7537-5
定　　价:	36.00元

(本社图书若有印装质量问题,请直接与营销部联系。电话:025-83791830)